U0051198

帝國政界往事

李亞平◎著

朱元璋定社稷
用白骨堆砌理想
善惡再評說
張居正治天下
在死棋局裡博弈
生死兩重天

引子

有兩幅收藏於故宮博物院的明太祖朱元璋畫像。據說，圍繞著這兩幅畫像，曾經死過不少人。

朱元璋的長相，曾經被當時的人們稱頌為龍形鳳姿，「姿貌雄傑，奇骨貫頂」（《明史》．太祖本紀）。按照今天的眼光看去，朱元璋的長相如果不能說是醜陋，至少應該算是相當怪異了。

當時，為了給朱元璋畫標準像，一些功底應該算是很不錯的畫家被召到宮廷。他們兢兢業業，以自己所能達到的最高專業水準、一絲不苟地照著皇帝本人的相貌畫出——大致就是右圖這副尊容，絲毫不敢走樣。結果，這樣的畫家都被皇帝砍掉了腦袋。

後來，一位聰明人悟出了其中道理，於是，對朱元璋的臉型加以較大規模的修飾，著力於眉目傳神，側重於理想表達，便有了後面這幅據稱是不怒而威的皇帝像。朱元璋見了這幅與自己本來面目沒有太大關係的畫像後，十分歡喜，認為其「諛而不佞」，就是馬屁拍得恰到好處的意思（陸容《菽園雜記》）。於是，我們眼前這位經過嘔心瀝血、苦心加工、幾乎憑空創作出來的慈眉善目的富貴老人，就成了朱元璋的標準像。那位善解人意的聰明人也受到了獎賞與表彰。

不過，今天的人們從史料中可以知道，這幅畫畫的基本不是事實。或者用一句文縐縐的話來說：畫中所描繪的內容和被描繪對象的實際存在之間，存在著較為巨大的差距。想像一下：一個不了解這兩幅畫的人，若突然被告知這上面畫的是同一個人的話，他很有可能會喪失對現實眞實感，無法找到兩者之間的聯繫。北京人習慣上把這種情形稱為「找不著北」。

劉伯溫是朱元璋的首席謀士——軍師。此人精通陰陽數術象緯之學，在中國民間傳說中名氣極大，被認為是前知五百年後知五百年的神仙一流人物。

在《明史》中，他被朱元璋稱為：「吾之子房」。一如在《史記》中，我們知道，劉邦認為有三個人在幫助自己打江山的過程中，發揮了絕大的作用，他們是：蕭何、韓信與張良，號稱「漢初三傑」。子房就是這位張良的字。朱元璋將李善長、徐達和劉伯溫看成是自己的三傑。

董宇峰、周實合著的《劉伯溫》一書，記載了一種說法，說是劉伯溫第一次見到朱元璋時，曾大吃一驚，深深為朱元璋那怪異的相貌所震撼——高額細眼，凹鼻闊唇，耳雖小廓卻厚，頰雖突而頦碩；身長而背弓，腿長而膝弓，腰粗而肩窄，手闊而指細；行動如蝦在水，聲音則鷹鳴而猿啼。據說，劉伯溫一見之下，便據相術得出結論：此人之相，兼具大賢之厚樸與大奸之殘暴。結果，後來的朱元璋，果然以自己的行為，準確地證明了劉伯溫所言之不虛。

對這段說辭，我們不必求證其眞假。即便是後人附會發揮的，卻至少在刻畫朱元璋其人的容貌與作為上，相當傳神。這裏對相貌的描述，顯然更接近未經藝術加工的那幅標準像。

史家一般傾向於認為：由朱元璋所創建的大明帝國，將中國的帝制文化傳統推到了極致，是中國兩千年帝王政治的集大成者。其對於帝國政治傳統、文化傳統的影響既深且巨，以至於六百多年後的今天，依然清晰可見。

或者換句話說，如果我們同意一切歷史都是當代史的話，如果我們同意今日中國是歷史中國延續的話，那麼，對於今日中國人生活影響最大的那一部分，很有可能就來自朱元璋的大明帝國，而不是後來離今天更近的大清帝國。

在未來的歲月裏，隨著對朱元璋與大明帝國了解的漸次加深，我們會發現：圍繞朱元璋兩幅畫像所發生的故事，相當意味深長；具有宿命般的象徵意義。用我們今天的話說，這兩幅畫所隱含的東西，具有「重大的現實意義和深遠的歷史意義」。

大明帝國的未來命運及其對於中國人集體性格的強力塑造，在這裏，已經可以部分地窺見端倪。

目錄

上篇

朱元璋：用白骨堆砌理想

中國特色的創業之路

朱元璋祖籍沛縣，與一千七百年前的漢高祖劉邦勉強可以攀上同鄉。（《明史》．太祖本紀一）朱元璋與劉邦還有一樣相同的地方：在中國所有創建大一統帝國的開國皇帝中，只有這兩個人是徹底的平民出身，其他人則基本上是以豪門世族起家。這可能是劉邦對朱元璋影響巨大的原因之一。

與劉邦比較起來，朱元璋的出身更加卑微。劉邦起兵前，還有一個亭長的頭銜。（《史記》．高祖本紀）亭長是始於戰國時期的一個官名。當時，在國與國之間的鄰接地區設亭，置亭長，以備邊事。秦統一六國之後，以十里爲亭，設置亭長，負責管理鄉村間十里方圓的治安警衛、過往人等，並治理民事，屬於帝國最低一級的小吏。其管轄範圍，可能略小於我們今天的鄉鎮長。他們的作爲或者不作爲，常常能夠影響普通百姓們的禍福榮辱；因此，至少在百姓面前，他們可以神氣十足。

比較起來，朱元璋則恰好是受帝國這些最基層幹部們管制的平頭百姓。（《明史》．太祖本紀）按照今天的概念，朱元璋的家庭成分應該是雇農，屬於鄉村赤貧階級。他的祖先，幾經逃荒流浪，到他父親一代，方才定居在濠州鍾離縣太平鄉孤莊村，靠租佃耕種別人的土地爲生。這個濠州，就是今天的安徽鳳陽縣。西元一三二八年，即元文宗天曆元年九月十八日，朱元璋

出生在這裏。（《明史》．太祖本紀）

朱元璋父族一系世代務農，值得表彰的事蹟不多；他的母族一系，特別是他的外祖父卻頗有可圈可點之處。

朱元璋的外祖父姓陳，早年曾經在南宋末年抗元名將張世傑麾下從軍，並且參加了南宋與元朝鐵騎的最後殊死一戰——廣東新會縣的崖山之戰。是次大戰，以南宋宰相陸秀夫仗劍令自己的妻子兒女跳下大海，隨後，背負六歲的南宋末代小皇帝蹈海而告終。就此宣告南宋帝國的正式覆滅。激戰之際，朱元璋的外祖父，這位陳氏老先生在血肉橫飛中，被打落海中，在一團混亂下居然傳奇般地被人救上岸，並歷盡千辛萬苦逃回了老家。此後，避居鄉間，靠巫術、賣卜與看風水爲生；並且一口氣活到九十九歲方才謝世。（《明史》．外戚陳公傳）

至今，中國各地仍然可以見到許多此類人，他們雖然蝸居一地，卻能量頗大，常常是當地聲名遠播的知名人士。相當多的人們遠離千山萬水前去請教吉凶禍福，是爲常事。

按照時間推算，朱元璋出生時，距離那場大戰過去了五十年；朱元璋童年甚至少年時，這位老人應該依然健在。我們可以想見，這麼一位見多識廣的老戰士，對於少年朱元璋的心智影響想必不會小。

朱元璋的母親是陳家二姑娘，據說，此女自幼開朗大方，深得乃父喜愛。於是，飽經滄桑的老先生教她讀書識字，給她講述歷史掌故和各地風土人情。長大後，陳二娘能歌善舞，在鄉間迎春賽會與社戲上常常大受歡迎。這些還不算重要。重要的是，生下朱元璋後，儘管家境千難萬難，母親還是勒著省著將他送進私塾，讀了大約一年多將近兩年的書。隨後，生活實在艱難，為割草放牛、補貼家用而輟學。在母親的教導下，朱元璋繼續學完《百家姓》、《千字文》等啓蒙讀物，為他打下了文字根底。（《明史》．外戚陳公傳）並且，可能正是這樣的一位母親，打開了他的眼界與心胸。

西元一三四四年，即元順帝至正四年，淮河流域遭遇大旱、蝗災與瘟疫，半月之間，朱元璋的父親、母親、大哥與大哥的兒子先後死去。一個雖然貧窮但不無溫馨的家庭，霎時變成人間地獄。

當時的情形至為悲慘：朱元璋與活下來的二哥身無分文，沒有棺木，沒有壽衣，沒有墓地，兄弟二人用門板抬了草席裹著的親人，走到村外的一個山坡下時，下起霹靂暴雨，抬著門板的繩子斷了，二人躲雨並找人借繩子。結果，回來後大吃一驚地發現，山土崩塌，已經將親人埋在一個新的山包之下。當時，為了得到一塊立錐之地以便埋葬親人，他們兄弟二人曾經苦苦哀求一個大戶，遭到斷然拒絕；此時，幸虧這塊山坡地屬於一個積德行善的人家，他們才就此千恩萬謝地葬下親人。（王鴻緒《明史稿》．太祖紀）

這段往事，對於朱元璋創巨痛深。以至於數十年後，他已經當了皇帝，然而每每觸及此事，仍然嚎啕痛哭，不能自已。並且多年不許臣民為自己慶賀生日，原因是會令他想起父母死時的慘狀。（徐禎卿《翦勝野聞》）

這一年，朱元璋十六歲。

不久，十里八鄉之內，連樹皮草根都被吃光，朱元璋走投無路，出家做了和尚。在此後的八年佛門生活中，至少有三年以上，他是在雲遊四方、托缽化緣中渡過的。這種和沿街乞討差不多可以等量齊觀的生存方式，可能是在中國觀察人間冷暖、體會世態炎涼、領略人類各色嘴臉的最好方式。很久以後，朱元璋回憶起這段生活時，曾經萬分感慨地形容自己：「身如蓬逐風而不止，心滾滾乎沸湯。」（《明太祖實錄》卷一）

我們無法知道他的具體遭遇，其饑寒交迫、身體與心靈備受煎熬的情形卻可見一斑。

現代心理學研究成果告訴我們，青春成長期的經歷，於人類一生的影響至深且巨。對古人似乎亦可作如是觀。我們找不到更多資料證實朱元璋在此期間究竟遭遇到了什麼。當時的史料過於簡略，朱元璋自己的回憶，則以形容居多，具體事例太少；後世的傳記作品涉及到此處時，或一筆帶過，或多為想像。好在從古至今同類的事例堪稱觸目皆是。從這些事例中我們至少可以知道：

倘不是身陷絕境，一般人不會走上這條道路；其次，走上這條道路之後，將人逼上新的絕境的概率大大增加。

一個或許不需要懷疑的情形是，經歷過這種殘酷生存方式打磨的人，比較起來，更容易出現兩種極端的情形。

用今天的事情形容，那些為了討回自己的工錢甚至不惜自戕的民工，大約是他們之中最為良善的一端；而那些於絕望之中鋌而走險，充斥於當今各類傳媒的犯罪報導，則告訴了我們另外一端的情形。這使我們比較容易理解，那些缺少人文主義情懷的城裏人，為什麼會更多地成為這些犯罪的犧牲。

由上述種種回到朱元璋身上，我們有理由相信，青少年時期的生活經歷，肯定在他心理上投下了巨大的陰影，以至於形成了一個深藏於他的潛意識當中、終其一生都無法解開的心結。這是一個不能碰的死結。它不停地釋放著巨大而可怕的能量；至高無上的皇權與帝國政治制度，則使這種能量變得無法阻擋，一路橫掃過去，邪惡而且暢通無阻，令一切觸及者必遭塌天大禍。

這可能是我們理解這位大明帝國開國皇帝諸多行為的背景與心理基礎之一。

在未來的歲月裏，我們將一再有機會看到，太多的帝國施政與此相關，太多的人為此稀裏糊塗地丟掉了性命。

元順帝至正十二年，是為西元一三五二年。這一年，天下已然大亂。朱元璋二十四歲，投奔造反的郭子興部隊，當了一名普通士兵。

四年後，即西元一三五六年，已經成為這支部隊副元帥的朱元璋，率兵攻下集慶，更名應天府，並以此作為自己的

根據地。

又過了十二年，也就是西元一三六八年，朱元璋在應天府稱帝，創建大明帝國，建年號爲洪武元年，將應天府改名爲南京，此後六百多年一直叫到今天。這一年，朱元璋四十歲，是爲洪武皇帝，史稱明太祖。在位三十一年。（《明史》．太祖本紀）

描述朱元璋奪得天下的過程，是一件相當乏味的事情。與歷朝歷代遍地血腥和殺戮的改朝換代比較起來，似乎沒有太大的不同。但是，無論如何，從一個身無分文的遊方和尚也就是流浪漢，經過短短的十六年，便坐上大一統帝國的皇帝寶座，在這驚險的一跳中，總會有一些耐人尋味之處。

從秦朝末年的天下大亂開始，西漢末，東漢末，隋朝末年，唐朝末年，都曾經發生過席捲全國的農民大起義，其間，小型起義與暴動不計其數。用一個肯定不夠嚴謹的籠統說法形容，這些農民暴動，基本上都是當時中央政權舉措乖戾人心喪盡、貪官污吏遍地橫行的結果。就是所謂官逼民反的意思。元朝末年，除了蒙元少數民族政權的一些特殊之處外，情況也大抵如此。

此時，談論成吉思汗橫掃歐亞大陸的光榮與夢想，顯然已經不合時宜，他那些不成器的子孫們，肯定會令他的在天之靈痛心疾首寢食難安。

當年，這位海洋般的大汗橫刀立馬，注視著中原萬里江山時，一位蒙古皇室重臣別迭提

議：殺光這些毫無用處的中原人，使那廣袤土地變成豐美牧場，用來牧放征服世界所需要的戰馬。（《蒙古帝國史》，《元史》）

如今，假如能夠俯視這裏發生的罪惡，成吉思汗的心頭定會掠過陣陣悔恨：若知道這塊土地能夠讓自己的子孫們腐爛墮落如斯，當初眞就該聽了那位勇猛戰將的建議。以長生天恩賜給他們的手段與力量，這不是不可能的。在他們手下，種族滅絕之類的事情，在中西亞地區已經發生過不只一次。（《世界征服者史》）

然而，甚至在忽必烈還沒有逝世時，那持續了近百年的狂風霹靂已經悄然停息，大元帝國以驚人的速度開始了從生機勃勃向腐爛發臭的衰退。討論這一意味深長的過程是另一本書的任務，我們現在只要知道，幾十年後，到元朝末年，就是朱元璋的時代，這個帝國幾乎爛到了不可收拾的程度就足夠了。

此時，那總是站在他們一邊的長生天似乎也已經厭煩，不再賜福給他們，而是頻繁地降下天災人禍。終於，大元帝國這匹百病纏身的老駱駝轟然倒地。最後壓垮它的，肯定不是一根稻草，而是眞正的泰山壓頂。

翻檢元帝國不到一百年的歷史，下列兩個由客觀條件形成的心理因素可能對其施政產生了重要影響：

征服世界的赫赫武功，大約使這些蒙古武士們很難不蔑視那些被征服的人們。既然能夠在馬背上打下天下，憑什麼就不能在馬背上治理之？從東海之濱到伏爾加河畔，那億兆之民難道是跪在別人面前的嗎？全然生活在另一個世界之中、相當長時間裏都不知華夏政治傳統與儒家文化爲何物的人們，的確有理由懷疑諸如此類的古老智慧。在這些兇猛的戰士眼裏，那些滿口之乎者也仁義道德的儒生們，既虛僞又沒用，繁瑣囉嗦，令人無比厭煩——世界上居然有人將讀書作爲終身事業，而且還能據此專業做官？這樣的事實，曾經讓他們完全無法理解。（《蒙古帝國史》，《元史》）

其次，與其治下龐大的汪洋大海般的人口比較起來，蒙古騎士的人口實在過於稀少，滿打滿算也才一百多萬人口，哪怕加上那些早期臣服的色目人也是如此。不管他們多麼兇猛，這種似乎被淹沒了的情形與感覺都實在太不好，令人十分不安。何況在那潮水般的侵潤下，他們已經越來越不勇猛。

這些，可能構成了元帝國堅定地打壓這種文化及其人民的理由。我們知道，在任何時代、任何國家，這種政治上、文化上的刻意打壓，都沒有可能使被打壓者心悅誠服，從而也就找不到成功的先例。

據說，當時在元大都，就是今天的北京，曾經流傳著一個段子，很是曲折有致溫文和婉地表達了這種情形——

明人陸容在他那本相當有名的著作《菽園雜記》中記載了這個段子：

元世祖忽必烈入主中華以後，下令華人必須梳胡人亦即蒙古人的髮式，穿蒙古人的衣冠。有一次，他去太學就是國立大學視察，發現孔子及其聖子賢孫們的塑像還都是冠冕堂皇的中華樣式，於是命令有關部門全部將其改成蒙古式。這令孔子的弟子子路大爲惱火，立即動身到昊天上帝那裏去投訴。上帝聽完子路的苦惱後，「噗哧」一笑，開導他說：你怎麼如此不識時務？打從盤古開天地，三皇五帝到如今，都管我叫天，現在，連我的名字都被改成了蒙古話，叫騰吉理，我也只能答應他。此乃時勢使然。別著急，小夥子，耐心點兒，肯定有一天會翻過來的。

隨著歲月的流逝，備感痛苦的人們開始採取行動以改變這種情形。

馬可．波羅在他那本著名的遊記中寫道：「所有中國人都厭惡大可汗的政府」，「他們視中國人如奴隸，令人無法容忍，」致使在這個國家裏，「經常有謀反的趨向」。（《馬可．波羅遊記》）後來，這些「謀反的趨向」，變成越來越多的敵對行動；關於這些行動的記載，則遍布於元帝國中後期的編年史冊。到朱元璋的時代，整個國家猶如一個大乾柴庫或巨型火藥桶，幾乎所有人都在等待著點燃它的那一點星星之火。

在中國歷史上，有兩個宿命般的來自大自然的地理因素，對中華民族的命運發生著特別重大的影響。這兩個因素儘管被我們今天的歷史學家們有意無意地予以忽視——一種相當可恥的忽視，但它們眞實地存在著。並且，事實上，正是它們，而不是別的什麼，在中國古代社會整體塑造上發生著巨大的影響。

這兩個因素——一個是裸露在北方的萬里邊防線，一個就是越來越黏稠混濁的黃河。

如今，在這些來自北方大草原的騎士們心中和頭腦裏，一再出來發揮那夢魘般作用的，則是黃河。

從元代的紀錄裏，我們可以看到關於黃河決口的十數次記載。屆時，幾萬、幾十萬平方公里的城鎮村莊頓成「平地水二丈」的汪洋澤國，肥田沃土霎時淪爲魚鱉之域。西元一三四四年即元至正四年，在黃河又一次大決口，淹沒河南、山東數州縣後，帝國政府決定下大力治河。這不是元帝國規模最大的一次治河行動，卻是它的最後一次（《元史紀事本末》卷十三，治河）。

在做出治河的決定之前，帝國決策層曾經發生過激烈的爭論。反對一派認爲：山東連年饑饉，民不聊生，聚眾於此地治河，「恐他日之憂又有重於河患者」。（《元史紀事本末》．治河）此種高論，顯然只能出自缺少人類心肝情懷的政治動物之口。不幸的是，確也道出了當日的實情。原因是，那些遍地橫行的貪官污吏們，已經不容許自己的政府施行此類善舉德政。

果然，史料記載說：十七萬治河民工與軍隊聚集起來，開始這個造福社會的宏大工程後，「朝廷所降食錢，官吏多不盡給，河夫多怨。」（《元史紀事本末》卷十三，治河）也就是說，各級官吏上下其手，層層克扣，致使國家撥下來的工錢，大多在各級管理者手中蒸發了，治河民工只能得其餘唾。由此引發的憎恨可以想見。

這種情形導致了兩個結果——

其一，主持這次工程的賈魯是一位優秀的水利專家，此次工程也堪稱中國黃河治理史上的傑作。然而，因爲上述原因，此人遂在中國民間傳奇中變成了一個陰險、奸詐的惡棍，一個徹頭徹尾的小人。雖然實際情況遠非如此。

其二，終於，星星之火被擦燃，乾柴烈火剎那間騰空而起。

事情起因於治河工地上的一個怪異發現：

西元一三五一年，即元至正十一年四月底，在今天山東曹縣西南黃陵崗工地上，民工們突然在河道底下挖出了一個獨眼石頭人，石人背部刻著一句話，曰：石人一隻眼，挑動黃河天下反。這一石人的出現，與幾年來流行於黃河南北廣大地區的一句童謠完全吻合：石人一隻眼，挑動黃河天下反。（《元史紀事本末》．治河）

此種手段，從秦朝末年陳勝吳廣揭竿而起時就在使用，到朱元璋的時代以及朱元璋後六百年的今天，仍然被人們甚至連手法都不變地在廣泛使用著；在中國，其越用越爛卻常用長鮮之功效，實令人目瞪口呆。中國歷史一再證明該方式之屢試不爽：在人心浮動之際，其功效遠勝過任何堂皇說教千萬倍。

一時間，人心大騷動。

幾天後，五月初三，河南穎州，也就是今天安徽省阜陽縣白鹿莊發生了韓山童、杜遵道、劉福通等領導的白蓮教暴動。是次暴動雖被鎮壓，其登高一呼之效應卻也彰顯無疑。幾個月後，到該年八月，黃河以南到長江流域，已然烽煙四起；到第二年朱元璋投奔紅巾軍時，今日中國的河南、河北、山東、安徽、江蘇、浙江、湖北、湖南、江西、福建、四川等地已經差不多到處都可以看到頭上包裹著紅布的造反農民了。他們分屬十數個甚至更多小山頭，遙相呼應，勢成燎原。（《明史》．《韓林兒傳》）

此時，導致朱元璋等坐大一方的宏觀因素，可能有下列四點：

其一，西元一二六〇年忽必烈打敗自己的弟弟、自稱大可汗之後，構成蒙古大帝國的、遠在中西亞地區的幾個蒙古汗國並沒有歸服他的領導，甚至在理論上和名義上都是如此；西元一二七一年元朝建立後，其勢力範圍也基本局限於以中國爲主的遠東地區。（參見黃仁宇《中國大歷史》第十三章；另見《蒙古帝國史》）事實上，直到西元一二九四年忽必烈去世，他與他那些同宗兄弟間的衝突都沒有停息。因此，長期以來，元帝國精銳的主力部隊主要部署在北方與西北地區。這種情形，可能是紅巾軍能夠在黃河以南四處蔓延的重要原因。

其二，堡壘最容易從內部攻破。元帝國手握重權、重兵的權臣武將們相互攻伐的內訌，極大削弱了這個政權的力量。

其三，帝國各級政府與軍隊已經腐爛，其曾經有過的排山倒海般攻擊力量早已無影無蹤。當時，一位相當於今天國防部副部長的帝國大將，率領號稱精銳的十數萬大軍開赴前敵，鎮壓暴動。敵人的旌旗剛剛遙遙出現，此人便連呼「阿卜，阿卜」揮鞭策馬而逃，導致大軍潰散。阿卜阿卜，乃快走快走之意。（《庚申外史》卷上）宰相脫脫的弟弟率三十萬精兵討伐汝寧紅巾軍，軍需錢糧堆積如山，後勤保障可謂充足。汝寧的治下在今天的河南省汝南一帶。當日，汝寧城下，尙未交戰，大軍先發生夜驚。這位統帥上馬就跑，一位地方官拉住他的馬轡繩不讓他走，他大叫：「難道我的命就不是命？」拔刀便砍，遂揚長而去。三十萬大軍就此星散。而此

君逃回北京後，他的宰相哥哥向皇帝報告的是——汝寧大捷。（《草木子》．克謹篇）

其四，劉福通領導的東系紅巾軍，在黃河以北地區一度聲勢浩大，曾經令帝國的心臟驚惶失措，狂跳不已。因此，他們承受了元帝國的主要打擊力量，使南方紅巾軍得到了相對從容的環境。

值此八方烽火，群雄並立之際，朱元璋能夠脫穎而出，並最終一統天下，其中必定有其過人之處。按照古人的總結，這些過人之處大體包括了諸如最重要的謀略與用人，還有膽識、才幹、心胸，以及並非不重要的——運氣等等。

上述方面，朱元璋在當時的割據群雄中，做的是最好的。這可能是他的帳下謀士群集猛將如雲的原因，又是其結果。

「高築牆，廣積糧，緩稱王」，是一位特立獨行的讀書人朱升給朱元璋的忠告。（《明史》．《朱升傳》）在長達十年的時間裏，朱元璋對此遵循不渝，生聚發展，埋頭自強；從極度容易膨脹的國人心理考察，做到這一點相當不容易。六百年後，二十世紀下半葉，這九個字曾經被毛澤東改為「深挖洞，廣積糧，不稱霸」，遂成為當時的國家戰略而廣為人知。

在此前後，割據群雄山頭林立，其中最成氣候、對朱元璋威脅最大的是張士誠與陳友諒。張士誠所佔據的地盤是東南——江浙膏腴之地，是當時乃至今天中國最富庶的地區，號稱天下最富；陳友諒佔據的則是荊湖——即今天的湖北、湖南、江西等大片土地，號稱土地最廣，國力最強。

朱元璋的絕大多數部下對兇悍的陳友諒心懷畏懼，希望先拿下張士誠，以便過上好日子。事實上，這種念頭對於朱元璋也有相當大的誘惑。但是朱元璋聽從了謀士們的建議：張士誠富裕而不思進取，陳友諒兇悍而雄心勃勃；若先打張士誠，則陳友諒必定乘虛而入；若先打陳友諒，則張士誠可能坐山觀虎鬥。於是，朱元璋終於制定了一個相當具有眼光和魄力的戰略規劃：捨近在眼前、富裕而相對軟弱的張士誠於不顧，先對付兇悍而強大的陳友諒。（《明太祖實錄》卷八）表明了此人善於克制自己的貪欲，不爲蠅頭小利所動，對對手肺腑和戰略態勢具有極強的洞察力。

後來的發展完全證實了這一方略的正確。這樣的戰略頭腦、眼光和氣魄與其他那些目光短淺的草頭王們不可同日而語。

在此，考察一下朱元璋、張士誠、陳友諒的之間的消長，可能有助於我們窺見大明帝國創立過程中的玄機。

其中，有一些中國特有的因素發揮了特別重要的作用。

在這些因素中，一個現象相當引人注目，這就是一種來自民間的江湖義氣。

中國的江湖義氣，在其早期，表現爲俠義道所宣導的扶弱抑強、見義勇爲、路見不平拔刀相助等等行俠仗義行爲。太史公筆下刺客列傳和遊俠列傳中那些重義輕生、「以武犯禁」的好漢，便是具有典型意義的代表人物——曹沫、專諸、豫讓、聶政、荊軻、郭解，便是具有典型意義的代表人物，他們「雖不軌於正義，然其言必信，其行必果，已諾必誠，不愛其軀，赴士之困厄」。（《史記》．刺客列傳、遊俠列傳）意思是說，這些人的行爲雖然不符合正統亦即官方的行爲規範，但是他們言必信，行必果，對於自己做出的承諾，必定全力以赴地去做，不惜犧牲性命也要急人所難。而且，遊俠們還有一個極令人欽佩的重要特點：施恩不圖報。有的曾經被他們救過命的人當了大官之後，他們會遠走他鄉，終身不復相見。其格調著實令人讚歎。他們一諾千金，捨生取義，他們的故事每每一唱三歎迴腸盪氣，至今常常仍然會讓人情不能自禁地熱血沸騰。一句讓人無法理解的題外話是，翻一翻他們的事蹟，我們會很容易感到莫明其妙——今天那些試圖表現他們的充斥在銀幕與電視螢幕上的影視作品，何以竟會如此猥瑣、如此不堪？

隨著歲月的流逝，不願意改變自己、以便使社會相對公平一些的統治階層注定會越來越不安地發現，這種令他們無比厭煩的江湖義氣，正在逐漸由一種個體行爲轉化爲一種群體或者集體行爲，而且，在日益組織化、制度化與意識形態化。

這相當可怕，卻實在不難理解，其起因有時簡單得驚人。其情形，正如中國古代那句著名格言所說：胸中小不平，酒可以消之；世上大不平，非劍不能消之。這是《水滸傳》出現後幾百年間，人們讀到打虎武松在鴛鴦樓一口氣殺掉十幾口人，不但不反感，反而覺得相當痛快的原因。

於是，當這種不平積累出當量足夠大的破壞性能量時，替天行道的梁山泊好漢便出現了，明教出現了，彌勒教出現了，白蓮教出現了，青紅幫、哥老會等等等等一一出現。它們的出現，常常是一種改朝換代的先聲。一旦統治者應對失當，中國社會就將由此進入到一種暴烈的激蕩之中。

到朱元璋的時代，江湖義氣已經帶有了濃厚的幫派、團夥色彩。其特點在於，立身處世只論交情，即只看是不是「自己人」，而不問是非善惡。之所以會如此，我們在浩如煙海的元末明初史料中，很容易找到答案。

葉子奇是元末明初與劉伯溫、宋濂齊名的大學者。甚至有今人認為他的思想、見解遠比劉、宋高明。在其著作《草木子》一書中，葉子奇告訴我們：當時的官吏完全不知廉恥為何物，想出了極多敲詐勒索的名目。比如——

部下第一次見長官要交「拜見錢」，沒有理由也跟人索要錢財叫「撒花錢」，逢年過節需有「追節錢」，過生日時必收「生日錢」，管事而索曰「常例錢」，迎來送往叫「人情錢」，審計追帳曰「賫發錢」，論訴是非曰「公事錢」；弄錢順利叫做「得手」，得了美差叫「好地分」，補上好缺曰「好巢窟」。

葉子奇記載說，當時的人們已經將這些官吏看作衣冠禽獸，與土匪強盜等而視之。（葉子奇《草木子》·雜俎篇）

我們知道，對於任何一個社會來說，監察、審計、司法、風紀部門都是維護這個社會健康秩序的最後一道關口，有如人體中的免疫系統，這一系統若失去效用，在當代醫學界使用的專業術語就叫——愛滋病，表明已經無藥可救。據葉子奇記載，當時，監察、審計、司法、風紀部門的官員到下面去辦案或處理問題時，其隨從中常帶有關於金銀珠寶和財務方面的專家級私人顧問甚至司庫；其職能是在第一時間檢驗被處理對象所奉獻物資的品質、分量、成色與價値，以便爲決策者們提供決策參考——這些來自各級領導機關的官員們，在處理問題時，選擇什麼樣的角度與分寸，是需要上述那些資料作爲依據的。（葉子奇《草木子》．雜俎篇）

從歷史記載中判斷，此種情形可能已經是當時從中央到地方到基層的普遍現象。

人類發展到今天的歷史告訴我們，每當一個社會鼓勵追逐利益，又缺少健康的秩序手段時，江湖義氣甚至比它更壞的東西就會大行其道。屆時，國家公器、權力與社會公共、公益事業全部變成了一切以家族、幫派是否受益爲前提。翻檢中國歷朝歷代的興衰治亂史，我們會發現一個驚心動魄的事實，這種東西的出現常常表明，該社會的道德與秩序底線已經被擊穿，其發展已經沒有限度，其社會後果，一般都是極度的兇險。

事實上，讀一讀《水滸傳》，再將此書與元末社會兩相比較，我們會很容易看出，這樣一部通篇描寫社會黑暗景象與梁山泊好漢江湖義氣的巨著，在此時出現，絕非偶然——梁山泊好漢的出現，與北宋王朝的覆滅之間腳跟著腳；而《水滸傳》出現時，大元帝國已然天下大亂。

朱元璋就是生活在這樣的一個時代裏。

他的行爲方式，基本沒有脫出這一歷史背景所給出的條件。

朱元璋的江湖義氣，在許多史料和傳記作品中都有記載。

西元一九四九年以後，時任北京市副市長、以明史權威著稱的吳晗先生，在其《朱元璋傳》中，曾經對此繪聲繪色地作過描述：

朱元璋少年時代做放牛娃時，有一次與同村的小夥伴徐達、湯和、周德興等一干小傢伙，在山上玩餓了，又找不到吃的，於是，朱元璋提議，將自己替人家放牧的一頭花白小牛犢宰了來吃。大家歡呼雀躍，吃得心滿意足。隨後，當一群小壞蛋們意識到無法向主人交代時，朱元璋一個人拍胸脯承擔了全部後果。他想出的主意是：將吃剩下的小牛尾巴插進山上的一個石頭縫裏，然後告訴牛主人，說是小牛鑽進石洞裏，拉不出來了。最後，事情以朱元璋挨了一頓痛打並丟掉放牛的差事而告結束。

吳晗先生評論道，朱元璋雖然吃了苦頭，丟了飯碗，「卻由此深深得到夥伴們的信任，認為他敢作敢為，有事一身當，大家心甘情願把他當作自己的頭目。」（吳晗《朱元璋傳》，第五—六頁）這裏可能有一個小小的誤差，《明史》「徐達傳」中說，比朱元璋小四歲的徐達，在朱元璋成為造反部隊的部帥時，「往從之」，與朱元璋「一見語合」。如果此處的說法能夠成立的話，那麼，徐達應該是在參加紅巾軍之後才認識的朱元璋並且意氣相投。由此看來，他似乎沒有參加這次分吃小牛肉的惡作劇。

朱元璋投奔扯旗造反的紅巾軍以後，在相當長時間裏，都保持和發揚了這個特點，這可能是他能夠迅速脫穎而出的一個重要原因。朱元璋識文斷字，見多識廣，機智果斷，敢作敢為，輕財重義，而且打仗不怕死，這使他在基本上屬於烏合之眾的造反部隊裏，可能相當引人矚目。

爲此，這支部隊的大頭目——元帥郭子興很是賞識他，才幾個月時間，就將他提拔到了自己的親兵衛隊裏擔任小頭目，並且很快親自主婚，把自己的養女——就是後來名聲很大的那位馬皇后嫁給了他。（《明太祖實錄》卷一）

但是，使他能夠眞正團結起一批死黨並得到死心塌地擁戴，除了才幹能力等因素，他的膽識與江湖義氣所起的作用恐怕不小。

當時，在這一夥造反部隊中，分成幾個不相統屬的山頭，相互間時常發生摩擦與內訌。有一天，郭子興一個人上街，撞上了冤家，結果被對方綁架後關進了地窖。他的所有親信、親屬包括兩個兒子都被嚇壞了，紛紛躲藏起來，不知如何是好。朱元璋是人們公認的郭子興心腹，肯定也是被打擊的對象。此時，他恰好領兵在外，躲過了此劫。得到消息後，出乎人們意料，朱元璋立即動身，準備返回去營救郭子興。有人力勸他不要自投羅網，白白送死。朱元璋回答得大義凜然：「郭公有大恩於我，現今有難，我若只顧自己不去搭救，還能算個人嗎？」結果，他回去後，利用那幾派之間的矛盾，又打又拉，竟然平息了一場一觸即發的派系殘殺。朱元璋自己則爬牆上房，身蹈險地，最後縱身跳進地窖，砸爛枷鎖，將郭子興背將上來。（《明太祖實錄》卷一）

在這次危機處理中，朱元璋表現得有勇有謀、有情義有擔當，

可圈可點。

後來，當郭子興被其他造反好漢擠兌得很難受、不得不離開自己的根據地投奔朱元璋時，朱元璋甚至將自己實力已經發展得很大的數萬人馬，拱手交給他，然後一如既往地輔佐這位並不成器的末路英雄。幸虧，不久後這位郭子興一病不起，否則，後面的故事極有可能會演變得特別複雜。（《皇朝本紀》，《國初群雄事略》）

朱元璋曾經做過一件事情，酷似當年李世民收服尉遲恭。

尉遲恭，字敬德，是一位傳奇人物，中國民間神話中百邪不侵的兩位門神之一。

他曾經是李世民的敵人劉武周手下的一員猛將。歸降李世民後很受重用。後來，與他一起投降的其他人反叛李世民。有人認爲他也不可靠，勸李世民殺掉他。尉遲敬德陷入惶恐不安之中。

這時，李世民把他請到自己的臥室，拿出一筆錢說：

「大丈夫相交以意氣相許。如果你不想在這兒幹了，這筆錢不多，權當是感謝你過去對我的幫助，咱們今後還是朋友；如果願意留下來，我絕不會做辜負你的事情。」

然後，解下配劍扔到一邊，就和尉遲恭在同一間臥室裏呼呼大睡。

從此，尉遲恭兩肋插刀，南征北戰，戰功赫赫，並在玄武門事變中下死力幫助李世民，親手殺掉了世民的弟弟李元吉。成爲凌煙閣上二十四位開國元勳之一。（《新唐書》．尉遲敬德）

朱元璋則在打敗一支曾經背棄他的部隊後，俘獲了數萬名將士。這些人極度不安，害怕遭到報復。朱元璋下令在其中挑選了五百名勇猛壯士，擔任自己的宿衛。當晚，星漢燦爛。朱元璋蒙頭大睡，原有的警衛全部撤換成這五百人。燈火通明之中，這五百人靜聽著朱元璋鼾聲大起，相當感佩。（《明太祖實錄》卷四）從此，全軍死心塌地，極大擴充了朱元璋的實力，並成爲朱元璋奪取天下的基本隊伍。

我們知道，中國自古以來缺少多元化的、理性的政治理論、信念與選擇，因此，這種榜樣性的江湖義氣，其心理上的示範作用應該不可小覷。

有一個細節，透露出了許多訊息，相當值得注意。

湯和比朱元璋大三歲，是當年一起分吃那隻小牛犢的小壞蛋之一。

《明史》記載說，湯和「幼有奇志」，村裏的孩子們玩騎馬打仗的遊戲時，他總是扮演指揮官的角色。（《明史》．湯和傳）這個情節和吳晗先生在《朱元璋傳》中的描述略有出入。在吳晗先生的筆下，相當細緻地描寫了朱元璋在遊戲中扮演皇帝的過程。（吳晗《朱元璋傳》，第五頁）我們無法知道這種描寫是否符合當時的眞實情況。想想古代社會足可以滅族的十大惡罪名，當時的成年人是否敢於讓孩子們玩這樣的遊戲很值得懷疑。就像今天五十歲以上的人們，根本無法想像童年時會在遊戲中扮演毛主席一樣。倒是《明史》中騎馬打仗的說法似乎更靠譜一些似的。

《明史》中說，湯和長大後，「身長七尺，倜儻多計略」，「沉敏多智數」。表明此人高大魁梧，換算成今天的尺度，其身高大約在一公尺九十以上；而且十分瀟脫，富有謀略，沉著、敏捷、頗有才智。湯和比朱元璋更早投奔了紅巾軍，有一種說法認為，正是湯和寫信給朱元璋，勸誘這個遊方和尚也來投奔了紅巾軍。當時，由於戰功，湯和已經官居千戶，大約相當於今天的縣團級幹部了，但他對朱元璋卻相當恭謹。史書記載說：朱元璋受到郭子興的信任，從一個馬弁迅速崛起爲部帥後，軍中諸將以同輩視之，沒有人肯做低服小；唯獨年齡與資歷都勝過他的湯和，很是奉命唯謹地遵從他的約束與指揮。這使得朱元璋「甚悅之」，感覺特別愉快。（《明史》．湯和傳）

這種情形，顯然不是中國人社會生活中的常態。我們找不到更多細節說明何以會如此。從常理推斷，發生這種情形的原因，一定應該到朱元璋本人的素質、品性、才幹、謀略中去尋找才對。

稍微用心看一下，我們就會發現，上述故事和朱元璋參加紅巾軍之後的一系列故事中，已經具備了古代江湖義氣的全部要素和現代黑手黨故事的一些最重要特點。朱元璋顯然也具備了成爲團夥老大的基本素質。翻一翻歷朝歷代史料，我們會很容易發現，中國歷史上，幾乎所有攫取權力和利益的故事，大抵都是以這種「有肉大家吃，有事一身當」的動人情節開始的，但是其結局具有同樣喜劇效果的卻並不多。原因在於，這種所謂義氣之中，實際上包含著反人性的悲劇基因；這種基因與中國帝制文化傳統中天性兇殘的基因結合後，其果實通常都很難賞心悅目。

後來發生的一切，可以成爲上述判斷的依據：這些分吃過小牛犢肉和後來在紅巾軍中受過朱元璋恩惠的夥計們，大多成爲朱元璋武裝集團中的重要戰將，出生入死地跟著他打天下。據說，這種同鄉人共有二十四位，其中一部分是和朱元璋一起「撒尿和泥」長大的。大明帝國建立後，他們全部成爲帝國的開國元勳，享有崇高的榮譽、地位、權利與待遇。比朱元璋小四歲的徐達甚至成爲這些武將中的首席功臣。最後，這些人除了早死的之外，只有一位中風後不停地淌口水的湯和算是逃脫了洪武皇帝的茶毒，其餘無一善終。有的還死得極其悲慘。這些都是後話。

而在打江山的過程中，無論如何，朱元璋的捨生忘死、「有肉大家吃」的義氣、才幹及其對未來的預期，可能是相當多的好漢死心塌地地跟著他的重要原因。

顯然，江湖義氣這玩意兒，既不是爭奪江山手段的全部，也不是朱元璋的專利。對於大凡想要建立自己班底、籠絡人心的中國人來說，這只是一個必用的基本手段而已。

朱元璋最重要的對手之一張士誠也是深諳個中三昧的老手。

張士誠是泰州地區的一個私鹽販子。

生活在今天的中國人可能很難想像，從兩千多年前的漢武帝時代開始，食鹽這種基本民生用品就一直壟斷在國家手裏，由官府所專賣。由此，有效地培養起了一個專門從事食鹽走私的行業。

販賣私鹽有利可圖，卻也相當危險。據史書記載，元明時期，製作精良的私鹽價格在大多數時候只有粗糙的官鹽價格的三分之一甚至四分之一；而且即便在這種情形下，私鹽銷售仍然有利可圖。由此可見官府壟斷經營的惡劣程度。

唯其如此，歷代王朝對此控制得都很嚴酷。

唐代法律規定：走私食鹽一石者，即處死刑。就是說，當時的一條人命相當於一百多斤食鹽；到了五代十國時，則是不論多少，抓住就殺頭，比今天懲治販毒最嚴厲的國家還要嚇人；宋代最寬厚，取消了走私食鹽的死刑；元明清三個朝代則又一次規定，走私食鹽而又拒捕者，

處死。（沈家本：《歷代刑法考》）

根據短缺經濟學理論，不必深入考究，一個國家用如此令人畏懼的刑罰壟斷自己的人民消費一種生活必需品時，導致的後果必定包含而又不限於如下數種：

——社會在此方面的整體停滯。

——官方強迫提供質次價高的惡劣產品與交易方式。

——培育出如狼似虎的貪官污吏。

——走私成為一種有利可圖的職業。

——培養出與國家和社會為敵的、貪婪的力量與社會心理。

泰州白駒場鹽丁張士誠就是在這種制度之下培養出來的一個私鹽販子。

泰州白駒場的治下在今天江蘇大豐。西元一三五三年，即元至正十三年，張士誠三十二歲。史書記載說，他「頗輕財好施，得群輩心。」（《明史》·張士誠傳）意思是，此人並不拿錢當回事，時常仗義疏財，因此相當得眾人心。在官修正史《明史》中，也清楚記載了他在販私鹽時，遭受官吏與富豪欺凌侮辱的情形。使我們的上述說明，部分地得到了佐證。這一年正月，他與自己的幾個弟弟和販運私鹽的一幫同伴，號稱「十八兄弟」，殺掉當地為非作歹的官吏與富豪，起兵造反。

從時間上看，他比朱元璋投奔造反軍還晚了一年，但其起點卻比朱元璋高出許多。原因可能是在充滿風險與變數的販運私鹽生涯中，張士誠早已建立起了自己的人馬班底與組織網路。因此，他不像朱元璋那樣，以投奔別人的造反部隊當一個小兵開始；而是出手便自立門戶，自成一派。

這些私鹽販子精明強悍，相互間結成了「一榮俱榮，一損俱損」的利益共同體，因此，戰鬥力頗爲可觀。

當年五月，張士誠在攻破泰州、興化等地之後，佔領高郵，稱周王，從而聲威大震。結果，引來元帝國宰相脫脫親率重軍征剿。

這位脫脫宰相號稱能文能武。我們今天所看到的官修正史——堂皇二十四史中的《遼史》、《金史》和卷帙最爲龐大繁雜的《宋史》，都是由此人主持修撰的。這樣一位人物，應該算是有元一代最高決策層高官中，受華夏文明文化浸潤頗深的一類了。在他的主持下，元帝國恢復科舉取士、太廟祭祀，變更鈔法，治理黃河等，史稱「更化」。在元朝稱得上是少見的明白人。因此，在古今中外元明史學者的口中筆下，對此人常有褒讚，並被認爲是元帝國最後的希望。

（《元史》．脫脫傳）

然而，正是這位宰相的作爲與命運——如前所述，就是這位宰相曾經爲自己的弟弟謊報戰功——準確的預示了大元帝國的不可救藥與不配有更好的結局。

西元一三五二年，即元至正十二年九月，脫脫率軍征剿徐州的紅巾軍。我們知道，徐州古稱彭城，乃今天魯、豫、皖、蘇四省交匯處的第一繁華之地，人口常在數十萬之譜，爲古今兵

家必爭之重鎮。政府軍隊攻破城池後，作爲整個國家行政首相的這位脫脫宰相，下達的第一道命令是——屠城。（《元史》．脫脫傳）

明正統《彭城志》記載說，此次屠城，徐州男女老幼無一倖免；以至於十六年過後，大明帝國宣告立國，這裏依然是「白骨蔽地，草莽彌望」，殘磚廢瓦荒草萋萋中，出沒著狐鼠豺兔。（《明正統彭城志》）

時年二十四歲的朱元璋，就是在這一年投奔了紅巾軍。

兩年後，西元一三五四年，即元至正十四年，以血洗徐州之功晉升爲太師的脫脫，再次率領百萬大軍征剿佔據高郵的張士誠。史書記載其出師盛況云：「旌旗累千里，金鼓震野，出師之盛，未有過之者。」（《元史》．脫脫傳）

這場高郵大戰昏天黑地地打了三個月，外城已被攻破，內城危在旦夕，張士誠彈盡糧絕，正在走投無路之際，一個出乎所有人意料之外的事件發生了。

脫脫宰相在前線領兵浴血奮戰，即將大功告成。誰知，京城中有一位權貴很想要這個宰相權位，於是在皇帝面前控告脫脫。大意是說：天下盜賊蜂擁而起，在很大程度上是因爲宰相不稱職導致了人民的怨恨。只要罷免脫脫的宰相職位，天下自然就太平無事了。此時，皇帝以爲叛亂眞的已經平息，也有些擔心脫脫功勞太大，不好安置。聽了這個指控，正合帝意。於是立即下詔，指控脫脫師老糜財，下令罷職流放。皇帝的詔書中用語極爲嚴厲，曰：若膽敢抗命，即時處死。

結果，事情變得完全無法收拾，詔書下達到高郵前線時，數十萬大軍無不忿恨，哭聲震天，一時間潰不成軍，風流雲散，其中大批士兵投奔了紅巾軍。（《元史》．脱脱傳）張士誠雖然僥倖，但以高郵彈丸之地，能夠與號稱百萬的國家正規軍周旋、對抗了三個多月，也足見其頑強兇悍了。

此後，續上了一口氣的張士誠，在很短的時間裏，便狂飆般席捲了東南沿海一代，今天江蘇、浙江、上海的很大一部分最富庶地區盡入張士誠手中。在當時，這裏便號稱東南膏腴之地，以「天下賦稅盡出其半」而傲視宇內。也就是說，當時中國國家財政收入的一半出於此地，很有可能是那時候全世界最富裕的地方。

從龐雜的史料中判斷，張士誠生性遲重卻精明能幹，沉默寡言而頑強機詐，重然諾，講義氣，而且對人慷慨大度，十分寬厚。（《明史》．張士誠傳）按照中國古代人甚至現代人的標準，這都是一些很優秀的品質。這種品質可能是幫助他團結了一大批同志和戰友，從而打下這片基業的重要因素。

張士誠將大本營設置在蘇州，建立起了割據一方的政權之後，對於與自己一同起事的老弟兄相當夠朋友講義氣。他使他們每個人都成了手握重兵或重權的高官大吏；同時，他對文人士大夫極其友善，對百姓也輕徭薄賦。同時，他還興修水利，發展生產。因此，贏得治下人民相當廣泛的支持。

這一點，曾經使朱元璋極為惱火，以至於當了皇帝後還抱怨說：「當初張士誠竊據江東，那兒的老百姓至今還稱呼他爲張王。我爲天子，那幫傢伙反而只叫我爲老頭兒。」（呂毖《明朝小史》·洪武紀·「老頭兒」）因此，打下蘇松地區後，朱元璋曾經有過「屠其民」的念頭，就是要殺光蘇州、松江一帶的居民。後來，勉強改爲向該地區徵收比以前高出十餘倍，最高達三十三倍的重稅，以示懲戒。這是明代爲什麼蘇松地區賦稅特重的原因，也爲江南地區的經濟發展埋下了特別意味深長的伏筆。此是後話。（鄭克晟《明清史探實》，三五—四〇頁）

既然如此，張士誠又是如何敗在朱元璋手下的呢？其中，必定有比江湖義氣更爲重要的東西在發生作用。

有一種說法認爲，張士誠是個有名的孝子，他的母親也是一位享有廣泛賢良名聲的老太太。後來，朱元璋攻打蘇州之前，曾經專門下令給前敵總指揮徐達，讓他嚴格約束部下，不許驚動老太太在蘇州的墳墓。（《明太祖實錄》卷一六）到了西元一九六四年六月，蘇州要擴建一所小學，發現這位老太太的墓仍然完整無損，表明朱元璋的命令得到了很好的執行。據說，這位老太太對張士誠家教極嚴，致使張士誠稱王之後，有一段時間，「自奉甚儉」，就是說不近女色，不鋪張奢侈，表現得很有氣象。

對此，張士誠感覺如何，我們不得而知；但是，與他一同起事的那些老弟兄們的心情，卻顯得相當痛苦：以前做私鹽販子時，要受貪官污吏土豪劣紳們的窩囊氣；如今，把腦袋掖在褲腰帶上，踏著多少人的屍體打下了這片錦繡江山，弟兄們也都當上了大官——不是大臣，就是大將，可是卻不能痛痛快快地享受榮華富貴醇酒婦人。他們無論如何也想不明白，既然如此，要這江山和權力幹什麼用？

此時，如果張士誠告訴他們：「天下還沒有拿到手，大敵當前，任重道遠，弟兄們還需努力」的話，他們可能還會再拼一把。可惜，張士誠自己並沒有這種打算。這位私鹽販子出身的好漢畢竟目光短淺了些。他對佔據了中國最爲繁華富裕的魚米之鄉極感滿足，並沒有爭奪天下的雄心壯志。他很想保境安民，不願再冒什麼太大的風險；他甚至沒弄明白：値此天下大亂之際，虎狼遍地，自己已然處身於不是吃人，就是被吃的境地；所謂逆水行舟不進則退者，此之謂也。他不知道，狼顧虎視之下，想單獨保住自己的一方基業，從而長享富貴是沒有可能的。

然而，張士誠可能還眞就是這麼想的，他的所有「基本國策」都是圍繞著這種胸無大志的想法展開的。這種遠大志向與戰略眼光的缺乏，甚至根本稱不上是一種戰略的戰略，可能是張士誠屢屢錯失良機，並最終栽在朱元璋手中的重要原因。須知，在很長一段時間裏，朱元璋的形勢與實力都曾經遠遠不如這位張士誠。

很難說，是江湖義氣妨礙了張士誠的戰略眼光與心胸，還是本來就缺少雄才大略，從而使他的江湖義氣被推到極致，達到了一種名副其實濫用的程度。換個角度或許也可以說，如果當初起兵時他還有一些雄心的話，那麼，如今在這溫柔富貴鄉裏，也消磨得只剩下一些已經無用、反而有害的江湖義氣了；儘管這份義氣曾經幫助他達到了今日的輝煌。

有一個頗有傳奇色彩的故事，恰能說明這一過程。

在張士誠「自奉甚儉」的日子裏，他那些出生入死的老弟兄們極爲苦惱，他們很仗義，很希望與張士誠在有難同當之後，能夠有福同享。於是，他們努力地想了很多主意，希望打開暢通無阻的道路，使張士誠、進而使他們自己能夠痛快地享受生活。最後，據說他們想出了一個並沒有多少新意，但對一個盛年男子來說卻很難抗拒的主意：他們找來一位不但傾國傾城，而且善解人意的美貌風情女子，給張士誠布置了一個顯然沒有惡意的溫柔圈套。結果，張士誠相當愉快地落入圈套。他那威嚴慈愛的高堂老母，在如今深深疊疊的深宮豪宅中，大約已經無法過分爲難自己已經稱王的兒子了。於是，一切都變成了既成事實。從此，張士誠變得一發而不可收拾。

這個故事，很有可能是眞實的。事實上，哪怕是純粹虛構的都無所謂。因爲，隨後發生的一切反正都一樣，構成了歷史上無法改變的事實。

張士誠有三個弟弟。大弟士義已死，二弟士德有勇有謀，士誠曾經把軍國重任基本交給了這位弟弟。可惜，一次與朱元璋部隊惡戰，不幸戰敗被俘。士德拒絕了朱元璋的勸降，並在監獄中帶出密信給哥哥士誠，讓他寧願投降元朝廷，也要和朱元璋血戰到底。最後絕食而死。張士誠的三弟張士信則是一個標準的花花公子，或者應該說，比花花公子還糟。二弟士德死後，張士誠居然就讓這位差不多完全不成

器的三弟當了丞相，自己則專心致志地躲進深宮裏享受生活。

這位丞相處理軍國大事時，看不出有多大的才幹，而對於貪污受賄、昏天黑地地享樂卻相當精通，而且還特別風雅。比如，此人納娶的姬妾達百人以上，教以天魔之舞。大約就是一個男人與一大幫女人脫光了衣服群歌群舞群交的胡舞。在進行重大的軍事行動時，他都要攜舞女歌姬同行，爲的是品味詩酒唱和、絲竹歌舞之中檣櫓灰飛煙滅的意境。這種意境，與三國周郎「羽扇綸巾，談笑間，檣櫓灰飛湮滅」的境界比較起來，可是要更有詩情畫意得多了。遺憾的是，此公主持的軍事行動，不是錯失良機，就是一敗塗地，很難找到能夠讓他如此顧盼自雄的案例。即便如此，張士誠對自己的這位老弟仍然憐愛有加。

公平地說，張士誠並不只是對自己的弟弟才如此厚愛。事實上，他對那些跟隨自己打天下的老弟兄們，基本都是義氣深重。早在老母親和士德死前，張士誠就已經不再親歷戰陣，甚至不過問軍國政務了。和後來那位創建了太平天國的洪秀全一樣，越姬風韻，吳娃柔美，張士誠可能越來越多地陶醉在那溫柔富貴鄉裏，領略著生活的美好。否則，很難想像在近十年的漫長歲月裏，他整天在後宮裏忙些什麼？

於是，跟隨他一同起事的弟兄們皆大歡喜。大家紛紛佔良田，築精舍，修園林，賞古玩，廣蓄歌姬美妾。醇酒婦人，各得其所。一時間，彷彿天下大定，一派歌舞昇平景象。

中國歷史告訴我們，哪怕眞的打下了天下，出現此種情形都是國家的不祥之兆。

到後來，每逢戰事，這些曾經刀頭舔血的將軍們，便誰也不願披掛上陣，一定要邀取了官爵田宅、功名賞賜之後，方才怏怏而出。而且，即便是置身前敵，他們也時常要攜嬌載姬，歡歌宴舞，書稱「以酒令作軍令，以肉陣作軍陣」。這樣的軍隊，若還能打勝仗，倒眞是一件令人費解的事情了。而且，打了敗仗也沒有關係。據說，只要他們回到張士誠面前，痛哭一番，訴說一下自己的煩惱與委屈，哪怕再喪師失地，張士誠也會很仗義地寬恕他們。於是，上下渾然無事，相當快樂。

對此，曾經有江南名士直截了當地對張士誠提出過批評。可惜，沉浸在輕歌曼舞之中的張士誠已經聽不進去這些逆耳忠言了。

此時，他只喜歡聽那些好聽的，他願意聽的話。中國人習慣上將這一類言辭說成是阿諛逢迎，將喜歡講此類言辭、做此類事情的人稱爲佞倖小人。從來沒有見到什麼人在文化與制度的層面上說明，何以在中國此類人士特別多，幾乎遍地都是？翻開歷史，我們會很容易發現：歷朝歷代，那些擁有權勢的人物，都是一些眞正的寄主，他們身邊，通常都

會蠅集蟻附、寄生著大量的此類人形動物。其功能，在於時刻可以令權勢者們通體舒泰、身心愉悅地進入一種飄飄然狀態。於是，那些缺少眞正意義上才略智慧的權勢者們，常常就此栽倒，成爲曇花一現的過眼雲煙。

事實上，這正是那些眞正有見識的人們離張士誠遠去的重要原因之一。

比如，《水滸》的作者施耐庵素有才名，與張士誠是老鄉，同樣生長在泰州白駒場。張士誠多次想要將施耐庵羅致到自己的帳下，奈何這位施耐庵不情願，最後不勝其煩，躲得遠遠的，跑到深山老林裏去寫他的梁山好漢。

當時，深得張士誠重用的三位重要人物分別叫黃敬夫、蔡文彥、葉德新。這三人小有才情，其最大的本事則如上述情形，即特別善於揣摩從而討得張士誠的歡心，很是爲人們所鄙夷。蘇州城裏傳唱著一首民謠，歌曰：「張王作事業，專靠黃蔡葉。一朝西風起，乾癟。」（《明史》，五行志）可見當時張士誠麾下的官場與民間輿情的反差之大。

在中國歷史上，這種情形常常是眞正的不祥之兆，翻遍史書，極少見到由此導入良好結局的事例。可惜，張士誠和這三位得意忘形的寵臣全都渾然不覺。於是，他們的好日子也就僅僅只有幾年時間。朱元璋滅了張士誠之後，專門下令將被俘的這三位寵臣臘製成肉乾，懸掛在蘇州城樓上，以此顯示應天迎人。

西元一三六七年，即元至正二十七年九月，張士誠被俘。此前，這位鹽梟出身的好漢在大勢已去之際，忽然振作起來，拼死搏鬥，然終究是大勢已去。他的正室夫人將他所有嬌妻美妾聚到一個香閣裏，然後舉火集體自焚。張士誠則不願受辱，上吊自殺。結果，被救活後，押解到了南京。朱元璋的首席謀臣李善長主持審問，士誠不予理睬。李善長大聲斥責，士誠輕蔑地告訴李善長，不必狗仗人勢。激得李善長破口大罵。於是，朱元璋親自提審，士誠依然不理不睬。

據說，朱元璋很平易地問他，如今兵敗被俘，有何感想？士誠答曰：「天日照爾不照我而已。」朱元璋惱恨不已，將其處死。是年四十七歲。據說，直到今天，在蘇州一代仍然流傳著不少此人的故事。

這位好漢和當年的西楚霸王一樣，至死也不認為除了天命之外，自己還應該反省點什麼。事實上，這很有可能是中國人的共同心理狀態與思維方式。今天，在我們身邊的傳媒上，充斥著類似的成功人士們。看看他們流星般從不可一世到煙消雲散的興衰史，可能有助於我們對此的理解。

一般說來，成大事者須有相應恢弘的志向、器量與才略。張士誠顯然不具備這種格局。這大約是他建立了割據政權之後，始終沒能脫離江湖草莽黑社會式行為方式的主要原因。這位老大對跟隨自己的三老四少很夠意思，然而其局面也就到此為止了。既然如此，成為別人的階下之囚，當然也就僅僅是時間早晚的問題了。

值此天下大亂之際，還有另外一位風雲人物。他的為人行事與張士誠大異其趣，卻也相當了得。

他就是陳友諒。

陳友諒是湖北沔陽府玉沙縣人，治下在今天的湖北省沔陽西南的沔城。此人出身漁家。從各種記載中判斷，陳友諒懂經史，通武事，膽氣豪壯。但是，種種情形表明，他很有可能屬於那種藝不算很高膽子卻極大，膽子雖然很大心並不細且很黑那一流人物。

元末天下大亂之後，陳友諒投奔到了徐壽輝領導的農民起義軍——天完紅巾軍中，在丞相倪文俊部下做簿書掾，大概是主管總務簿冊一類的小官。隨後，逐漸以軍功升任為元帥。聽起來這個名頭很嚇人，當時卻並不值錢。

元帥是一個相當古老的職官名，春秋晉文公時，就已經稱中軍主將為元帥。唐初開始，元帥一般由皇子親王擔任，權任極重。後來的宋朝也沿襲了這種作法，大體上只有皇子才能出任號令一方的元帥之位。比如，北宋亡國的靖康之恥時，僥倖脫出的趙構，便被困在都城裏的大哥宋欽宗任命為河北兵馬大元帥。到蒙古人建立了元朝時，大約是覺得這個漢語的官名很威風，於是，最開始在邊疆地區，後來在全國各地，設立了許多元帥府或者分元帥府，成為一個地區的最高軍事長官公署。為此，元末大亂時，凡是拉起一桿子人馬的人，哪怕是阿貓阿狗，只要手裏握有百八十個鳥人，便都會自稱元帥，有壯膽嚇人、自娛自樂的意思在裏面。這種情形，和民國時期，手裏有幾隻槍就會給自己任命一個「司令」，今天滿大街都是「總裁」、「董事長」的意思差相彷彿。

不過，種種跡象表明，這位陳友諒不完全是虛張聲勢，他還眞的掌握了一支有相當實力的部隊。當時，天完國皇帝徐壽輝與丞相倪文俊合謀，把太師鄒普勝排擠出了決策層。不久，這位丞相便大權獨攬，露出不把天完皇帝放在眼裏的模樣。於是，皇帝徐壽輝準備重新起用鄒普勝來制約倪文俊。倪文俊知道後，將自己一再提拔、如今已經獨當一面的心腹陳友諒找來，商量著索性幹掉徐壽輝，自己來做這個皇帝。

誰知，就在倪文俊設下圈套，發動兵變，天完皇帝已經陷入走投無路的境地之際，陳友諒卻突然臨陣倒戈，以保駕勤王的名義，率精兵三下五除二便打跑並在後來幹掉了倪文俊，將他手下的力量全部收編到了自己手上。陳友諒就此成爲天完國皇帝之下的第一重臣，不但握有重權，而且握有重兵。

陳友諒雖然有保駕之功，名義上也相當冠冕堂皇，但卻顯然有悖於江湖道義。於是，後來便有一種說法廣爲流傳：

倪文俊召陳友諒在丞相府密議時，他的一個愛妾曾經出來招呼茶點。據說，當時已經三十多歲的陳友諒向來不近女色，因此頗受部下擁戴。誰知，見到這位女子後，陳友諒驚爲天人，一時間目眩神迷而不能自已。此後一連數日神魂顚倒，不思茶飯。因此，才有了反戈一

擊之舉。於是，兵變平息後，陳友諒做的第一件事情，就是搶在前往丞相府抄家的兵丁之前，快馬加鞭地趕到丞相府，將這位女子搶到了自己府上。後來，陳友諒在鄱陽湖與朱元璋決戰，兵敗身死時，他的臣僚部下逃跑的逃跑，倒戈的倒戈，投降的投降，只有這一位女子為他自殺殉情。

這段傳奇是否眞實，對歷史研究者而言或許重要，對陳友諒來說卻是一點都不重要。原因是此人號稱「素懷大志」。我們知道，中國歷史上許多此類素懷大志的人士，一般都會把別人的腦袋看得很輕。不管他們嘴上怎麼說，但在內心深處，「寧願我負天下人，莫讓天下人負我」則是他們永遠最眞實的信條。因此，這種人大多都很有點笑由人笑，我行我素而已的氣概。他們行起事來，一般只看自己需要與否，並不在乎割下任何妨礙了他們利益的人們的腦袋。這種人一般在江湖上大多聲名狼藉，很難存身；卻常常可以在政治上出人頭地。這可能是「行大事者不拘小節」、「無毒不丈夫」之類成語在中國官場與名利場上特別多的原因之一。

我們無法證明陳友諒不屬於此類人士。

在這一點上，陳友諒與張士誠雖然大不相同，但一時間，似乎也是很成氣候。

西元一三五九年，即元至正十九年九月，陳友諒在幹掉倪文俊的兩年之後，再一次同室操戈，殺掉了天完紅巾軍最孚眾望的重要將領趙普勝。

又過了八個月，西元一三六〇年，即元至正二十年閏五月，他以向皇帝彙報軍情的名義，安排一個衛士用鐵錘擊碎了徐壽輝的腦袋。

由此，陳友諒自立爲帝，改國號爲大漢，改年號爲大義元年，以江州也就是今天的江西九江爲都城。當年，陳友諒四十歲。

認眞說起來，徐壽輝不是一個富有才略的人。

我們知道，紅巾軍是以白蓮教、彌勒教、明教等等爲基礎雜糅混合發展起來的，主要以明王出世彌勒降生爲號召。按照他們的教義，明王出世、彌勒下凡後，世間就會人人有衣穿、有飯吃、有田種，眾生平等，天下太平。當時，相信這一說辭的民眾相當多。他們起事時，如徐壽輝一系的紅巾軍，就在後背上大書一「佛」字，他們被告知這樣就可以刀槍不入，無往而不勝。假如不幸被殺死，則是因爲自己心不誠的緣故。中國歷史上直到今天，此類夢囈性迷狂相當常見。在現象上看，此種情形的出現，常常與人民生活在某些方面變得艱難、無助、超出了他們理解與承受範圍呈正相關的關係。就是說，二者之間是同比例消長的。我們對此應該並不陌生。

據說，徐壽輝之所以能夠成爲他們的領袖，並不是因爲他具有才幹和威信，而是因爲長得魁偉不凡，威風凜凜，很有點天神也就是明王或彌勒下凡的味道，於是便被推舉爲領袖，並受到眾人的愛戴。那個怪怪的國名——天完國，可能也是出自該混合宗教教義，大約有「天賜完美之國」的含義。

一個原本不入流的角色，就這樣成了叱咤風雲的天完國皇帝。

然而，這位天完國皇帝手下的幾位大將卻相當厲害。趙普勝就是其中之一。趙普勝，江湖人稱「雙刀趙」，假如用《三國演義》或者《水滸》上的說法形容，大概可以說成是「雙刀舞將起來，有萬夫不擋之勇」。他不但武藝高強，而且富有韜略，在天完國創建的過程中，戰功赫赫。因此，成為陳友諒圖謀徐壽輝時所必須除掉的一個障礙，加上朱元璋不斷派人散布謠言，於是，這位威望很高，且對天完皇帝忠心耿耿的將軍，被陳友諒輕輕地安上一個圖謀不軌的罪名便殺掉了。

《明史》在評價陳友諒時，說他「性雄猜，好以權術馭下」。用今天的語言表述，此人很可能具有極強的組織與控制能力、好弄權術且狠辣。他不停地幹壞事，其所作所為，距離一個「義」字，相去可謂遠矣。然而，他卻敢於把自己的年號定為「大義」，並且能夠在很短的時間內，就將各個派別的各路人馬相當迅速地整合到自己麾下。由此，可以看出其梟雄的本事與特色。

西元一三六三年，即元至正二十三年，七月，爆發了歷史上相當著名的鄱陽湖大戰。這次大戰，可能是中國歷史甚至是世界歷史上投入人員最多、規模最大的一次水上大會戰，也是陳友諒與朱元璋之間決定生死的大決戰。大戰中，雙方投入的總兵力共為八十萬人。其中，陳友諒投入六十萬人，朱元璋投入二十萬人。大戰持續時間近四十天。是時，整個鄱陽湖上，漂浮著數不勝數的屍體，愁雲慘霧之間，湖水為之色變。以至於此後相當長一段時間裏，湖邊的人們不敢捕食湖中的魚蝦鱉蟹。

陳友諒昔日作爲所累積起來的惡果，在這次大會戰中顯露出來了。

先是除去倪文俊，並將趙普勝、徐壽輝殺死後，他們手下幾員相當厲害的大將如丁普郎、傅友德等許多人陸續叛投朱元璋。傅友德後來成爲朱元璋麾下獨當一面、戰功極爲顯赫、幾乎百戰百勝的將軍。

而丁普郎則與鄒普勝、趙普勝等人同是白蓮教中「普」字輩的、義氣深重的兄弟。他對陳友諒極爲憤恨，發誓要一命換一命，陳友諒必須用自己的腦袋作爲背信棄義的代價。因此，在鄱陽湖大戰中，這位丁普郎完全是一副不要命了的打法，意思很明白，就是只要能幹掉陳友諒就行，自己死活無所謂。最後，此公身受十幾處傷，仍然大呼殺賊而不退。《明史》記載說，「普郎身被十餘創，首脫猶直立，執兵作鬥狀，敵驚爲神。」意思是說，他血戰到腦袋已經掉了，身體還直立著，雙手操兵器，一副拼命打鬥的架勢，敵人大爲驚駭，以爲是戰神下凡。（《明史》，南昌康郎山兩廟忠臣附）

短兵相接的冷兵器時代，一方前敵大將的如此戰法，顯然對交戰雙方的士氣具有極大影響。

此時，陳友諒一方雖然人多勢眾，號稱六十萬，但在史書記載中，能夠見到名字的、拼死作戰的將領卻只有陳友諒嫡系的一兩員大將；那些被強力整合進來的人們，似乎並沒有什麼特別出色的表現。

一場戰役，一方佔有壓倒優勢、雙方人數相差極其懸殊，卻一開打便成了一場膠著戰，上述因素可能是其中的重要原因之一。而這種膠著狀態，本來恰恰是陳友諒應該極力避免的。因爲，與朱元璋準備得很不錯的後勤補給比較起來，陳友諒人數上佔壓倒優勢的六十萬大軍，立即在茫茫鄱陽湖上顯現出了組織與補給上的困難。

尤其糟糕的是，在雙方勝敗尚未分明的時刻，陳友諒部下的兩員重要將領——左右金吾將軍又先後率兵投到朱元璋的陣營。這可能使草莽氣息頗重的「大漢」皇帝陳友諒頓時陷入到了一種焦躁之中。於是，在隨後的一次激戰中，這位焦慮得已經失去鎭定的皇帝掀開自己旗艦的簾障查看戰況，結果，被一支不知發自誰人之手的箭矢一箭射中眼睛，並貫穿頭顱，當場死亡。就這樣，其統帥的六十萬大軍，在佔據了天時、地利和人數上絕對壓倒優勢的情形下，死的死，逃的逃，投降的投降，只有很少一部分跑回了大本營。建國僅僅三年的「大漢」國，不久便土崩瓦解。

從眾多史料的記載來看，陳友諒雄心不小，膽量極大，而且也不乏以權術駕馭部下的能力。因此，很短時間裏，便迅速整合出一個在割據群雄中土地面積最大，人口與兵力最多的「大漢」國，一時間相當咄咄逼人。

從投身造反開始，到自立爲「大漢」皇帝，他只用了不到十年時間。這種順風順水，可能造成了他極好的自我感覺，以爲自己眞的是天之驕子，天命所歸。於是驕橫自負，甚至在處理事關重大的軍國大事時，都顯得相當粗疏草率。

顯然，此人綜合素質中的重大缺陷，是導致其毀滅的致命傷。他似乎從來沒有過謀定後動、事緩則圓的深謀遠慮，作起事來，常常是跟著感覺走，事到臨頭先幹了再說。很有點拿破崙「先投入行動，然後再見分曉」的氣概。可惜，他不是拿破崙，他沒有拿破崙的政治、軍事天才，好運氣也不會永遠籠罩在他的頭上。事實上，以我們今天特別常見的事例回望歷史，這種現象並不難理解；或者反過來說也能成立：以這些歷史返觀今日，許多用常情常理不太容易理解的事情，便豁然開朗洞若觀火。

鄱陽湖大戰之前，陳友諒曾經兩次率優勢兵力叫板朱元璋，結果，全部由於他的寡謀躁動、大而無當而一敗塗地。

取得這兩次勝利之後，朱元璋曾經在軍事上走過一著絕大的險棋。這一險招如果被對手拆破，將完全可能導致朱元璋全軍覆滅死無葬身之地，後人肯定會將其諷之爲軍事上的巨大戰略錯誤。可是，倘若他行險成功，則會使他在政治上、軍事上均獲得相當大的戰略縱深與迴旋空間。

事情的大體經過是：

當時，紅巾軍分爲東西兩系，西系是徐壽輝所領導的天完國一系；東系則以韓林兒、劉福通爲首，以復興大宋爲號召，國號就叫大宋，主要在今天的河南、山東等北方地區與元朝苦鬥。朱元璋的部隊至少在理論上、名義上是隸屬於這一系紅巾軍的。事實上，正是由於東系紅巾軍的糾纏，元軍無暇顧及，朱元璋們才有可能坐大。因此，東系紅巾軍承受了元軍主力的主要攻擊力，成爲了朱元璋的北部屛障與防火牆。

即便如此，朱元璋在整個大勢中佔據的位置並不是很好。他以應天府即今日南京爲中心的根據地，東部與東南部有張士誠；西部與西南部有陳友諒。朱元璋時時處於兩面夾攻的憂患之中。

此時，與西系紅巾軍一再內訌一樣，東系紅巾軍也連續發生自相殘殺事件；加上缺少正確而強有力的戰略部署與指揮，因而，一度相當強盛的東系紅巾軍，在元軍的打擊下日暮途窮。爲此，朱元璋曾經彷徨觀望了很久，甚至已經準備效仿張士誠的韜晦之計，即明裏投降元朝廷，暗中保存實力。爲此，他曾經多次與元朝廷和元軍統帥眉來眼去。誰知，正在韓林兒與劉福通行將崩潰的時候，元朝廷內部卻也由於決策層內訌，導致最重要的領兵將領互相廝殺起來。朱元璋這才放棄了接受元朝廷招安封賞的計畫。

然而，正在朱元璋鬆了一口氣的時候，張士誠卻突然發大軍團團包圍了韓林兒、劉福通所在的安豐，亦即今日之安徽壽縣。劉福通一面苦苦支撐，一面派人飛赴南京，向朱元璋徵兵解圍。

朱元璋所走的重大險棋就發生在此時。

這件事發生在西元一三六三年，即元至正二十三年二月到三月間。朱元璋不顧他最重要謀臣劉伯溫的極力反對，決定親自率重兵救援安豐。他的理由是，失去安豐，南京就失去了屛障，救援安豐就等於保衛南京。而且，在朱元璋的部隊裏，人們還普遍將小明王韓林兒看作自己的教主與君上。劉伯溫反對的理由則是，從政治上考慮，沒有理由去救那個有名無實的「大宋」皇帝韓林兒，救他出來，反而平白給自己找來了個婆婆，今後很難處置；從軍事上考慮，假如此時陳友諒乘虛而入，則腹背受敵進退失據，全軍將立即陷入極其兇險的境地，實有不可測之禍。

朱元璋不聽，執意率大軍出發了。當時的情形，至少對於劉伯溫來說，顯得相當悲壯且令人絕望。

誰知，與朱元璋走出的險棋相比較，此時的陳友諒卻走出了一步愚蠢得無以復加的、真正的臭棋。從而，錯過了吝嗇的上帝每次只給人的一個機會。從此，對於他來說，一切都無從談起了。

當此時，陳友諒已經基本完成了近乎孤注一擲的戰爭準備——徵集了達六十萬之眾的龐大兵力，製造了至少一千艘以上的龐大戰艦，籌集了充足的糧草軍需。這時，假如他乘南京只有老弱病殘守備的形勢，出鄱陽湖口，沿長江順流而下，直抵石頭城的話，那麼，朱元璋所率領的部隊，將會沒有任何選擇，立即陷入前有強敵、後路又被更強大的敵人截斷的、惶惶如喪家之犬的境地。

過去，陳友諒曾經試圖聯合張士誠按此方略夾擊朱元璋，卻由於張士誠拖泥帶水，猶猶豫豫，表面老奸巨滑，實則目光短淺而夭折。張士誠的心理，很有可能和我們今天在中國商場上，經常在那些聰明的人們那兒看到的一樣：如果競爭對手主動提出聯合起來做一件事，如果做這件事對自己有好處，但是對競爭對手也有好處的話，那就寧願自己不要這個好處，也不能讓對方得到好處。於是，我們時常能夠看到的一個結果就是——雙方共同的競爭對手——可能是國內的，也可能是外國的——發展起來，再回過頭來將他們各個擊破。張士誠可能就是這麼一種心態。

兩面夾擊朱元璋，這是陳友諒做夢都想做而沒有做到的事情。面對這樣一個千載難逢的天賜良機，陳友諒卻眞的像一頭蠢驢一樣。

二月初二，安豐被圍。

三月初一，朱元璋率大軍救援。

三月十四日，被救出的小明王韓林兒下達制書表彰朱元璋的祖孫三代。

在前前後後長達近一個半月時間裏，陳友諒始終無所作爲。

這時，從安豐回軍的路上，朱元璋在情緒衝動之下犯了一個眞正的錯誤：派徐達、常遇春率大軍主力圍攻屬於張士誠的廬州，就是今天的安徽省會合肥市。結果，久攻不下，主力部隊師老於堅城之下，進退兩難。陳友諒對此同樣視而不見。

等到四月初，陳友諒這時才開始動作了。他率領眞正龐大無比的艦隊浩浩蕩蕩、遮天蔽日地出發了。然而，方向卻是南轅北轍完全相反的江西南昌。我們無法知道這廝到底是怎麼想的，只能推測，其眞實的意圖大約不外如下幾點：其一，北上之前，先要南下，拿下南昌，以解除後顧之憂；其二，南昌曾經是他的地盤，被他的手下投降後獻給了朱元璋，他要懲治這幾個傢伙；其三，南昌當時叫洪都，曾經被改名爲龍興府，意思是眞龍天子開基立業之地，他要把它奪回來以應「龍興」之名。

然而，與上述時機比較起來，所有這一切理由顯然全都不成其爲理由，哪怕再加上十條二十條類似不類似的理由也罷。但是陳友諒就這麼幹了，留下了一個讓人完全一頭霧水，永遠無法理解的謎。

此後，陳友諒的大軍在南昌孤城下一待就是八十五天。按照古人的說法，「一鼓作氣，再而衰，三而竭。」在這八十五天時間裏，一方面攻堅不下，已經足以將一支六十萬人大軍的糧草、士氣消磨得差不多了。

另一方面，朱元璋則幾乎做完了自己想做的所有事情。他安頓好了大將謝再興叛變帶來的麻煩；從從容容地改正錯誤——將徐達率領的、被拖在廬州城下達數月之久的主力部隊撤回到南京，做好戰爭準備；然後，從從容容地率領大軍誓師出征，逆流而上，直入鄱陽湖。甚至，還有史書記載說，在此期間，他還曾經令劉伯溫做媒、自己親自主婚，把徐達從進退兩難的合肥城下召回南京，舉行婚禮，將該人心儀已久的一位女士嫁給了這位大將軍做新娘。最後的結果是，朱元璋反斷掉了堅城之下陳友諒的後路。從而，扭轉了戰略態勢上的被動局面。

在親自率兵救援安豐和以主力大軍圍攻廬州的長達幾個月時間裏，朱元璋與劉伯溫始終處於極度的焦慮之中，生怕陳友諒的大軍從背後殺將出來，導致腹背受敵的局面。然而，沒有。陳友諒始終沒有利用這一制敵於死地的良機。從此，隨著鄱陽湖大戰的到來，注定他再也沒有這樣的機會了。

就這樣，由於陳友諒蠢豬一樣的愚不可及，使朱元璋的冒險失誤，反而變成了極爲高明的一招。與陳友諒的弑主自立比較起來，朱元璋的這一手顯得特別深明大義。他佔盡了政治上的好處，這種好處對他的幫助太大了，直到他站穩腳跟，最後將捏在自己手裏已經失去作用的傀儡皇帝韓林兒沉入江底。

相形之下，就連劉伯溫一心爲朱元璋打算的主意，居然也反倒被襯托出一種逢人之惡的、小家子氣的陰暗氣息來。

在此期間，張士誠的沒出息也表現得淋漓盡致。

當朱元璋與陳友諒在鄱陽湖上打得昏天黑地、三十六天難解難分時，加上行軍路上的時間，同樣給這位張王留出了將近一個半月的時間。而且在此之前的四月份裏，還曾經發生過朱元璋手下獨當一面的重要將領、大將謝再興率部叛投張士誠的事件。即便如此，這位張士誠卻悠哉遊哉，似乎抱定了坐山觀虎鬥的宗旨，沒有什麼像樣的作爲。假如此刻他以自己所擁有的至少二、三十萬大軍、無論如何都還不算弱的兵力，出兵直搗近在咫尺的南京的話，後來的局勢怎麼發展就很難說了。

朱元璋與劉伯溫曾經對此同樣相當憂慮。

然而，虎狼就在咫尺之間，空虛的家園卻平安無事。讓人根本無法明白張士誠這廝究竟在想什麼？事實表明，朱元璋與劉伯溫的這種憂慮顯然是高估了張士誠的智商與情商。此後，隨著陳友諒的「檣櫓灰飛湮滅」，原屬「大漢」國的廣大土地迅即落入朱元璋之手。張士誠立即陷入在這廣大敵國土地的包圍之下，變成了砧板上的肉，唯一的前途，就是等著人家拿刀來剁了。

張士誠的那位丞相弟弟張士信倒是至死都很風雅。

徐達率領大軍包圍了蘇州城後，這位負責守城的大丞相命人在城頭搭起帷帳，時不時在姬妾陪伴、詩酒唱和中，體味著笑對百萬雄兵的快感。

西元一三六七年，即元至正二十七年，六月初七。這一天，對於張士信是個不折不扣的黑色的日子。

此日，蘇州城已經被圍困半年多了，全城異常困頓。他在帷幕裏吃飯，餐後水果是一盤水蜜桃。他伸手拿起一個桃子剛要吃，突然一個飛炮打來，準準地在帷幕上炸響。硝煙散盡，人們發現丞相的腦袋整個被炸飛了。

心平氣和地看，應該說，對於勢焰薰天的這樣一位風流丞相，就此風吹雨打去，可能是他最好的歸宿。

從上面的事蹟中，我們知道，朱元璋、陳友諒、張士誠們進行的是一場標準的中國式政治博弈。

這種博弈的名稱，古人管它叫：逐鹿中原。
該遊戲的規則是：不擇手段。
其競賽方法爲：以暴力在肉體上消滅對手。
參加博弈的條件爲：盡可能大的軍事力量。
博弈的結果是：勝者爲王，敗者爲寇。
博弈的籌碼則是：以自己的身家性命和千百萬將士百姓的累累屍骨，博取全中國的河山與人民。

中國人對在此遊戲中勝出者的獎勵，可能是全世界古往今來所有國家和民族中最爲慷慨的。那就是——名字叫中國的那一片萬里錦繡江山從此將成爲他一家一戶的私有財產；凡生息在此土地上的人們全部成爲這一家一戶不折不扣的奴僕。所謂溥天之下，莫非王土；率土之濱，莫非王臣，此之謂也。

一模一樣的博弈，在中國進行了至少兩千幾百年。於是我們知道了諸如劉漢、李唐、趙宋、朱明等等稱謂。

兩百七十六年之後，當朱元璋創建的大明帝國已經土崩瓦解，他的子孫、大明崇禎皇帝朱由檢已經吊死在景山的樹下了，那位打開天下第一雄關、導引滿清鐵騎殺向北京的吳三桂，還在自己討伐李自成的檄文中，義正詞嚴正義滿胸地寫道：「請觀今日之域中，仍是朱家之天下」。

時在西元一六四四年五月。

與此相映成趣的故事，則發生在廣受國人愛戴的鄭成功身上。

西元一六五九年，即清順治十六年七月，鄭成功率大軍溯江而上，直薄石頭城下。在南京儀鳳門，鄭成功與文武官員登岸遙祭太祖朱元璋的明孝陵。這位眞正的民族英雄揮筆寫下了《出師討滿夷自瓜州至金陵》詩。

詩曰：

縞素臨江誓滅胡，雄師十萬氣吞吳。
試教天塹投鞭渡，不信中原不姓朱。

翻檢世界歷史，我們知道：

——由此向前推十八年，即西元一六四一年，英國國會向國王查理一世提交了《大抗議書》，斥責國王的種種不法行爲；

——由此向前推十七年，即西元一六四二年，英國革命轟然爆發，克倫威爾領導的國會軍向國王及其軍隊宣戰；

——由此向前推十年，即西元一六四九年，查理一世國王被送上斷頭臺，英國人民宣布成立共和國。

列舉出這樣一個參照系，並不是爲了以今人的眼光苛求古人。誠如我們所知，任何歷史，都是在其當時的條件下發生的；因此，研究這些歷史，也就只能將其放回到當時的條件下去進行，分析其形勢與作爲，以裨益於今日。若以今天的標準衡量古人，毫無疑問是可笑的，沒有任何意義。

問題在於，生活在今天的中國人，或許可以通過這個對比，注意到一個特別簡單的事實，當地球上另外一個世界裏，發生著將國王交給人民審判並最終送上斷頭臺這樣翻天覆地的大事變時，我們則在這一年——西元一六四四年，跪拜到了一個新的主子面前，誠惶誠恐山呼萬歲。了解了這一點，可能有助於我們理解爲什麼在今天的世界上，我們只能是一個二流甚至三流的角色。

不一樣的思維

如前所述，元朝末年，天下大亂。一時間，英雄豪傑和流氓惡棍蜂擁而出，中國進入了有槍便是草頭王的時代。

中國人習慣於詩意地稱呼這種情形爲——逐鹿中原。

由於中國文化排除了眾人分享這「鹿」的可能，因此，就必須有一個人要滅掉所有對手——這裏所說的滅，通常指的是眞正意義上滅，即肉體上的消滅——獨自俘獲並享有這隻「鹿」。這既是中國政治傳統具有特別兇殘一面的原因，卻也眞的是中國人特別幸運的時刻。因爲，如果沒有人能夠做到這一點的話，中國人立刻就會像被爹娘丟棄了的孩子，惶惶然於天下沒有了主子，從而不知道自己應該向誰磕頭，不知道自己應該怎麼活下去；中國社會則將就此進入軍閥割據、混戰的時代。

我們知道，在中國漫長的歷史長河中，但凡這種時刻的出現，都將意味著眞正黑暗與災難的降臨，意味著一個人的腦袋可能還不如一個馬鈴薯値錢。

因此，那些不論踏著多少人的屍骨血肉走上龍椅的開國帝王，常常都會受到熱烈的愛戴、讚頌與尊崇。這也是那些讚頌的言辭和表現不管多麼肉麻卑賤令人作嘔，我們卻很難將其一概看成是虛僞的原因。

西元一三六八年一月二十三日，即大明洪武元年正月初四日，朱元璋消滅主要的割據群雄，登基稱帝，創立大明帝國，算是正式捕獲了那隻元失之「鹿」。從此，開始了大明帝國二百七十六年的統治，直到明崇禎十七年三月十九日深夜，即西元一六四四年四月二十五日午夜過後不久。當時，朱元璋的子孫——大明帝國最後一位皇帝朱由檢，與一位陪伴他的宦官，相對吊死在御花園裏煤山壽皇亭。其地點在今天的北京景山公園裏面。

據說，登極之前，朱元璋的心裏充滿了期待與忐忑。

一年前，朱元璋曾經派一員大將，準備將安置在滁州的「大宋」皇帝小明王韓林兒接到南京來。誰知，在長江瓜步渡口就是今天的江蘇六合附近，一船人全部被翻沉於風大浪急的大江之中。當年，西楚霸王項羽曾經將義帝裝在船裏沉於江中，結果，給劉邦留下了號召天下討伐項羽的口實。如今，所有護送小明王的隨行官兵都可以證明，他們一路上如何恭謹護持，船翻後，這位大將如何奮不顧身地跳進隆冬時節的江水中搶救皇帝。沒有任何證據能夠證明皇帝是被有意害死的，只能歸結於上天的意志，歸結於這位小明王並非眞命天子。朱元璋表現痛心，他痛罵這位將軍一頓，關了他幾天有酒有肉的禁閉，然後將他發回前線去，戴罪立功。

第二年，朱元璋將元至正二十七年即小明王龍鳳十三年，改元稱為吳元年。這一年，已經是西元一三六七年。

七月，隨著張士誠的灰飛煙滅，李善長率群臣勸進，朱元璋認為時機尚不成熟，回答說：「若天命果然在我，何需汲汲惶惶？我曾笑話陳友諒，剛剛得到天下一角，就急吼吼地妄自稱尊。我豈能步他的後塵。」

到了下半年，局勢便顯出大局已定的模樣——割據群雄如浙江沿海一隅的方國珍，四川的明玉珍，福建的陳友定，廣東的何眞等，終於在坐井觀天之際，迎來了將自己變成釜底游魚的時刻。而北京——元大都京城裏的大元帝國君臣，雖然已是日暮途窮，卻也在一系列的內訌與自相殘殺中，衝殺出了幾位相當厲害的角色；這些人稱得上是百戰之將，相互之間烏眼雞一般，但沒有人願意把江山拱手送給朱元璋。因此，北伐中原，拿下大都，取元而代之便成為朱元璋此階段的戰略核心。

此次北伐，朱元璋運籌帷幄指揮若定，確實顯出了大戰略家的水準。

當時，謀士如劉伯溫，武將如常遇春都主張長驅直入，一舉拿下北京。朱元璋大不以為然。在《明太祖實錄》卷二十五中，我們可以看到他的部署：

——北京百年之都，城池堅固。懸師深入，若師老於堅城之下，糧餉不繼，而敵援兵四集，豈不進退失據？因此，要先取山東，撤其遮罩，回師河南，斷其羽翼，拔潼關而守之，據其門戶，則天下形勢盡入股掌之中；此時元都勢孤援絕，將不戰而克。然後乘勝而西，大同、太原及關隴之地可席捲而下。

結果，正如此次領兵北伐的統帥徐達所說，此後的情形，與朱元璋的布置竟然「分毫不差」，一切都是按照朱元璋預料的那樣發展的。

十二月十一日，李善長再次率領文武百官勸進。此時，朱元璋被形容成萬民仰望的「紅日方升」，是幫助上帝撫育天地萬物的上天之子，若不正大位，就無法滿足天下臣民的心願，臣子們將要以死相請。朱元璋很謙虛地拒絕了。他顯然很清楚，這些臣子們，沒有人會在此時此刻爲此去死。

第二天，李善長再一次率百官懇請，希望朱元璋能夠爲天下蒼生百姓的利益著想，滿足大家的要求，就出來當這個皇帝吧。終於，朱元璋「勉從輿情」，就是勉強答應輿論請求的意思，決定出來爲天下造福。

此後，朱元璋的日子相當難熬。

原因是，舉行登基大典的黃道吉日選在正月初四，然而從十二月二十日開始便陰霾四布，下起紛紛揚揚的鵝毛大雪。二十二日，朱元璋搬進新建的皇宮，並禱告上帝：如果我朱元璋可以做天下的主子，就請上帝神靈在初四那天降臨，屆時日朗天清；如果不可以，「當烈風異

乾清宮

景，使臣知之。」

到大年初一這一天，雪雖然停了，天空卻依然陰沉；初三日，朱元璋有些沉不住氣了，下令百官戒慎戒懼、以誠敬恭謹之心侍奉上帝鬼神，不要惹神靈生氣。結果，十數天風雪陰霾之後，正月初四一大早，竟然雲開霧散，紅日當空。只見藍天麗日之下，彩旗白雪，把個六朝古都石頭城裝點得分外妖嬈。

如此，表明上天正式批准他成為這萬里錦繡江山的主人。

是日，登基大典在莊嚴肅穆中順利舉行。

先是祭天大典。

在各種彩旗儀仗的導引下，於鐘鼎鼓樂聲中，朱元璋率眾從皇宮浩浩蕩蕩直奔京都南郊的天地壇。那時，天地日月尚是同壇而祭。將天壇、地壇、日壇、月壇分建於京城東西南北四方分時而祭，是很久以後的事情了。天地壇第一層，南向東位供奉著昊天上帝，西位供奉著皇地神祇；第二層則為日、月之位；兩側東西分列供奉著星辰、社稷、太歲、岳、鎮、海、瀆、山川、城隍之位。

祭儀第一項為迎神，又稱燔柴祭，燔燒祭壇之上的木柴，將寶玉和牛羊豬三牲置於火上炙烤，令芳香直達天庭，意義在於恭請天地神靈前來參加此人間盛會。

然後，便是宣讀祭天祝文。祝文大意是：以前，上天您派來的天命真人已經結束了自己的使命。在您恩賜給我的英賢們輔佐下，天下已然安定下來。大家都說沒有主人，非得尊我為皇帝，我不敢推辭，所以現在敬告您，已經決定定天下之號爲大明，建元洪武，恭請您把這件事記在心裏。尚饗！就是請您享用祭品的意思。

下一步程式則是和上帝神靈一起享用祭品，正式的名稱叫做飲福、受胙，就是飲祭酒，吃祭肉，表示接受上天的恩賜。

大典的最後一項儀式是送神：燃旺壇上大火，畢恭畢敬地凝神注視；將貢獻給神靈的玉帛埋好；再拜頓首，於是祭天大典禮成。

然後是即位大典。

緊接著前面的祭天大典，皇帝要立即換上繡著日月山川與龍的袞服，又叫龍袍，戴上前旒平頂冠冕，就是眼前耷拉著十二串珠簾的那種怪帽子，所謂皇冠是也，在天地壇南面即皇帝位。

文武百官在左宰相李善長的率領下，北向行跪拜大禮，三呼萬歲。此禮行過之後，朱元璋便正式成爲大明帝國洪武皇帝。

即位大典之後是祭祖大典。

即位後的當今皇上，需率領皇家諸子手捧神主即寫著祖宗名字的木牌，前往太廟祭告祖先，行祭祖大典。在這個典禮上，需要感謝祖先神靈的庇護，將四代祖先追尊爲皇帝和皇后，向每位祖先奉上玉璽與玉冊。程式是，由皇帝依次向各位祖先宣讀玉冊冊文，然後奉獻叩拜如儀。

據說，就是在這一次祭祖時，朱元璋恍惚中似乎看到了他的母親前來受享，致使他神情激動地疾步前去迎接。宰相李善長對此的解釋是，這是因爲皇帝陛下的誠孝感通天地神靈所致。遂使皇帝感慨而滿懷喜悅。

最後，皇帝需要駕臨奉天殿，正式接受百官朝賀。屆時，由李善長率群臣跪拜，宣讀賀表，群臣舞蹈揚塵再拜頓首。然後，由李善長代表皇帝冊封馬氏爲皇后，朱標爲太子，有關人員加封官爵，大家跪拜謝恩如儀。至此，登基大典全部結束。（以上見《明太祖實錄》卷二十九）

此後，朱元璋以九五之尊，君臨天下，凡三十一年。

平心而論，回望這洪武三十一年的歲月，實令人感慨萬千。朱元璋以自己的作爲，讓一切對他的評論根本無法在好、壞、善、惡這種倫理的層面上進行；也使中國人評價皇帝時慣用的諸如聖君、暴君、明君、昏君之類概念基本失去效用。原因在於，作爲一位皇帝，此人的所作所爲實在過於複雜。

有一種理論認爲，評價政治與歷史人物時，不能用善惡的標準，而必須用歷史的標準。所謂歷史的標準，就是說只看此人是否推動了歷史的進步，其他均可不論，或頂多是次要因素。這種理論顯然爲政治人物爲非作歹、不擇手段，提供了強大的理論依據和心理支持。幸虧此種理論不是出現在中國古代，否則，中國人所遭遇的苦難，大約會遠遠不只我們今天所看到的那些。

不過，即便以此種理論衡量，我們還是無法截然判定，這位朱皇帝對中國歷史究竟是推進了，還是促退了。原因仍然是此人的作爲實在過於複雜；且不論依照上述理論能否做出判斷和做出的判斷是否有意義。

事實上，不管這位皇帝如何複雜，如果我們不是從理論和概念層面出發，而是將他作爲一個人來打量，從人的層面來開始工作的話，或許我們的討論反倒會更加接近事實。或者換句話說，這樣做的結果，至少不會更加遠離事實。

中國東北農村有一個形容人幸福狀態的說法，叫做「舒服不如倒著，好吃不如餃子」，意思是說，若能經常躺著不幹活兒並且時不時地吃頓餃子，就是人生最大的幸福了。

上個世紀七〇年代，有一位東北農村的生產隊長曾經相當嚴肅地詢問一個城裏來的插隊知青：「你說毛主席每天吃什麼？」知青顯然無法知道問題的答案，當時的人們也無從知道毛主席對於辣椒、紅燒肉與苦瓜的喜愛。於是發問者斬釘截鐵地自問自答：「毛主席肯定和皇上一樣，每天都吃餃子。」

另外一個故事頗爲異曲同工。

事情發生在中國的另一塊土地上。當時正値文革期間，此地食糖供應極度短缺，人們只有過年時，才能吃到很少的白糖或者紅糖。平時，一碗紅糖水或者白糖水是產婦、重病患者或極尊貴的客人才能享受到的崇高禮遇。於是，一位肩負對知青進行再教育重任的老隊長問一個北京來的知青：「江青是不是每天都蘸著糖水吃饅頭？」知青瞠目結舌，不知如何回答。在他的概念裏，這似乎不是北京人，特別應該不是江青享受生活的方式。老隊長不等他回答，悠然神往地：「江青肯定和娘娘似地，每頓飯都是兩碗糖水，一碗紅糖水，一碗白糖水，一口一換，可勁兒蘸——」

這兩個故事，其中一個是我親身經歷的，另一個大致也是出自親歷者之口。講述這樣的故事，彷彿一個廉價而無聊的段子，卻至今都會令人心寒與心酸。從二十世紀七〇年代發生的故事，回望六百年前的中國農民，我們可以肯定和意圖說明的一點是，農民心中的願望或者理想，必定與他們的生產方式與生活狀態密切相關。

我們知道，朱元璋是農民出身，有過多年在社會最底層遊走流浪的痛苦經歷，通過十六年時間，他在血肉橫飛之中，踏著無數人的屍骨，登上了皇帝至高無上的龍椅。這樣的經歷與位勢落差，必定會投射到他的內心世界包括潛意識之中，這應該是我們理解這位大明帝國開國皇帝的行爲、帝國各種制度建設和施政舉措的重要參照。

我們知道，朱元璋在爭奪天下時，有一個相當突出的特點，從很早的時候開始，他就能夠像一塊特大號海綿，源源不斷地從周圍將有益的東西吸附到自己這裏來。從李善長、劉伯溫、宋濂、馮國用馮國勝兄弟，到那位來去飄忽的老儒朱升、名士葉兌、徽州碩儒唐仲實等，無一不是當時具有一流見識的人物。在中國歷史的任何時代，此種人物均屬珍稀資源——朱元璋成功地佔有了這些資源。他們無不在日常事務或者關鍵時刻、關鍵問題上貢獻著自己的學識和智慧，從而營養了朱元璋。

比較起來，當時的割據群雄甚至包括元帝國政府在內，沒有任何一個人能夠在此方面比朱元璋做得更好。

揆諸歷史，中國人所特別津津樂道的所謂「得人心者得天下」，常常就是以此為開端的。這種情形的確如滾雪球一樣，能夠帶來眾望所歸、百川歸海般的效應。其結果，一般會令那些自視過高、剛愎自用的顧盼自雄者很快被淘汰出局。

中國人習慣上把這種情形稱之為虛懷若谷，禮賢下士，或者從善如流等等。是否具備此種德行，常常被知識份子們用來作為衡量「主上」是否有道、能否成氣候、是不是一位具有識人巨眼之命世英主的重要標準。在讚美帝王的煌煌業績與品德時，臣子們也時常以此來證明自己的君主具有堯舜般的美好品德。哪怕實際情況遠非如此。因此，到後來，上述辭彙在很大程度上已經演變成為拍馬屁時的專用語，在相當長的世代裏，被士大夫們以極高的頻率使用著。

一個很難改變從而令人不解的事實是，中國的創業者們在理論上大多會認為應該這樣做，但實際能夠做到這一點的卻少之又少；於是形成了另外一個可能相關的情形，能夠做到這一點

本身，就是一種相當難得的素質。上帝不會讓太多的中國人具備此種素質，否則，豈不要天下大亂？

對於朱元璋來說，這實際上是一個卓有成效的學習過程。到大明帝國建立起來以後，浸潤於各類學者文人中的朱元璋，可以相當嫻熟自如地引經據典，探討歷朝歷代治亂、得失之道。而且到後來，他已經能夠寫作對仗工穩的駢體文，撰寫的一些詩詞辭賦也算得上中規中矩有模有樣，可以炫耀於人了。譬如，封徐達爲信國公的誥文就是他親筆寫制的，稱：「從予起兵於濠上，先存捧日之心；來茲定鼎於江南，遂作擎天之柱」，「太公韜略，當宏一統之規；鄧禹功名，特立諸侯之上」。（《廿四史札記》．明祖文義，引《稗史彙編》）

他那些充滿個性與豪氣的詩詞也會令人印象深刻：

《示不惹庵》詩曰：

殺盡江南百萬兵，腰間寶劍血猶腥。
老僧不識英雄漢，只管嘵嘵問姓名。

《野臥》詩曰：

天為羅帳地為氈，日月星辰伴我眠。
夜間不敢長伸腳，恐踏山河社稷穿。

至於那首與黃巢異曲同工的《詠菊花》，就不僅僅是個性與豪氣了。詩曰：

百花發時我不發，我若發時都嚇殺。
要與西風戰一場，遍身穿就黃金甲。

在這位皇帝的《御制文集》中，各體詩詞有一百多首。爲此，他相當得意，說：「我本野人，未曾從師指授，然讀書成文，釋然自順，豈非天乎？」（徐禎卿《翦勝野聞》）顯然，這位只讀過兩年私塾的放牛娃，在這個學習過程中，相當成功地完成了自己從草莽英雄到帝國君主的轉變。當我們意識到這種轉變是伴隨著爭奪天下的殘酷廝殺一道完成的時候，理解朱元璋此後的所有表現，就應該不是特別困難了。

當了皇帝後的朱元璋，大體算是「自奉甚儉」，或許可以列入中國歷史上最爲克勤克儉的那一類帝王之中。

陳友諒垮臺後，有人將他用過的一個飾滿金寶珠玉的鏤金床送到朱元璋面前。和當年宋太祖趙匡胤打碎後蜀國君孟昶那七寶尿壺一樣，明太祖朱元璋也當即將這鏤金床打碎。有一個侍臣在邊上拍馬屁，說：「陳友諒未富而驕，未貴而侈，乃其敗亡之因。」朱元璋大不以爲然，曰：「難道富貴了就可以驕侈嗎？若有此心，富貴也保不住。戒愼戒懼地抑止驕奢淫逸，還怕做不好呢；何況放縱自己。」（《明太祖實錄》卷十四）

據說，朱元璋曾經多次放聲大哭，起因都是因爲於錦衣玉食之際，想起了父母吃糠嚥菜的悲慘時日。陰曆九月十八是他的生日，按皇朝傳統，皇帝的生日是爲萬壽節。照帝國儀禮制度，此日百官須在正殿舉行朝賀，逢皇帝心情舒暢，還可以大吃一頓。朱元璋連續十多年拒絕行此典禮。大約不完全出自矯情。

修建皇宮時，朱元璋下令將所有雕琢奇麗之設計全部取消，取莊重簡樸，少施彩繪。妃嬪住處的牆壁與屏風，全部畫上耕織圖；太子東宮畫朱元璋生平事蹟圖；朱元璋自己起居辦公之殿堂內，則工筆大書歷代治平之典章格言。

宮廷內部的空地上，不建亭臺樓閣，不治山水花木，大多闢爲園圃，栽種應時蔬菜。朱元璋自己時常流連於此，看人們澆水施肥，鋤草捉蟲。有記載說，朱元璋的餐桌上多用蔬菜，飯菜種類不多，甚少飲酒。與他後世子孫一年一個人的伙食費，便相當於今日數千萬元以上人民幣的情形頗多不同。

登基稱帝前不久，朱元璋曾帶太子朱標來到南京郊外農民家中的茅草棚屋，讓這個未來的接班人觀察體會他們的生活，並告誡曰：「農民四季勞苦，粗衣惡食，國家之錢糧全靠他們供給。你要記住君主的責任，不可陷他們於饑寒。否則，於心何忍？」（《明太祖實錄》卷二十六、二十七）

溫飽思淫欲。與那些弄來幾個錢就去養二奶的中國男人一樣，朱元璋好色，故事也不少，有時表現得狠毒而且惡劣。奈何筆者沒有滿足窺私欲的義務，故此按下不表。總體看，他的後宮大致平靜。此人身體健壯，生理正常，因此，一口氣生下四十二個龍子鳳女。在數量上，居於大明帝國十六個皇帝之首；高於唐高祖李淵的四十一個，低於唐明皇李隆基的五十九個，低於宋徽宗趙佶的六十五個，也低於康熙皇帝的五十五個。在中國的高產皇帝中，肯定可以位居屈指可數之前列。

朱元璋的勤於政務在中國帝王中應屬罕見。他高度熱愛那些枯燥繁瑣的行政事務，日復一日，樂此不疲，且三十多年如一日，且不捨晝夜，從不覺乏味無聊。在三十一年時間裏，這位皇帝除非生病，基本堅持每天兩次上朝辦公。早朝的時間冬夏不同，但大體上是在早晨四點鐘前後就開始了。長年累月，寒冬酷暑，在沒有空調暖氣的古代，其辛苦可以想見。單是這股子勁頭本身，就實在可以成爲許多當代科學研究的典型案例。

《明太祖實錄》和幾種明人筆記中記載說，朱元璋時常沉浸在帝國事務之中，不論吃飯還是睡覺，但凡想起一件事，立即便要拿筆紙記錄下來。若逢吃飯時，他通常將這些紙條別在衣服上。故而，他的衣服上常常會別著許多紙條，心情好時，他會戲稱此衣為「鶉衣」，即破爛衣之意。

有一件常被人們引用的故事，說明了這皇帝當得有多煩——

有一天，朱元璋心煩意亂。原因是天降災異，他詔求直言，就是希望大家坦率地給他提意見。有一位文臣上的摺子足有一寸厚，朱元璋命人讀給自己聽，結果，讀了一個多時辰三個小時左右，還不知這位文臣想說什麼。命人一數字數，已是一萬六千三百多字。朱元璋急火攻心，命人將此文臣急急召來，按在地上痛打了一頓。次日夜裏，他又想起這個摺子，便命人再讀，直到一萬六千五百字之後，此人要說的五件大事才漸露端倪。據說，這五件事有四件都頗有見地，共用了五百字予以表述。朱元璋長歎一聲，說出了那句評價中國知識份子的千古名言：「這些酸秀才，就像臭豆腐，聞著臭吃著香。」據說，第二天早朝，他還為此向那位被臭打的文臣道了歉。

朱元璋治理國家的基本方略大體是：「務俾農盡力畎畝，士篤於仁義，商賈以通有無，工技專於藝業。」（《明太祖實錄》卷一七七）翻譯成今天的語言就是：務必要讓農民盡心盡力地耕種土地；文人士大夫全心全意地奉行仁義道德；商人好好做買賣流通貨物；工匠專心致志地提高自己的技藝。

粗粗看去，這種將國民劃分成士、農、工、商四個等級，令他們「各安其生」的理念毫無新鮮之處，在中國至少已經通行了兩千年。然而，在具體實施中，當朱元璋將自己對此的理解與理想灌注其中，再用戰爭年代形成的自信、威望與如今帝王的權勢予以強力推行時，事情立即呈現出全然不同的面貌，其影響所及，令此後六百年間的中國具有了大不同於以往世代的特色。

我們知道，重農抑商、崇本抑末是中國具有悠久歷史的治國之道；今天人們不停談到的「三農」問題——農村、農業、農民，則早就是中國歷朝歷代國家治理中的重中之重；至於「無農不穩」、「有糧不慌」之類當代治國智慧，根本就是普通的生活常識。在正常人的知識範圍內，不按常識辦事，大體只有兩種可能：不是弱智，就是變態。朱元璋在上述問題上均曾經做出過極其富有創意的發揮。這些發揮，許多都稱得上前無古人。其別出心裁之處，著實令人耳目一新。

朱元璋對於農民給予相當深切同情與關愛的事例極多，顯示出此人對於解決當時的「三農」問題傾注了大量心血。從帝國建立之初的洪武元年到洪武十五年，免徵各地農民賦稅的文告與詔令稱得上連篇累牘。與此相關聯，在各種場合的談話、文告、詔令和對子孫教育中，朱元璋

也曾無數次地表現了緩解農民疾苦的努力。由此判斷，很難得出此人在這個問題上不眞誠的結論。

此外，朱元璋制定的傜役制度相當先進，其核心，大體上是根據家財田產的多寡確定承擔勞役的多少——富者多出，貧者少出甚至不出。頗有些當代稅收累進制的味道。致使今天還有學者盛讚其開創了中國歷史上少見的公平世道。

如果說帝國之初實行的計丁授田、移民屯墾、獎勵生產、興修水利、輕傜薄賦之類在其他朝代也曾經實行過的話，朱元璋則把自己指導下的鄉村建設推到了極致，在某種時刻，會令人油然想起那遙遠世代的夢想，那日出而作、日落而息、雞犬之聲相聞、老死不相往來的田園詩般優美的理想畫卷。

作爲農民出身的皇帝，朱元璋肯定相當透徹地了解：對於農民來說，官吏們的欺壓魚肉有多麼可怕、多麼如狼似虎。如果說在過去的歲月裏，農民朱元璋曾經親身領受過各級官吏的厲害的話，那麼如今作爲擁有四海的天子，他當然應該更加透徹地知道，只有農村安靜，整個國家才會祥和；任何與農民過不去的舉動，都可以看作是與他——朱家天子和朱家天下過不去。可能就是基於此種認識，朱元璋才制定了那個著名的嚴禁官吏下鄉、允許捉拿擾民官吏的政策。

這條世界歷史上都很罕見的政策，確曾在當日得到過相當堅決的貫徹執行。

北平布政使司——後來永樂皇帝將帝國首都從南京遷到北京後，所轄地區改爲北直隸——大約相當於今天的河北省所屬的樂亭縣農民趙罕辰，曾經率領三、四十個農民將一幫縣裏的貪官污吏擒拿起來，押送到了首都。

事情的起因是，樂亭縣的主簿汪鐸與縣機關各部門負責人一起，設計了一個「僉派徭役」的把戲。用今天的話講，就是找由頭，策劃一個項目，然後把該項目與全縣的發展進步、前途命運、人民幸福與否聯繫起來，於是，老百姓自然要有錢出錢有力出力。其實，就是巧立名目攤派斂錢的意思。他們規定，縣民中凡想逃避此徭役者，必須每人交納五匹絹的費用。我們需要知道，在其當時，這五匹絹可不是一個小數目。

按照官方銀、絹、糧折價，五匹絹相當於大約六石米。當時，一個正七品知縣，相當於今天縣委書記的正式收入爲每月七點五石米；而正九品縣主簿——大體相當於今天的縣委辦公室主任，其收入則爲每月五石米。結果，民怨沸騰之下，便發生了農民將八個縣機關負責人捆綁起來押送京師的事件。

走到離縣城四十里地的時候，這位縣委辦公室主任——縣主簿汪鐸央求趙罕辰：「我從十四歲開始寒窗苦讀，才有了今天的地位；饒了我這一次，休壞我前程。」（朱元璋《大誥三編》．縣官求免於民）

結果，他沒有被饒過，還是被送到京師。朱元璋下令將其砍掉了腦袋。

在朱元璋親自撰寫的《大誥續編》「民拿下鄉官吏第十八」中，朱元璋還向全國通報表彰了

「如詰擒惡受賞」的常熟縣農民陳壽六。

江蘇省常熟縣的這位農民，率領自己的弟弟與外甥三人，捆綁了「害民甚眾」的縣吏顧英，到首都告御狀。結果，受到皇帝大張旗鼓的支持。朱元璋嘉獎他能幹，賞了他鈔票二十錠，大約相當於今天的一千多元人民幣，三個人各賞兩件衣服，免除他「雜泛差役三年」，並通報全國予以嘉獎。

在這篇曠世罕見的奇文中，朱元璋嚴厲警告說：若有敢於無事生非擾害陳壽六者，「族誅」——殺其全家；若有敢於捏造罪名誣陷陳壽六者，「族誅」——殺其全家。嗣後，陳壽六若有過失，只有皇帝朱元璋本人有權力審他。

最後，朱元璋發自內心地感歎道：「其陳壽六其不偉哉。」——這陳壽六難道不是很了不起嗎！

有一次，山西和浙江兩個州縣的學政、教諭進京朝見。朱元璋問他們民間情形怎樣？莊稼收成如何？這兩個人是教育官員，大約相當於今天的州縣教委主任，在皇帝面前不敢信口開河，於是老老實實回答說：於民事所知不多。誰知，朱元璋拍案大怒，曰：哪有久居民間而不知民情事務的道理？立即下令將這兩個倒楣蛋兒撤職，流放到了邊疆。（《明太祖實錄》卷二一九）

開國之初，各地官員時常奏報祥瑞，禮部請求頒布祥瑞奏報辦法。這是典型的中國式馬屁。朱元璋相當不以為然，他的反應是：

「你們只談祥瑞，不及災異。殊不知災異尤為重大。今後各地發生災異，不論大小，地方官

都要快馬飛奏。」（《明太祖實錄》卷四十五）

朱元璋對於天降災異相當鄭重其事。洪武元年，許多地方發生旱災，並持續到了次年暮春時節。朱元璋誠惶誠恐，在父母亡靈面前禱告，說：絕不敢忘記父母當年吃草根樹皮的苦難，願與天下百姓共甘苦，率所有妻妾吃半個月草根粗米，以反省上天的譴責與懲罰，並爲百姓祈福。（《明太祖實錄》卷四十）

洪武三年，即西元一三七〇年，天下大旱。朱元璋率所有王子，齋戒沐浴後，身穿素衣草鞋，步行到城外的岳瀆壇，在烈日下曝曬三天；當晚，並不回宮，就地臥於草席之上而眠；第二天，再接著曬。屆時，皇后率所有妃嬪下廚用野菜糙米製作齋戒之飲食。時值陽曆六月的南京。據說，此次皇帝截然不同於海濱度假沙灘上的曝曬，確實感動了上帝，五天後，便下起了一場透雨。（《明太祖實錄》卷五十三）

關於農民問題，朱元璋典型的談話方式大體如下：

「昔日，在民間看到饑寒交迫的鰥寡孤獨、老弱病殘，心裏常常會產生一種厭世的心情，恨不得能夠馬上替他們死了。戰亂年代，見到這種情形時，也是同樣心生惻然。如今，我代天治民，若天下還有流離失所的人，那就不但有悖於自己拯救百姓的願望，也沒有盡到代天的責任。你們務必要體會我的心情，好好安置那些貧苦無告的人，不可使天下還有任何一個這樣的人。」（《明太祖實錄》卷九十六）

倘若不是了解這位皇帝青少年時代曾經遭遇過的苦難，讓人很難相信這位殺人如麻的皇帝還會有這樣的情懷。類似或不類似的事例實在太多，無法一一列舉。從中，我們可以看出，這位農民出身的皇帝，或許的確是出自眞心地在關心、保護著自己心愛的農民，他可能由衷地希望自己治下的農民能夠過上安靜富足的生活。

為此，他充滿理想地精心設計了帝國最基層的鄉村生活樣式：

一切生活在帝國農村中的人們，都應該全心全意地致力於生產勞動，通過男耕女織的誠實勞動，交納皇糧——完成向帝國財政貢獻的賦稅並獲取生活的來源，成為帝國忠實的良民。

那些遊手好閒和無事生非者，則必須受到懲罰。

為此，帝國每一個鄉村都要建設「旌善亭」與「申明亭」各一座。其功能是：旌善亭用來表彰上述良民及其令人稱道的善行義舉，他們的名字和好人好事將被嚴肅認眞地摹寫在亭中，以此激勵人心之向善。申明亭則是處理村中糾紛的場所，舉凡婚姻、財產、爭佔、失火、盜竊、罵人、鬥毆、錢債、賭博、擅食田園瓜果、六畜踐食禾稼、褻瀆神明等等，都要在此由年高望重者予以仲裁。審理仲裁中，老人可以酌情使用竹篦荊條等抽打案犯，但不許設置牢獄監禁。白天審問，晚上必須放回，第二天接著再審；那些行為不檢者的名字及其壞人壞事，也將被一絲不苟地摹寫在亭中，以此警醒後來者不要重蹈覆轍。（《教民榜》，《明太祖實錄》卷二五五）

每年正月和十月，全國各地之鄉村都要舉行兩次全體村民大會餐，名曰「鄉飲」。屆時，全體村民必須在進餐之前，聆聽年高望重者發表訓詞報告和宣讀朝廷最新頒布的法令文件，所有行為不軌者將在此受到批評教育。其中屢教不改及態度惡劣的人，將被宣布為「頑民」，扭送到縣政府去，他甚至包括他的家屬，都將被發配或者充軍到邊遠地區。假如被推舉出來主持這些工作的年高望重者，沒有能夠很好地履行上述職責，那麼他們也可能受到懲罰，嚴重者將會被發配或者充軍邊疆。（《教民榜》，《明太祖實錄》卷二五五）

皇帝規定：上述懲惡揚善暨鄉村自治的過程，均不許政府官員干預。不論懲惡，還是揚善，官員的職責就是如實向皇帝報告。若地方政府官員敢於干預，則鄉村主持者有權直接報告皇帝。那時，這個官員將會被一同治罪。這種雙軌報告的機制，可能會使帝國各級官員們相對地收斂一些。

皇帝要求，全國每個村莊都要置鼓一面。凡到農忙時節，須指定專門人員於清晨五更時分擂鼓，令人們黎明即起，下田耕作。這個工作，一般由老人負責。其懶惰不下田者，由老人督責；若老人沒有盡職，導致懶漢生活困窘，從而鋌而走險爲非作歹被官府抓到了，則老人有罪，將受懲罰。（正德《大明會典》．州縣二）

皇帝還要求每個鄉村都要選派一位老人，每月六天，於暮靄四合時分，炊煙嫋嫋之際，在鄉村街道上，搖著銅鈴，大聲朗誦宣講皇帝親自制定的六諭：

——要孝敬父母，要尊重尊長，要友愛鄰里，要教育好子女，要安居樂業，不要爲非作歹！

（《教民榜》，《明太祖實錄》卷二五五；董沁陽《碧里雜存》卷下）

爲了使農民能夠安居樂業，朱元璋對他們的生產與生活做了相當細緻入微的考慮與安排：

「如今天下太平，老百姓除了按照自己的本分交公糧和當差之外，並沒有什麼其他的麻煩。因此，你們務必要用心打理自己的事情，以做到豐衣足食。每戶務必要按照國家號令，依法栽種桑樹、棗樹、柿子樹和棉花。這樣，每年養蠶生產的絲綿，可以豐衣；棗、柿子可以賣錢，遇到歉收年景可以當糧食。此事對你們老百姓有好處，鄉村里甲老人務必要經常監督檢查。若膽敢違背，家遷化外——流放到邊疆去。」（正德《大明會典》．州縣二）

這是朱元璋的一個極其有名詔令的部分內容。

當時，帝國政府做出了詳細規定：每家農戶必須按照一定數量與比例栽種桑、棗、柿和棉花。其中，棗、柿是如何解決了農民的零花錢問題並在災年幫助他們渡過饑荒的，我們不得而知。從常識判斷，想必還是能夠發生作用的。而另外兩項——桑與棉，則對中國經濟產生極爲深遠的影響。這種影響，是與其他許多因素纏綿交織後演變而成的，其演化結果許多內容與朱元璋的初衷完全相反。之所以產生這種南轅北轍的結果，可能是出自下列三個原因——

其一，朱元璋這位農民出身的皇帝，對變幻莫測的汪洋大海心懷疑慮，基本或完全找不到感覺；

其二，與軍事和政治領域不同，此人可能缺少經濟上的洞察力與戰略眼光，因此只能信守無商不奸之觀念，堅持重農抑商的治國理念；

其三，割據浙江、福建一帶的方國珍、陳友定殘部逃入大海，並與日本浪人聯手出沒在東南沿海一線。

因此，朱元璋在宋、元時期極其繁榮的國際貿易上大踏步後退。他多次下達嚴厲的禁海令，其中，被人們引用最多的一句話，叫做：「寸板不許下海」。其令人畏懼之處，我們完全可以在上文中動不動就看到的「家遷化外」——全家流放邊疆和「族誅」——殺其全家等等之中感受出來。結果，導致曾經給中國經濟與社會生活帶來高度繁榮、生機、活力與利益的國際貿易急遽萎縮，蛻變成了無論以今天的眼光，還是以當日的眼光，看來看去，怎麼看都是高度扯淡的所謂「朝貢」貿易。中國人特別自豪的鄭和下西洋，可能就與這種「朝貢」貿易干係甚深。

此後的發展，肯定會令朱元璋於九泉之下痛心疾首。

正如我們曾經談到過和今後會不斷看到的那樣，皇家與官府的高度壟斷及其「朝貢」貿易，果然在未來的歲月裏，有效地培養出了東南沿海地區的大規模走私貿易。後來眞正稱得上富可敵國的鄭芝龍、鄭成功父子只不過是這場走私加海盜狂潮到了晚期的受益者而已。而發生在他們父子之前、在大明帝國乃至整個中國歷史上都極其著名的東南「倭寇」之亂，在某種意義上說，差不多就是——簡直就是這種壟斷和「朝貢」貿易的直接產物。討論上述種種事蹟，大約需要厚厚幾大本博士論文，在此從略。

現在，我們只需知道：當一個本來應該是自然發育成長的東西，被缺少知識的政治權力強行介入之後，會演變得有多麼面目全非到不可思議的程度。而且，這種東西幾乎是必然地要回過頭來削弱介入者的力量，進而形成敵對力量，對培育出這個怪胎的政治權力和社會本身形成巨大的殺傷力。

知道了這些，九泉之下的朱元璋大約會無論如何也閉不上眼睛。

然而，朱元璋此時大力宣導的種植桑樹，卻在後世結出了豐碩的果實。不論是「朝貢」貿易還是走私貿易，絲綢在數量和價值兩個方面，都成為廣受國外用戶歡迎的最大宗華夏物產之一，而行銷世界。一百五、六十年以後，到大明帝國後半葉，即徐階、高拱、張居正主政的隆慶年間，帝國政府正式開放海禁；其後，以絲綢、陶瓷為主的中國出口貿易，包括官方、民間、走私貿易在內，一度橫掃世界市場，甚至在數年之間，曾經將世界當年白銀產量的一半以上吸納到了中國。（事見《劍橋中國明代史》）其受追捧的程度，有如今日美國之因特爾晶片。朱元璋雖不是始作俑者，確也著實功不可沒。

或許正是在此基礎上形成的白銀滾滾流入浪潮，才使得後來的大清王朝臣民有能力購買並消費英國東印度公司那滿船滿船的鴉片，支付那一次次沒完沒了的戰敗賠款。以中國自己的白銀礦藏及其產量，斷無此之能力。

另外一項堪稱德政的，則是棉花及其棉製品的大面積推廣與使用。

早在南北朝時期，棉花就已經傳入中國。但直到宋朝晚期，並沒有廣泛使用。從當時的資

料中判斷，我們經常聽到的一個詞——布衣，其實指的是麻布。當時，南方地區過冬，用絲綿袍禦寒；北方則主要是用毛皮所製之裘衣。棉布輕暖溫柔，優點頗多。但非本土所產，因此罕見使用者。到了宋朝末年，棉布製品可能比羔羊皮、狐狸皮都珍貴。以至於只有橫行天下的成吉思汗、忽必烈這個級別的人才穿得上。而且破了以後，還要多次補綴。可見其珍視程度。（《元史》．英宗本紀）

從《農桑輯要》中我們知道，元代中後期曾經在中西亞地區引進棉花種子試種，感覺不錯，開始推廣。於是有了廣受人們尊敬的老婆婆——黃道婆。

棉花在中國的大面積推廣種植得益於朱元璋的大力推動。從而，使棉製品這種王公貴族的奢侈品，進入了尋常百姓的日常生活。在造福國民的同時，一個沒有想到的副產品，則是舒緩了松江府人民的苦難。

松江府治下，在今日上海的松江縣。當年松江府管轄的範圍為兩個縣，比今日的縣治要大。前面曾經說過，此地過去是張士誠的地盤，朱元璋切齒痛恨張士誠治下人民對張士誠的支持，曾有過「屠其民」的念頭，就是想殺光蘇州、松江一帶的百姓。後來想想不對，勉強放棄了這個想法；但還是有一塊塊壘，梗在胸口下不去。於是，改爲向蘇州、松江地區徵收高額賦稅。

宋朝紹興年間，松江稅糧只有十八萬石，朱元璋時期一傢伙增到了九十八萬石，加上其他雜費，總計達到了一百二十多萬石。當時，全國年稅糧總計二千九百多萬石，蘇州一個府需要交納的是二百九十萬石左右，佔全國的百分之十。松江雖然不到蘇州的一半，但號稱天下賦稅最重之地。原因是蘇州府管轄著七個縣，松江府只轄兩個縣；從農田面積上看，松江只有蘇州的四分之一。（談遷《國榷》卷七）

這樣重的負擔，僅靠土地種糧已經完全無法支撐。於是，心靈手巧的蘇州人向絲綢發展，成爲全國的絲綢製品中心；聰明能幹的松江人則向棉製品進軍，以此，「上供賦稅，下給俯仰」，（徐光啓《農政全書》．木棉）並進而形成了松江棉製品「衣被天下」的局面。

後來，我們在大明帝國軍隊裝備清單上經常能夠看到的「胖襖」一款，指的就是那肥大臃腫卻溫柔舒適的軍用棉衣褲。

至此，朱元璋爲中國鄉村建設所傾注的心血，稱得上是至矣盡矣。這可能是他雖然大批殺人、卻在當時與後世能夠受到廣泛讚譽的原因之一。

但是還不行。

作爲農民，這些已經足夠了；作爲皇帝卻還遠遠不夠。朱元璋沿著這條道路繼續往前走，終於讓我們知道了什麼才叫皇帝的心思。

朱元璋在全國推行了一套極有創意的引憑制度。這套制度將身分證、通行證、許可證、各種執照之類熔於一爐又分別打造，對於各種職業、各種身分的活動方式及其範圍做了嚴格甚至是嚴厲的規定，其管理可謂細緻入微。

——商人有商引，無引以奸盜論處。

——販鹽有鹽引，賣茶有茶引，無引以走私論，處死刑。

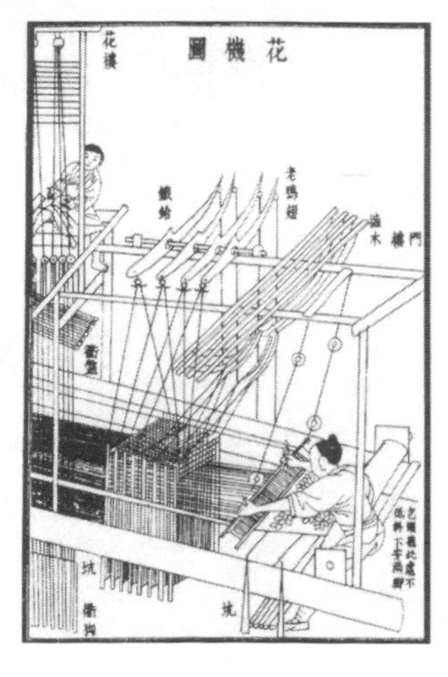

——百姓外出有路引，凡百里之外，無官府發放之路引者概可擒拿送官，告發、擒拿者有獎，縱容者問罪。

——凡行醫賣卜之人，只能在本鄉活動，不得遠遊，否則治罪。

——人民出入作息，必須鄉鄰互知。有行蹤詭秘、不務正業、遊手好閒者，皆「遷之化外」——流放到邊遠地區；藏匿者同罪；對於此類人士，允許四鄰、里甲、親戚諸人拘拿到京重處；若坐視不問，一旦作奸犯科，上述人等全部連坐。

——百姓鄰里必須互相「知丁知業」。就是說，凡成年男子，各人從事何種職業，每人現在何處高就、何地發財、何種營生，必須彼此知曉，否則人們可以以奸人——就是壞分子論處報官。

——農民則被要求「不出一里之間，朝出暮入。作息之道，互相知曉。」就是說，農民只允許在一里地範圍內活動，早出晚歸。何時睡覺？何時起床？必須互相知道。（以上均見《大誥續編》・松江逸民爲害、再明游食、互知丁業）

此處透露出的訊息，味道很糟，它是如此地乖戾不祥，充滿了令人不安的氣息！

由此，我們可以看出曾經廣受譏諷的諸如「小腳偵緝隊」者流的歷史淵源。而若從後來實際發生的事實層面判斷，「小腳偵緝隊」之類，可能是由此導致的諸多醜陋罪惡裏，最爲輕微的一種。從此以後，太多讓人笑不出來的東西，由此演變著，生發著，瀰漫在大明帝國及其以後的歲月裏。譬如錦衣衛、東廠等特務組織的大規模出現與氾濫，顯然與此種思路，同出一爐。

於是，我們知道，事情開始變得不好玩了。

這個國家已經和牧歌、田園詩之類不沾邊兒了。它根本就使整個國家底部演變成了一個大型集中營，活潑潑的社會變成了彈性甚少、具有高度剛性的板狀結構。生活在其中的人們，被分割成無數個獨立單元，相互間本來就少的聯繫，又被強力摻進互相監視

的關係因素，於是基本淪爲生產與生殖機器。期待著其間還會有多少生機、活力與創造力，是爲奢望。

誠如我們所知，上述情形中的一部分在後來一口氣持續了六百年，直到二十世紀八〇年代改革開放以後，方告日薄西山氣息奄奄。

就這樣，朱元璋在大體完成對帝國社會底部形態理想化塑造的同時，也完成了他自己從放牛娃——農民——遊方和尚流浪漢——爭奪天下之豪傑——帝國皇帝這樣一個心理人格的塑造。

隨著歲月的流逝，我們會一再有機會看到：他的這種帝王人格塑造，還將在他對帝國社會中部與上部形態進行理想化塑造的過程中，驚心動魄地展開。與他已經做過的上述事情一樣，其過程、結果和對後世中華民族的影響，至深且巨，創巨痛深。其許多方面，甚至到了今天，都令人無法不扼腕歎息。

這裏所謂的帝國底部，如上所述，指的是佔人口絕大多數的農民、工匠即手工業者和小商販而言。誠如朱元璋曾經做過和我們所知道的那樣，每當社會動盪之際，這一部分人便自然成爲動盪的載體。將他們牢牢釘死在土地、職業與有限的活動半徑內，是帝國安詳、寧靜、和諧的前提與保障，也是朱家天下萬世一統的前提與保障。這肯定是皇家最高利益之所在，也肯定是朱元璋的最高理想、出發點與目的地。

所謂朱元璋的帝王心理人格，正是在這個意義上相當淋漓盡致地展開的。

事實上，此時，就如資本家是人格化了的資本一樣，朱元璋其人也已經變成了人格化的帝王。其他我們曾經熟知的一切，諸如昔日的放牛娃，農民，遊方和尙，流浪漢，造反者等等，已經全部退到了這位帝王的背後和心底，變成了一種背景，一種在暗中或者潛意識裏發揮作用的因素。所謂屁股決定腦袋，蓋此之謂也。

人格化的資本，必須按照資本的本性，尋求資本增值即利潤的最大化，否則他就不是一個合格的資本家。因此，當我們面對這種人時，經常會驚異於人類情感在他們身上的缺失——眞善美的一切對他們不發生作用，只有面對鈔票圖案時，他們才會兩眼放光，一副色瞇瞇的表情。爲了將這些鈔票攫取到手，他們常常敢於冒上絞架的風險並不惜做出下賤的舉動。用人性的標準，通常很難理解這一切；但若放在資本的性格之下，則立即可以大體了解此類人形經濟動物。

同樣，人格化的帝王，也同樣必須按照帝王的邏輯，尋求皇家利益的最大化，否則他也就不是一個合格的帝王。因此，應用人性的標準判斷這些帝王時，通常會出現的一個情形是：不是帝王，而是進行這種判斷的人顯得可笑無比。因爲他們忘記了一個基本事實，即自己的工作對象實際上已經距離人相去甚遠。

我們經常能夠聽到一句罵人的話：那個傢伙，原來是好端端的一個人，一做了官兒有了點兒權——或者，一發財有了點兒錢——就不是人了。大體指的就是此種情形，完全可以在人格職業化的角度予以理解。

朱元璋對帝國底部形態的塑造，在其思想最深處，顯然包含了對皇家利益最大化——帝國長治久安，皇家萬世一統的深切追求。

隨著歲月的流逝，我們很快就會看到，爲了實現這一理想，朱元璋所作的努力稱得上是不遺餘力。

首先，實現皇家利益的最大化，問題並不僅僅出在農民身上。還有比他們更重要的社會力量需要關注。這更重要的社會力量，由帝國的另外兩個階層構成。只有像搞定農民一樣搞定了這兩個階層，高高在上的皇帝才能夠將自己的陽光雨露灑向人間的芸芸眾生。從而眞正實現皇家利益的最大化。

相對於生活在社會底部的農民，我們姑且把這兩個階層稱呼爲帝國的中部社會與上部社會。

所謂帝國中部社會，指的是傳統上所說的士紳階級，包括了城鄉豪門富戶、地主，和享有一定帝國特權的讀書人。而所謂帝國的上部社會，則指的是佔有了國家權力、社會公器的貴族及各級政府文武官員。用美國漢學家費正清的定義，可以理解爲帝國的下層士大夫和上層士大夫。

需要說明的是，這些階層之間關係複雜。譬如，官僚退休——當時的術語叫做「致仕」——回到家鄉，就會變成當地的士紳，他們常常是眞正的豪門富戶；而士紳和讀書人，經過薦舉或者科舉考試，經常一變而爲官僚。假如他們觸犯了皇帝或法律，可能淪入社會最底層；而底部社會的農民，又有可能經過寒窗苦讀，進入士紳階層，甚至成爲官僚貴族皇親國戚。由此可以知道，帝國內部存在著一種以皇權爲中心的流動。

於是，我們可以看到：帝國社會結構是一個標準的金字塔狀結構，廣大的底部是農民，向上逐層縮小，依次爲士紳，官僚，金字塔的頂部是皇親國戚勳貴，塔尖上坐著半是神格半是人格的皇帝。在這個結構裏，至少在人們有效地改變了自己的身分之前，各個階層之間一級壓一級的等級就像我們一眼看上去那樣分明而森嚴。

顯然，這裏的每個階層都有他們各自需要追求最大化的利益，這是導致帝國內部充滿衝突與搏殺的根源。

一般說來，生活在社會底部的人們，其利益訴求最簡單，也最容易滿足。有人曾經把他們比喻成馬鈴薯，從裏到外都很相似，彼此間卻沒有什麼關係。他們的共同之處就是大家都是馬鈴薯，然後被裝進帝國這個大麻袋裏，仰望著賜給他們陽光雨露的皇帝。他們追求的陽光雨露並不多，大凡有房住，有飯吃，有衣穿，有田種，就可以了。哪怕仍然要承受官吏與大戶的盤剝欺壓，只要不是過分兇狠地無法忍受，他們就會對萬歲爺充滿感激之情。假如萬歲爺竟然還會爲他們撐腰作主，從而減輕了這種欺壓，那簡直就是聖人的世道，儼然就是盛世了。我們經常在各類官員們口中聽到一句充滿感慨的讚美：中國的老百姓實在是太好了！此話眞誠洋溢，大約就是緣此而發的。其中所包含的意味，深長已極。深究起來，令人寒徹肺腑骨髓。

吳敬梓在《儒林外史》第九回給我們講過一個故事。

鄒吉甫是給大戶人家守墳的佃戶農民，有一次招待主人家公子喝酒，由鄉下的水酒，引出了一大段話來。

鄒吉甫道：「而今人情薄了，這米做出來的酒都是薄的。我聽我老爹說，當年，在洪武爺手裏過日子，各樣都好；二斗米做酒，足足做出二十斤。後來，永樂爺掌了江山，不知怎地，樣樣都變了，二斗米只做得出十五、六斤酒來。我是扣準了米和水的分量，釀出的酒卻還是這般寡淡無味。」

酒喝到後來，他心有不甘：「不瞞老爺說，我是老了，不中用了，怎得天可憐見，讓孩子們再過幾年洪武爺的日子就好了。」

最後，他感慨萬千：「聽人家說，洪武爺的天下要同孔夫子的周朝一樣好的，就為出了個永樂爺就弄壞了——」

由此，我們知道，這個階層的追求大抵如斯。

因此，在帝國的政治博弈中，他們雖然人數眾多，卻恰如中國象棋裏那些沒有過河的卒子，數量最多，基本處於時常被忽略不計的地位上。他們眞正發揮作用，只有在接近殘局的時

刻。屆時，這些拱過了河的卒子，沒有任何退路地橫衝直撞，雖然鋒芒所向，甚至可以把老將逼宮至死。但其最大的功能，時常是爲別人掃清道路，製造條件，譬如丟卒保車之類。他們自己則絕少機會，能夠如朱元璋那般取而代之。

從過河卒子，到坐進深宮寶座，朱元璋深知世事如棋。他太了解卒子們的功能、品性、追求和利益所在了。他會滿足他們。同時，也要將他們釘死在那裏，永遠不給他們拱過河去的機會。

如上所述，朱元璋對這個階層的施爲大抵如斯。

從上述事例中，或許也可以得出一個結論：朱元璋搞定這個階層的理想與努力，大致上應該算是成功了。

千秋事大：你不下地獄誰下地獄

另外兩個階層的事情就遠沒有如此簡單。

南北朝時期，一個出身門閥世族、奪了別人皇位的傢伙曾經講：我當上皇帝，純粹是天命人願，關天下士大夫屁事？表明當時門閥世族是政治舞臺上決定性的力量。經過隋唐和五代十國，世俗地主及其讀書人作爲士大夫，逐步成爲國家生活中的中堅力量，白衣卿相走上前臺。到了宋代，則已經有了士大夫與天子共治天下的說法。以天下爲己任，位卑未敢忘憂國成爲文人士子們的普遍抱負或說辭。我們已經永遠無法知道這種說法會如何演變了。原因是，它被一個力量所強力打斷：來自成吉思汗——忽必烈的蒙古鐵騎。

經過元朝的短暫插曲之後，到了朱元璋的時代，他所面對的就是由世俗地主、豪門富戶、讀書人、帝國各級官吏所組成的這樣一支重要社會力量。

這支力量，時常被人們籠統地稱之爲官僚士紳階層——士大夫。

朱元璋對這些人的心理感受很有可能是極度複雜的。他們與農民不同。應該說，朱元璋對農民的所有作爲中，有感情的成分在。這種感情，或者來自他自己的農民出身與經歷，或者是如我們在上面所看到的那樣，朱元璋深知，推動帝國龐大國家機器轉動的能源，來自農民與社會底層人民的血汗。侵害他們就是侵害帝國——皇家的利益。而在朱元璋搞定豪門富戶與帝國官吏的過程中，我們則完全找不到感情的因素。或者，如果說有感情的話，那也是一種深刻的戒備、憎惡與輕蔑。假如我們說，朱元璋將農民釘死在土地上，使他們變成了生產與生殖機器的話，其間畢竟還能看到若干溫情與保護的成分在。而對官吏士紳們，則只能看到冷酷的利用與驅使，全然如同對待工具與奴僕。但凡這些工具與奴僕令他感到不順手、不如意、或者感覺他們有可能成爲分庭抗禮、威脅皇家利益的潛在力量時，隨之而來的必定是無情的誅殺。

推論起來，這種心態形成的原因相當複雜，但總體上，應該不外乎如下因素：

其一，朱元璋的早期經歷，譬如爲埋葬父母親人苦苦乞求豪門富戶，應該足以在他心靈深處，對爲富不仁者埋下仇恨的種子。

其二，元帝國官吏的污濁腐爛，綱紀墮落，其糟蹋百姓從而導致天下大亂、社稷傾覆的氾濫成災，給朱元璋留下了太深刻的印象，足夠引起他對帝國官吏們的深刻防範、蔑視和以剛猛手段對付之。

其三，作遊方和尚時，對人情世態冷暖炎涼——「心滾滾乎沸湯」的體驗，爭奪天下時的你死我活、血肉橫飛、背叛、殺戮、別人對他與他對別人的種種陰謀，足以使他心如鐵石，並對人性深處時時可能被外界誘惑啓動的醜惡與黑暗，不再抱任何幻想。

其四，對任何可能形成分庭抗禮、從而對皇家利益朱家天下形成威脅或潛在威脅的高度敏感與警覺。

其五，經過掃蕩群雄拿下江山、極度莊嚴亦眞亦幻的登基大典、無數文人武將士大夫三叩九拜熱烈讚頌、傳統文化一代代堅定而不容置疑的反覆論證，足以使他和他的臣民們堅信：他就是上天選定的眞命天子，他就是在「代天治民」。因此，維護皇家利益就是維護上天和國家的利益，執行自己的意志就是執行上天和國家的意志。從而，在視臣民如草芥包括荼毒那些開國功臣時，不會感到心理上的負擔與歉疚。

其六，從現象上判斷，這位皇帝在他帝王生涯的中後期，很有可能已經患上了相當嚴重的心理變態或精神疾患，譬如迫害狂與被迫害狂之類。此類變態的一個特點——恰如朱元璋那樣——可以高度理性地去執行那些殺人計畫。

事實上，士紳與官吏這兩個階層的確與農民不同，他們不是一盤散沙，也不是被裝進麻袋裏的馬鈴薯。他們之間左右交錯上下勾連，其利益之最大化常常需要在這種相互關係之中才能夠實現。因此，四兩撥千斤——將帝國國家公器的力量轉化爲他們自己的力量，就成爲帝國官場常用長新的手段，從而，使他們變得能量極大，花樣百出。那些官官相護、官紳相護之類的形容，顯然表明了一個基本事實，那就是：他們之間已經結成了一榮俱榮、一損俱損的利益共同體。

一個最有說服力的例證就是後來許多年的徐階。這位享有廣泛正面名聲的帝國重臣，並非出身於大戶人家。但是，當他擔任了十數年相當於帝國副首相、首相的官職之後，其遠離帝國首都的家族，已經成爲當地擁有六萬畝——還有一種說法認爲應該是四十萬畝——土地並橫行鄉里的豪門大戶。由此導致了他與那位比他名聲還大的清官海瑞之間影響巨大的直接衝突。

除了道德教化之外，帝國政治文化缺少更有效的基因性機制，用來防止這種情形的出現，防止士紳變成土豪劣紳、官吏變成貪官污吏。於是，這種情形自然形成了一個無法醫治的週期性頑疾，成爲帝國那些具有政治善意的政治家們心頭永久的痛與揮之不去的夢魘。因此，縱觀中國兩千多年歷史時，我們才能夠看到一個大體上相同的景象：任何一次天下大亂和改朝換代，都與豪門大戶、貪官污吏大面積突破道德法紀底線的巧取豪奪、荼毒良善、貪婪兼併緊密相關。

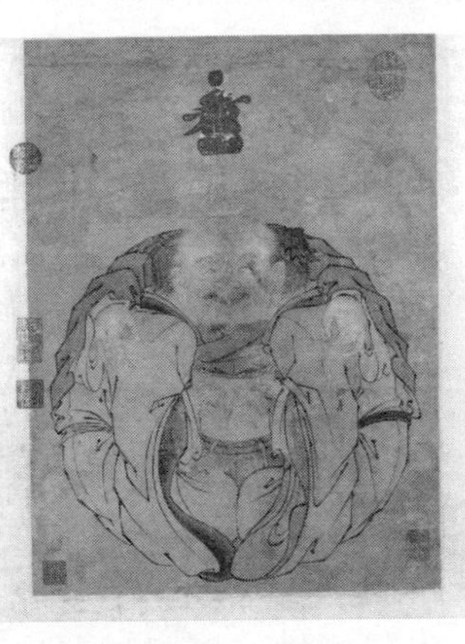

這一切，可能是除了上述心理因素之外，大明帝國開國皇帝採用鐵腕治理這個國家的根本原因。

這是一場眞正曠日持久的戰爭，貫穿在朱元璋當皇帝的三十一年之中。當它與其他因素交織在一起時，便深刻影響了當時與後代社會。

在這場戰爭中，朱元璋的殺伐決斷、無所不用其極，稱得上駭人聽聞。而豪強富戶和帝國官吏，則在這場古已有之的上有政策、下有對策的博弈中，充分體現了前仆後繼的精神。其「野火燒不盡，春風吹又生」的頑強生命力，著實令人歎爲觀止。

於是，多種因素絞合作用，於波詭雲譎血雨腥風之中，注定了大明帝國詭異乖戾的命運。流風所至，令人扼腕歎息。

朱元璋掃蕩豪門大戶的工作，早在大明帝國建立之前，已經開始。

當年，劉邦定都長安之後，曾經把十萬天下大戶強制遷離本土，塡實關中，是謂「強本弱末」之術。朱元璋效法之，於西元一三六七年，消滅張士誠政權後，立即將一大批蘇州富民遷徙到他的老家鳳陽；八年後，即洪武七年，朱元璋再次下令將十四萬江南富戶強制遷到鳳陽，以塡實帝國中都。（徐學聚《國朝典彙》卷八十九）

據說，正是這兩次大規模遷徙，造就了鳳陽的乞丐大軍。

原因是：他們被強制遷徙時，只能帶走金銀細軟，並不許隨便離開遷移之地，其原有的房屋土地等不動產或被收歸官有，或落入他人之手。從此，爲了探親掃墓，他們只能化裝成乞丐，以逃荒要飯的名義，從鳳陽流散到江南各地。久而久之，竟成習俗。那句歌詠鳳陽好地方的花鼓戲詞：「自從出了朱皇帝，十年倒有九年荒」，蓋源出於此。其中滋味，相當悲涼（趙翼《陔余叢考》．《鳳陽丐者》）

沈萬三的故事，在中國民間廣爲流傳，可以相當典型地看出朱元璋對這些豪門富戶的態度。

此人名叫沈富，字仲榮，號稱天下首富。在各種記載中，少見其人劣跡，大約是元代極為活躍的國際、國內貿易中的一位商業天才。由於人們搞不清此人是如何做到富可敵國的，於是便傳說他手中有一個聚寶盆，可以源源不斷地生聚財富。據說，帝國首都南京城的城牆、官府衙門、街道、橋樑有一半是該人捐資修建的。這使皇帝朱元璋的心裏很不舒服。恰在此時，沈萬三為了破財免災，討好朱元璋，便自說自話地提出申請，說是願意再捐一大筆錢，供天子犒賞軍隊。結果，這個馬屁拍到了馬蹄子上。朱元璋大怒，曰：一介平民，卻要犒賞天子的部隊，必是汙長犯上的亂民，其罪當誅。後來，多虧那位馬皇后講情，認為人家送禮出錢，本是好意，不該殺頭。且一介平民富可敵國，本身就是不吉不祥的事情，早晚會遭天譴。於是，皇帝終於開恩，免其死罪，將他全家遷徙充軍到了雲南。（《九朝談纂》卷一，引《近峰聞略》）

此後，朱元璋還曾數次取天下富戶填充到帝國首都南京。這種強制遷徙與性質有所不同的移民政策，一直持續到永樂年間，據說涉及人口，累計達到了至少百萬人以上的規模。受到當代——直到今天歷史學者們的熱烈讚頌。

與此同時，帝國實行了一項「糧長」制度。規定每一萬石稅糧為一個納稅區，由當地最富戶擔任糧長，負責稅糧

的催徵輸解。這是實行「許拿下鄉官吏」之政策，割斷了政府官員們假借稅糧魚肉百姓後的一個替代性方案。朱元璋爲此項發明相當得意，說這是「以良民治良民」的高招，（《明太祖實錄》卷六十八）並且給予這些糧長們應該算是很不錯的優惠待遇，直至從中直接選拔帝國官員，甚至高級官員。以至於很多年後，大學者顧炎武還在他那本著名的《天下郡國利病書》中記載說：「當時，父兄們經常教導子弟，做糧長比參加科舉考試還好。」

誰知，一些有財有勢的糧長們並不以此爲滿足，他們希望更快捷迅速地得到更大的財與勢。他們想出的主意相當富有中國特色，比如：將自己及其親友們應當繳納的稅糧，分攤到納稅區的眾人頭上；比如：除了該繳納的正糧之外，再加上各種附加費；這些附加費的名目可以達到十八種之多，通常是正糧的數倍以上；比如：將收繳上來的稅糧當作高利貸放出去，再對上申請延期交納，等等。同時，輔之以「臨門吊打」、拆屋揭瓦、逼賣家產等手段。表現出極高的智商水準和非道德勇氣。

朱元璋對此類人物一般採取的措施就是殺之，並抄其家。在他的《大誥三編》中，我們可以讀到他一次殺頭抄家一百六十個糧長的紀錄。有一個號稱浙江金華首富的楊姓糧長，放出狂話，說是皇帝徵糧萬石，不及他一個田莊的收入。結果，解糧進京時，朱元璋召見，問他：「糧食何在？」他回答說：「霎時便到。」朱元璋「哼」一聲：「殺時便到嗎？」立命拉出去砍頭。消息傳出，其家人四散而逃，家產被當地人搶掠一空。據說，有一次朱元璋夢見一百個無頭之人跪在階下。十天後，有一百個糧長解糧到京，恰好全部沒有足額按期交納。朱元璋下令

格殺勿論。(《九朝談纂》卷一引、《治城客論》)

在朱元璋當政的三十一年中，曾經至少發起過六次大規模整肅帝國官吏與豪門富戶的運動。有學者認爲，在這些大清洗中，大約有十萬以上到十五萬帝國官吏與豪門富戶被殺死。因此，有國內外學者將其稱之爲「有計劃的屠殺」。

這些屠殺的情形不盡相同。其動機與目標大體可以分爲兩類：一類的目標針對著貪官污吏，如洪武四年的甄別天下官吏，洪武十五年的「空印案」，洪武十八年的「郭桓案」，洪武十九年的「逮官吏積年爲民害者」，大約可以歸入這一類。朱元璋習慣上將此類獲罪者稱之爲「不肖無福之徒」；另一類則主要針對可能威脅他的皇位，或者可能威脅到他的繼承人皇位的那些開國功臣們。這一類基本上屬於政治謀殺。包括從洪武十三年一直綿延到洪武二十六年的「胡藍黨案」和洪武二十三年的「罪妄言者」。朱元璋將此類人稱之爲「奸黨」。

在針對第一類目標的戰場上，朱元璋的勝利短暫而曖昧。

在打擊這些所謂「不肖無福之徒」時，朱元璋顯得隨心所欲，但卻有一個相當引人注目的特點，就是盡可能地擴大打擊面，最好將那些豪門富戶們攀扯進來，同時，不惜採用最爲嚴酷的手段。

「空印案」，幾乎是當時人人皆知的冤案，發生在洪武十五年，即西元一三八二年。其緣起，用今天的語言描述相當簡單。大意可以表述爲：戶部，即帝國最高財政機關，在每年審核各地例行財政報表時，要求嚴格，精確到了小數點以後的多少位數字，稍有不合，立即作廢重報。於是，各地進京申報報表的財務人員爲了少跑冤枉路，就在進京時，攜帶了蓋好本地公章的空白報表，以便與中央機關核對過數字後，或者在遭受到刁難時，就地重塡。一個顯而易見的原因是，當時沒有電子郵件和快遞等，最遠的省份來回一趟需要幾個月時間，且不算時間、精力、花費等等，個中情形，相當苦惱。按理說，用這種報表是造不出有價證券來的，人們也很難靠這裏的數字行私舞弊。因此，此種作法已經普遍應用，爲各方所默認接受。誰知，朱元璋偶然知道了這個情形後，認定自己發現了一個官員相互勾結、舞弊欺詐的潑天大案。於是，這位缺少財務知識的皇帝立即發雷霆之怒，下令將全國各地、各級政府部門的正印官，即一把手全部處死，副手以下官員打一百棍，充軍邊疆。

當時，全國有十三個布政使司，相當於我們今天所了解的省；一百四十一個府，相當於今天的地級市；一百九十二個州，相當於今天的小地級市和大縣級市；和一千零十三個縣。這一千三百多個官員，不論良莠好壞，全部被殺掉。而且，是在有人已經向朱元璋解釋清楚了個中緣由的情況下，被殺掉的。

結果，其中有一些深受百姓愛戴的好官也稀裏糊塗地被幹掉了。比如方孝儒的父親方克勤，時任山東濟寧知府。此君一件布袍穿了十幾年，每日三餐，有兩餐以一盤素菜下飯。當地百姓則在他的任期內，號稱富足。於是，百姓們不願意這位知府調離，自發地作歌傳唱挽留。歌曰：「使君勿去，我民父母。」結果，這麼一個好官好人，此次卻被朱元璋不由分說地殺死。（《明史》．方克勤傳）二十多年後，他的兒子方孝儒也成爲中國歷史上赫赫有名的人物。原因是，他不肯迎合奪了侄子皇位的永樂皇帝朱棣，結果成爲中國歷史上唯一一位被滅了十族的人物。此是後話。

「郭桓案」則號稱是洪武朝最大的貪污案，發生在洪武十八年，即西元一三八五年。這位郭桓時任戶部侍郎，相當於今天的全國最高財政經濟部門二把手。據說，在這個官員勾結舞弊的大貪污案件中，被貪污了的財物總計可以折合精米二千四百多萬石。差不多相當於當時全國一年的稅糧收入。

朱元璋要求對此案一追到底。就是說，要從中央部門開始，一級級地追查出所有犯罪終端。

最後的結果是：所有中央六個部和全國各地、各級的大部分官員被牽連進去。朱元璋自己說：此案「天下諸司盡皆贓罪，繫獄者數萬，盡皆擬罪。」《明史》的《刑法志》記載說：「自六部左右侍郎，即從中央六部每個部兩位副部長開始的以下官員全部處死；全國各地各級官員處死者數萬人；」由於「寄贓遍天下」，所以，「百姓中產之家大抵皆破。」就是說，朱元璋畢其功於一役，將天下的貪官污吏和豪門大戶一網打盡了。其中有多

少冤魂怨鬼基本無從查考。

最後，爲了化戾氣爲祥和，平息人們的怨恨與恐懼，朱元璋把辦這個案子的專案負責人員也拿來殺了，並相當鄭重其事地布告天下說：「我讓他們除奸，誰知他們反而生奸，來擾害我民。這種人哪裏可以縱容？今後再有這樣的壞蛋，將不在赦免之列！」（《明史》·刑法志二）

令人大惑不解的是，如此大面積打擊之後，僅僅過了一年，即洪武十九年，西元一三八六年，就又有一百多人犯了貪贓害民之罪，鬧得我們的洪武皇帝朱元璋也是一頭霧水。他連連感歎說：「唉，唉！殺的不是一兩個人，大家都親眼所見。怎麼前邊的屍體還沒有挪開，後人就腳跟著腳地開始爲非作歹了呢？人們難道都不拿法律當回事兒嗎，如此前仆後繼地貪贓枉法？吁！可謂之難教者歟，難禁者歟！」（《大誥續編》·朝臣蹈惡之五十）意思是——眞稱得上是難教育、難禁止呀！

按照帝國法律的正式規定，對於刑事犯罪者包括一切貪官污吏的懲罰，只能使用五種刑法：

笞——鞭打，杖——棍打，徒——監禁，流——流放，死——處死。

朱元璋怒從心中起，惡向膽邊生，大約是殺人殺得手滑興起的緣故，他索性完全踢開了這些規定，把中國歷史上那些極富創意的殺人手段大多搬了出來。這是一些眞正富有想像力和高度技術含量的發明，在人類歷史上大約會列入獨一無二或絕無僅有之屬，我們民族應該爲此感到驕傲。

它們包括但不限於：刷洗，將不斷沸騰著的開水澆在人體上，然後用鐵刷子刷，直到剩下一具骨骼；秤竿，用鐵鉤將人心窩鉤住後吊起示眾，直到風乾；抽腸，於肛門處將人的腸子抽出，直到掏空內臟；錫蛇遊，將熔化的錫水灌進人口，直到灌滿腹腔，等等。

此外，爲朱元璋最廣泛推廣使用的，則是剝皮實草。就是把人皮剝下來，將裏面塞滿草，然後放置在官衙門的辦公桌旁。據說，當時，差不多在每一個地方的官衙門前，都有一個剝皮場和一個挑貪官人頭的長竿，其核心理念是震懾那些心存貪瀆之念的官吏。以至於一百五十多年後，當這個帝國基本爛透了時，那位以青天之名著稱於中國史冊的海瑞，還大聲疾呼，希望恢復祖宗創立的以剝皮實草爲主的刑法。

最後，朱元璋還願意使用的殺人藝術則是凌遲處死。這項技藝的高超之處，在於將人肉活剮了數千刀之後，還必須保證被剮者是活著的。在未來的時日裏，我們將會有機會看到，朱元璋所開創的這個朝代崩潰之前不久，他的子孫是如何以此來對付袁崇煥——這位帝國忠心耿耿的捍衛者的。

從朱元璋親自撰寫的《大誥》、《大誥續編》、《大誥三編》、《大誥武臣》等著作中，羅列了凌遲、梟首示眾——就是把頭砍下來，掛在高處示眾、種誅——就是滅族、棄市——殺頭等種種刑罰案件至少萬例以上，其中許多都是成批處置的。徐禎卿在他那本著名的《翦勝野聞》中記載說：朱元璋是否想要大批量殺人，有一個明顯的信號。如果在朝堂之上，他把腰間的玉帶按到肚皮底下，就預示著可能會有數目眾多的官員人頭落地；若他將玉帶高繫胸前，則大半會日暖風清。於是，滿朝文武便隨著這玉帶的高低起伏，體驗著人世的冷暖炎涼，感受著人生的喜怒哀樂。據說，當時的官員，許多人在早晨上朝之前，要和妻子訣別，並安排後事；若能活著回來，會舉家慶賀，感謝上天的恩典。

在手段應用上，朱元璋算是達到了千古罕見的極致；他與帝國官吏階層、豪門富戶階層的殊死搏鬥，也眞正達到了數千年來前無古人的程度。對此，朱元璋並不滿意。他相當感慨，說：「我效法古人任用官吏，豈料，剛剛提拔起他們時，每一個人都忠誠且有原則，時間一長，一個個全都又奸又貪。我只能嚴明法紀，予以懲處。結果，能夠善始善終的沒有多少，家破人亡的很多。」（《明朝小史》卷二）

由此，表明他對這場戰爭的結果相當困惑。

他無論如何也想不明白：這幫傢伙到底犯了什麼毛病？怎麼連懷裏揣著的官印都還沒捂熱，就急急忙忙地去貪贓枉法？前任官的人皮就在他們眼前的桌子邊上，怎麼就偏得到了刑場上才知道後悔？

一張張熟悉的面孔消失了，一批批不熟悉的面孔也前仆後繼地不見了。

總得有人給皇帝辦事呀。

於是，在帝國官場上，出現了一道罕見的奇異風景：坐在臺子後面審案的御史腳上，戴著鐐銬，他本人已經被判了死刑；而另外衙門裏面的大堂上，那位面無人色的堂皇大員，不久前，剛剛挨了皇帝的八十大棍。茹太素是明初相當有名的一位大臣，以忠厚正直爲時人所敬重，官位最高時爲正二品戶部尚書，相當於今天中央最高財政經濟部門首長。此人就是因爲奏摺寫得太長而被朱元璋急急召來打屁股的那位。他就曾經被判罪後戴著鐐銬上班辦公，後來終於被朱元璋殺死。在《大誥三編》中，我們知道，這種爲朱元璋所發明的嶄新工作方式，叫做「戴罪辦事」。戴，是已經被判刑的意思。當時，在各級政府機關裏，這種戴罪辦事的人，按照朱元璋的紀錄，有三百二十八人。不必有多麼豐富的想像力都可以想見其景象多麼壯觀。

此後，從明代開始直到今天，我們在諸多歷史學家們的堂皇著作中，能夠讀到許多對於朱元璋澄清吏治的讚美。事實上，這些頌揚之詞，除了表達出人們對貪官污吏的切齒痛恨之外，基本上可以被視爲扯淡。

原因在於下列兩點：

其一，在任何一種政治文化裏，吏治的狀況都是該政治文明程度的標誌之一。與中國以往時代的吏治比較起來，作爲人格化的帝王，朱元璋所作的一切，並沒有什麼新鮮之處，僅僅是將傳統思想與手段推到了極端處使用而已。這種情況唯一可以證明的只有一點，那就是：這種政治文化傳統所蘊涵的政治智慧、政治空間、政治倫理資源已經萎縮枯竭，其山窮水盡之際，只剩下苟延殘喘和迴光返照。

其二，朱元璋死後，在他所開創的朝代裏，貪官污

吏土豪劣紳氾濫成災的程度，不亞於任何時代最糟時的情形。由此，印證了上述結論。

假如一定要從朱元璋個人功過是非的角度進行判斷的話，毋寧說：此人的作爲，相當有效地展示了一點：在中國古代政治文化傳統下，帝王個人的心理、性格與能力可以使他做些什麼和能夠達到什麼程度。

揆諸史籍，其情形大抵如此。

而在針對另一類人的另外一個戰場上，朱元璋則獲得了勿庸置疑的成功。

由於對象和目標的不同，朱元璋在打擊那些可能威脅自己或者自己繼承人皇位的人們時，表現得高度理性而審愼，層次分明又有條不紊，使這場沒完沒了的戰爭具有政治謀殺的特點。

從朱元璋的一生行事判斷，他對開國功臣們的猜忌，可能需要追溯戰爭年代那一系列背叛事件。

其中，邵榮、謝再興叛變和他的親侄子朱文正謀叛，應該起了重要作用。

邵榮勇猛善戰且多智謀，是朱元璋早期最重要的戰友與助手，在將近十年時間裏，他都是朱元璋手下的第一人，地位甚至在徐達之上。關於此人爲什麼要叛亂，至今沒有一個準確的定論，我們只是能夠看到不少史學家常常喜歡引用的一個說法，當他叛亂失敗，被捉住後，朱元璋曾經與他相對喝酒。期間，他忿忿不平地告訴朱元璋：「我們在外面拼死拼活，你卻把我們的妻子老小拘在手裏做人質，使我們骨肉分離，無法團聚，全爲了你的一己私利。我這是不得已。」說完，潸然淚下。據說，朱元璋是在全軍將士面前，與邵榮置酒灑淚而別，然後行刑將其殺死的。

還有一種說法，也不妨作為參照。這種說法認為：朱元璋曾經在邵榮領兵在外時，調戲並姦污了邵榮剛剛成年的女兒，從而促使邵榮發起叛亂；後來，朱元璋念邵榮沒有在公開場合揭露此點，而放過了他的全家。這種說法，特別容易在討厭朱元璋的人們那裏得到回應。姑且存疑。

謝再興則是另外一位獨當一面的重要將領，他的叛變顯然與朱元璋頗有干係了。當時，謝再興領兵鎮守在外，朱元璋沒有通過他，便自說自話把他的女兒作主嫁給了徐達，形同配給。雖然據說一對新人是兩情相悅，但這種作法，顯然無法讓作父親的感覺愉快。不久，可能是內部政治鬥爭的結果，有人舉報謝再興的兩個朋友走私，販賣皮革等軍用物資。朱元璋立即將此二人殺死。當時，江南早已進入潮濕悶熱的黃梅天氣，朱元璋派人把二人已經腐臭的腦袋，懸掛到了謝再興的辦公場所，同時，命派去作這件事的人奪了謝再興的軍權，從而，導致他率兵叛變了張士誠。

前面說過，這次叛變發生在朱元璋與陳友諒的鄱陽湖大戰前夕，假如陳友諒和張士誠能夠把握好時機，後來的歷史會如何發展就很難說了。

朱文正則是朱元璋的親侄子，以大都督銜坐鎮南昌。在決定生死的鄱陽湖大戰之前，他以艱苦的南昌保衛戰，立下了將陳友諒拖在南昌城下八十多天的大功。此人年輕，手握重權又立大功，於是，驕橫異常。據說，他任意掠奪民間有姿色的婦女，淫逸無度，被人告到朱元璋那裏。於是，朱元璋在論功行賞時，便沒有給他賞賜。此後，他認爲朱元璋賞罰不公而心懷怨恨，並一度在其他人的攛掇下準備謀叛。結果，又一次被人告發，導致朱元璋出其不意地出現在南昌，朱文正倉促來迎，朱元璋斥罵說：「小子打算幹什麼？」將他帶回，禁錮而死。

其他人姑且不論。這三位被他視作心腹甚至是其親戚的人，起了這般心思，顯然不能說朱元璋完全沒有責任。從後來的情況看，他雖然沒有過分爲難這些人的遺屬，然而，從此後的眾多談話與舉動判斷，他基本上還是把這些情形歸結到了人性自私險惡、人心奸詐難測，根本經受不住外界的誘惑、從而不可信任上面去了。這是他維持自己心理平衡的需要，也應該是他必欲置那些昔日戰友們於死地的心理動因。事實上，平心靜氣地觀察與分析，具有朱元璋這樣生命閱歷的人，上述事件引起的如果不是這種心理反應，可能反倒是一件不眞實、令人感到奇怪的事情了。

從洪武十三年即西元一三八〇年，爆發「胡惟庸奸黨案」，到洪武二十三年，即西元一三九〇年牽連殺死李善長等，再到洪武二十六年即西元一三九三年的「藍玉奸黨案」，朱元璋的政治謀殺纏綿持續了十多年，被捲進去殺死的文武功臣各色人等，大約有五萬人上下。其中，有些人自有其取死之道。其罪大惡極，實屬該殺，譬如朱亮祖。但更多的人則冤哉枉也，死得稀裏糊塗不明不白。從中，我們可以了解，爲什麼「欲加之罪，何患無辭」之類政治格言，在中國會特別多，使用頻率會特別高的原因。

洪武三年，第一次大封開國元勳。共封六個公爵，二十九個侯爵。其中，李善長以開國第一功臣的文臣身分，受封公爵，其餘公、侯則全部是武將。

公爵的待遇是每年三千——五千石祿米，按照並不精確的折算，大約相當於今天三十五萬——六十萬元人民幣的年薪；侯爵的待遇是每年九百——一千五百石祿米，大約相當於今天十一、二萬——二十萬元人民幣的年薪。此外，還有一次性的賜府第，就是國家分配住房。由於國家尊嚴與觀瞻所繫，這些房屋的外觀與品質在當時應屬上乘。至於賞賜金銀及綾羅綢緞等，數量可能不是很多。此外，公、侯們享有子孫世襲的免死鐵券，就是爲中國人特別津津樂道的所謂免死牌。這種東西樣子像瓦，鐵質，上面鐫刻著皇帝詔敕，底部刻寫著本爵及其子孫免死的次數，字用鏤金，相當漂亮。

從待遇上看，明初開國勳貴和文臣武將的收入，可能是中國歷史上最低的一個朝代。

在縱向上比較，宋初太祖趙匡胤杯酒釋兵權之後，節度使成爲安置功臣權貴的一個榮譽性職銜，其年收入大約相當於今天的二百五十萬到三百萬元人民幣的樣子，比明初至少高出了五、六倍；明初宰相的收入，大約是在一千石米左右，可能還有其他一些來自皇家的雜項收入，總體大約相當於今天年薪十幾萬元到二十萬元人民幣；宋朝宰相的年薪則大約是一百八十萬元到兩百萬元的樣子。

從橫向上比較，這些幫助朱元璋打天下的功臣與幫助他治天下的文武們，其待遇遠低於僅憑血統便地位崇高的皇親國戚。

當時，朱元璋的兒子們封親王，其待遇是每年五萬石祿米，加二萬五千貫鈔。鈔是當時由中央政府發行的紙幣，其價值跌宕起伏極大，專門寫一本厚厚的博士論文，可能都寫不清這些古代紙幣的故事。按當時的情形，行情好時，這二萬五千貫鈔大約可以購買二萬五千石祿米。公主和駙馬的待遇則是每年二千石祿米。

當時，全國共有一千零十三個縣，正七品知縣，即相當於今天縣委書記的縣官，年收入爲九十石祿米。

由此可以算出，朱元璋的四十二個子女中，每一對子女的待遇，大約相當於十個最重要的開國元勳，相當於五、六十個宰相；每十對子女，便相當於全國差不多全部縣官收入的總和。如此分配與收入的不公，在公開提倡不公的中國古代，可能也算得上是離譜了。

後來，有人在談到明代及其以後，貪官污吏的成長呈現特別繁盛的景象時，曾經將原因歸結爲官員們的薪酬太低。應該說，這既不是主要原因，更不是全部原因，但卻可以看成是重要原因。想想看，當官員們不管如何荼毒下屬和百姓，只要搞定上司，就可以榮華富貴時，很難想像還有什麼更多的理由，不使官員們變成上司面前的哈巴狗，和下屬與百姓們面前眞正的惡狗。在此種情形之下，想讓全國官員都像海瑞一樣生活與做官，不啻於癡人說夢。不過，說起來，這可能確實是朱元璋的一個理想；也可能是明代社會顯得特別七扭八歪的主要原因。

朱亮祖勇猛善戰，是帝國第一批封賞的開國功臣，是爲永嘉侯，享有侯爵的全部待遇。洪武十二年，即西元一三七九年，被朱元璋派遣去鎭守廣東。

此人除了能打仗之外，其他方面基本可以歸於惡棍之列。他到廣東之後，很快與當地的土豪惡霸們攪到一起，成了這幫傢伙巧取豪奪、橫行鄉里的靠山。結果，與當地一位深受民眾愛戴的縣官道同發生衝突。

道同是蒙古族，屬於眞正的好官。中國歷史上，經常可以看到這種好官，他們一般必須具備兩個條件：其一是生性剛正寧折不彎，其二是眞的從心裏相信仁義道德，而不是僅僅停留在口頭上。道同就是這樣一個人。據說，直到六百年後的今天，廣東番禺一帶民間，還有供奉道同牌位、並且還頗爲靈驗的說法。這可能是重要原因。大約也是爲此，朱亮祖心裏很是厭煩。

一次，道同將一幫欺行霸市、敲詐勒索的流氓當場抓住，然後，拴成一串在繁華商業區示眾。朱亮祖出面請道同喝酒，爲這幫壞蛋講情。不管是論爵位，還是論級別，這位侯爺都比道同高出不只十級八級，算是給足了道同面子。誰知，道同很誠懇地希望朱亮祖不要爲這幫子人砸壞了自己的名聲和體面，沒有買賬。

第二天，朱亮祖親自出馬，當場打碎枷鎖，釋放了那一干人犯。後來又找機會，以禮儀不周的名義，把道同當眾痛打了一頓。

當地一個羅姓富豪，看出這是一個投資的好機會，便將自己美貌的妹妹送給朱亮祖作妾，外加不算菲薄的嫁妝。此後，成為侯爺小舅子的羅姓富豪便越發富豪起來。致使道同不斷收到百姓求他為民作主的狀子。其中大體包括諸如佔人田宅，霸人妻女，強買強賣等等。道同忍無可忍，把侯爵的小舅子抓進了監獄。朱亮祖聞訊，立即派兵包圍了縣政府，並將該人犯——羅氏舅爺搶出。

就此，道同被擠在天職、天良與天敵之間，再無迴旋餘地。此後發生的一切，便是標準的中國式悲喜劇了——

道同給皇帝寫了一封信，控告朱亮祖。而朱亮祖則利用自己的資源優勢，快馬加鞭地將自己對道同的控告信，搶在道同之前，送到了皇帝手中。朱元璋看到朱亮祖的報告後，立即派人前去斬殺道同；幾天後，道同的報告到了，朱元璋馬上意識到其中有詐，命人飛騎追趕前面派出的使者並調道同入京。結果，朱亮祖早已安排專人，買通前一位使者，日夜兼程地趕到廣東，在追趕的使者到來之前，殺死了道同。

隨後，朱元璋下令鎖拿朱亮祖父子進京。

西元一三八〇年，即洪武十三年九月初三，——之所以特別點出這個並不重要的日子，是因爲此時，帝國歷史上著名的「胡惟庸奸黨案」正在緊鑼密鼓地進行之中——前一年剛剛被派往廣東的朱亮祖父子被押進午門。據說，此二人跪地膝行，就是用膝蓋跪在地上走路，來到朱元璋面前後，「以頭撞地」，口稱罪該萬死。朱元璋揮起鞭子就打，武士們也看出朱元璋要的是催命棍，於是，更加不遺餘力。最後，據說朱元璋是親眼看著這一對父子氣絕身亡後，方才氣咻咻地悻悻而去。

不知朱元璋的性情中，是否具有某種完美主義的傾向。其人一生行事，對於違犯法紀者基本是毫不容情。譬如，還是在戰爭年代，他手下大將胡大海手握重兵在外，他的直系親屬犯禁酒令被朱元璋抓住。當時，有人勸朱元璋手下留情，免得激出不可測之禍。朱元璋的反應是，寧願胡大海叛逆，也絕不能放縱。下令立即處死。開國後，有一個傢伙「尙」公主——就是娶了朱元璋很喜愛的一個女兒。當時，凡是娶皇家公主的，都叫「尙」公主。大約是有所倚仗的緣故，這位得意忘形的駙馬爺犯了走私枉法罪，朱元璋知道後，將跪在面前苦苦哀求的女兒痛斥一頓，然後，算是給他們夫婦留了體面，勒令該駙馬必須自殺，並將同案人犯全部殺死，並不管女兒守寡與否。朱亮祖的例子則是一個典型，表明在這場政治戰中，有一批人，確實是撞到他槍口之下的爲非作歹者。

而絕大多數犧牲者，則可以肯定並非如此。

在鞭死朱亮祖時，「胡惟庸奸黨案」的序幕已經拉開將近一年，此時，正是風聲鶴唳，人人自危的時刻。

應該說，胡惟庸其人不是一個值得特別同情的人，但也很難歸入大奸大惡之類。他很有才氣，寫得一手好文章，作事情幹練機敏，常常能把皇帝交辦的事情，不論多麼棘手，都能辦得乾淨俐落，相當稱職。因此，在長達十多年時間裏，頗受朱元璋信任和倚重，甚至相當長時間裏一人獨攬大權。即一個人當宰相，時稱「獨相」。

但史料中有一個情節，相當意味深長，朱元璋曾經就胡惟庸能否作宰相一事，徵求過劉伯溫的意見。顯然，劉伯溫不看好此人。他將胡惟庸形容成是一個喜歡撒歡尥蹶子的生牛犢子，認爲讓他駕轅，會把車弄翻。（《明史》．劉基傳）我們知道，劉伯溫料事如神，是一位不亞於諸葛亮的神奇人物，朱元璋對他的意見一般都很看重。但是，這一次，劉伯溫錯了。

此後，朱元璋就當沒有聽過劉伯溫勸告似的，接二連三地提拔胡惟庸，直到讓他作了宰相。同時，縱容胡惟庸並自己親自動手，三番五次地折磨劉伯溫，使他完全陷入到一種生不如死、如履薄冰的境地，很快便染病在身。

在一種非正式史料的描述中，談到了一個故事。

在劉伯溫戰戰兢兢地留在京師，不敢返回家鄉去的日子裏，朱元璋曾經賞賜給了劉伯溫一個很美貌的侍姬。劉伯溫知道這是來監視自己的，因此，特別小心翼翼。

當時，爲了一個基本算不上過失，但皇帝認爲是過失的事情，朱元璋下旨，令劉伯溫將一篇無用的文書必須每天抄寫一遍，以示懲罰。這實在無聊。時間一久，皇帝也不再提起此事，而且待劉伯溫親切如初了。六十五歲的老翁劉伯溫也就不再抄寫。而在此期間，那位美麗的女孩子，卻眞心愛慕上了這位老先生的人品才學，使老人悽愴蒼涼的心境得到不小的慰藉。

誰知，很久以後，朱元璋突然下令，要檢查太久之前給劉伯溫留的家庭作業。劉伯溫一下子懵了，他哪裏可能拿得出來？這雖然不是一件什麼大事，但安上一個抗旨的大罪名卻恰好合適。劉伯溫惶恐無地，由此知道，皇帝這是想要自己死。

不料，那位聰穎的女子卻比劉伯溫更了解皇帝。她每天都在悄悄替劉伯溫抄寫，遂使劉伯溫得以交卷。朱元璋相當失望，卻在隨手一翻之際，看出後面的字跡有異，詢問之下，得知實情。皇帝沒有表示什麼，放過了劉伯溫。

據說，劉伯溫晚年喪妻，對那位女子充滿愛憐與感激。他離開皇宮，急急忙忙想趕回家向她報喜，沒有注意一隊輕騎兵風馳電掣般駛過身邊。劉伯溫到家時，便看到她倒在血泊中，已經氣絕。（上述事見董宇峰、周實著《劉伯溫》）

這段故事，深入人之情感最底層，催人淚下。可能出自時人或後人的附會或想像。不過，哪怕純粹是傳說或虛構，卻可以相當傳神地表達出人們對朱元璋的一個認識：此人做事情時，是可以埋下很深、很持久伏筆的。

隨後，正式的史料便記載說，胡惟庸在朱元璋的暗示下，帶著醫生去給劉伯溫看病。於是，劉伯溫的肚子裏很快長了個痞塊。最後，在一種典型的慢性中毒症狀中，輾轉反側，相當痛苦地死去了。（《明史》·劉基傳）

胡惟庸案發後，劉伯溫被毒死一事，成爲追究胡惟庸的一個由頭；朱元璋在後來的各種談話中也一再申明，劉伯溫是死在胡惟庸的毒藥之下。事實上，假如沒有朱元璋的一再迫害，胡惟庸即便嫉恨劉伯溫的品性、才幹與威信，但他是否敢於並能夠毒死劉伯溫，是相當值得懷疑的。

相映之下，與此異曲同工的是，徐達背部生癰疽之後，據說，朱元璋曾經詢問御醫，此病最忌諱什麼？御醫答曰：「蒸鵝等發物。」不久，病情已經好轉的徐達，收到了皇帝賞賜的蒸鵝。徐達當著頒賞來使的面，流著淚吃掉蒸鵝，幾天後死去。

劉伯溫的第二個錯誤是：帝國的車沒有翻在胡惟庸手裏，胡惟庸的車倒是翻在了朱元璋的手中，而且是同帝國根深蒂固的宰相制度一起翻掉。

這種情形，相當耐人尋味。

細細翻檢當時的各種史料，除了演義的那些，導致胡惟庸翻車的理由，無非諸如大權獨攬，拆閱臣民密封奏章，扣壓不利於自己的報告，收受賄賂，排斥異己，拉幫結派，等等。大體上是一些可大可小的罪名，有些還是欲加之罪。仔細推敲起來，找不到需要大動干戈，以至於必須牽連進兩萬多人一起殺掉的理由。

胡惟庸手下的人曾經犯走私罪，並在闖關時毆打官吏。我們知道，朱元璋曾經爲同類事情，不顧跪在面前苦苦哀求的女兒，終至殺死自己的駙馬女婿。此時，他只殺掉犯事者本人，接受了胡惟庸自己不知情的解釋。

胡惟庸的兒子是個惡少，屬於在首都大街上可以橫著走路的那種人。一天喝醉酒後，宰相公子眞的在大街上橫著走路，結果被一輛馬車撞了。胡惟庸不管三七二十一，命人將駕車者殺死。朱元璋知道後，立即下令將胡惟庸的兒子逮捕，命其償命。胡惟庸要求賠償金錢贖出兒子性命，朱元璋不允。按照朱元璋的性格，他是完全可能連兒子帶老子一起幹掉的。但他未將胡惟庸怎麼樣。

朱元璋對於胡惟庸和李善長之間的交往，大約是一清二楚。據說，那件被朱元璋砸掉的雕龍金床，最開始是由一位名叫李彬的人交給胡惟庸，胡惟庸搬給李善長，又由李善長獻給朱元璋的。胡惟庸與李善長關係相當密切，這可能是李善長在朱元璋面前提攜舉薦胡惟庸的原因之一。洪武元年，朱元璋來到開封，一方面視察北伐戰況，一方面考察開封山川形勢。期間，發生了李彬的貪瀆舞弊案。這個案件在官修正史上記載得含混簡約，實際上，可能是一件極其重要而典型的官場舞弊案。

李彬是中書省都事，屬於帝國中級官員。其職責，勉強可以類比爲總理府副秘書長的樣子。他是李善長的心腹。

有一種說法認爲——

李善長搬進新宰相府以後，李彬則將老宰相府改造成了一個極其豪華的消魂銷金窟，從張士誠及其文臣武將那裏俘來的嬌姬美眷，許多被添塞其中；張士信有一套著名的純銀雕製的床榻、桌椅、櫥櫃、屏風、隔扇等，也擺在此處。而且，這裏的餐食酒菜，全是由帝國最好的廚師打理製作，被認爲遠勝皇宮御製。

如果將此只是當成聲色娛樂場所，那就大錯而特錯了。一般的有錢人根本邁不進此處大門。只有有錢、還有帝國官位品級、還有推薦人者，方能入內。那些在此消費過的人，可以自然獲得推薦人資格。原因在於此處消費的特殊性質。

開國之初的大明帝國，對於嫖娼的帝國官員懲處極嚴，可能丟官，甚至丟掉腦袋。但在此處，口腹身心之欲，是必須享用的開胃小吃。然後，才能進入正式消費——就來者想要得到的帝國官職，洽談價格，預交定金。

據說，中書省都事李彬最高可以答應爲消費者運作的官職是宰相助理和六部尚書這個級別，即我們今天所理解的比中央部委長官還要高級的官職。由此，可以知道爲什麼消費過的人可自然成爲推薦人。因爲，假如事情敗露，李彬有宰相撐著，結果如何，不得而知；自己的腦袋先掉，則大致是可以肯定的。

據說此地每晚的成交額，大約在十五萬到二十五萬兩白銀。根據肯定不精確的折算，可能不應該低於一千五百萬元人民幣。由此，在當時的京城，廣泛流傳著大宰相府和小宰相府之說。

偵破此事的，就是那位被朱元璋稱之爲皇家惡狗之一的楊憲。當時，朱元璋遠在開封。臨行前，委託李善長與劉伯溫共同負責京師事宜。李善長負責日常事務，劉伯溫負責監察百官。於是，楊憲將此報告給了劉伯溫。劉伯溫決定搜查小宰相府。

當時，被抓住的李彬堅稱此事全部是自己一人所爲。官修正史上記載了李善長爲此人所作的斡旋，雖然相當簡略，也沒有談到其他人的作爲，卻也足以透露出了李善長與此人的親密關係。當時，甚至在朱元璋親自從開封發來處死李彬的命令時，李善長還試圖以天象的理由挽救李彬的性命。在劉伯溫的堅持下，事情以李彬被殺掉告終。後來，楊憲死在李善長手裏；而劉伯溫則死在胡惟庸手中。除了朱元璋的因素之外，相當多的人們認爲：李彬貪瀆事件是雙方交惡的導火索。

有一種推測，認爲根本就是宰相李善長的大兒子與李彬合謀做下的這樁大買賣，否則，李彬斷然沒有如此巨大的能量。而李善長也不會這樣明目張膽、疏忽大意。從當時情形和李善長一生行事判斷，這種推測很有可能是更接近實際情況的。（上述關於李彬的故事，出自董宇峰、周實合著之《劉伯溫》一書。此書爲文學作品，當有想像和虛構的成分。筆者沒有證據，竊以爲極有可能是最接近當時情形的推測。故姑引於此，並向二位先生致謝。——筆者注）

李善長、胡惟庸、劉伯溫、楊憲諸人之間，關係複雜，在此沒有必要展開敘述。但上述事項很有可能是一把鑰匙，能夠有效地幫助我們理解大明帝國開國之初那極其錯綜複雜的政治形勢。同時，我們需要知道，當時，帝國的財政收入，每年只有幾百萬兩白銀。以朱元璋對人事關係的高度敏感，想要讓他相信，只有李彬一個人，就能夠在帝國官場掀起涉及幾百萬兩白銀的醜聞來，恐怕是有些勉強的。不久後，他早早讓李善長離開宰相之位，這件事或許是原因之一。甚至，這也可能是引發朱元璋後來一舉端掉中國宰相制度的誘因之一。於是，就和朱元璋對胡惟庸的提拔使用密切相關了。

關於胡惟庸案發時的情形，各種說法很多。擇其大者，可以注意下列兩種完全不同的說辭：

按照《明史紀事本末》中的說法，說是胡惟庸老家的舊宅井裏，忽然長出竹筍，高出水面數尺。拍馬屁的人們又說，他家三代祖墳上，夜晚火光燭天，是爲大吉大利之兆。於是，胡惟庸開始想入非非。他兒子與馬車的事情發生後，胡惟庸開始謀劃造反。

到一三八〇年，洪武十三年正月，胡惟庸報告朱元璋，說自己家裏的水井冒出醴泉，就是甜蜜的美酒，請皇帝臨幸。朱元璋答應了。走到西華門時，一個名叫雲奇的太監，衝到皇帝的車馬前面，激動地拉住馬韁繩，舌頭像被夾住似的急得說不出話來。朱元璋怒其不敬，左右亂棍齊下，幾乎把他的右臂打斷，差點打死。但此人指著胡惟庸家的方向，忍痛不退。朱元璋似有所悟，立即返回去，登上宮城觀察，發現胡惟庸家裏的牆道間，藏著士兵，刀槍林立。於是，「即發羽林掩捕」之。

持這種說法的人很多。

考之《明太祖文集》卷七，情形卻又是另外一樣。按照這種說法：

胡惟庸被捕，是在西元一三七九年，即洪武十二年九月。

當時，占城國——地在今天越南中部的一個城市國家，使臣前來朝貢。朱元璋不知道此事。於是大怒。胡惟庸和副宰相叩頭謝罪，並把責任推給了禮部。禮部堅稱已經報告中書省。朱元璋更爲惱怒，連下敕書，說：你們互相推卸責任，「朕不聰明，不知道究竟誰該負責，所以囚省、部，一定要追究到底。」表明，當時的兩位宰相和禮部尚書，已經都被抓進監獄裏去了。

這樣一來，前一種說法便無從談起了。

第二年正月初二，一個被抓進監獄的胡惟庸部下與親密戰友，突然揭發說：胡惟庸想要謀反。結果，牽連纏綿，雪團越滾越大。

正月初六，胡惟庸爲首的一大批人及其家族便被全部殺死。

第二天，正月初七，朱元璋宣布進行一項重大的政治制度變革。這項變革，在整個中國政治史上都堪稱爲一重大事件，這就是歷時近一千五百多年的宰相制度被正式廢除。從而，直接影響了明清兩代五百多年的政治格局。

以此爲由頭，朱元璋對官吏隊伍進行了大張旗鼓的大清洗。時間持續了十多年，死於此案的人數至少在兩萬人以上。

於是，以往一直有一種幾乎是權威性的結論，認爲：「胡惟庸奸黨案」是朱元璋爲代表的君權與胡惟庸爲代表的相權之間，長期鬥爭，最後，君權大獲全勝的結果。

從上述撲朔迷離、波詭雲譎的情勢看，這種說法可能是值得推敲的。

我們知道，在處理許多事情時，當朱元璋感到不快或不安時，其殺伐決斷常常間不容髮。爲什麼在對胡惟庸的問題上卻不是這樣？

比如——

王文祿在《龍興慈記》裏記載說：

常遇春是朱元璋最喜愛的猛將，民間傳奇中，有許多此人神奇的作戰故事。他家裏有一個妒悍成性的夫人，致使常遇春根本不敢挨其他女人的邊，朱元璋知道後，挑選兩個美貌侍姬送到常遇春府上侍奉。一天早晨，一位侍姬端洗臉水侍侯常遇春，常遇春在該女子的手上摸了一把，說了句「好白的手」，便出門上朝公幹。晚上，大將軍回家後，他的妻子送給常遇春一個包裝講究的禮品盒，大將軍打開一看，裏面盛著那位女孩子的雙手。常遇春魂飛魄散。如此對待皇帝賞賜的人，按照當時的法律，至少屬於滅族的大不敬之罪。

隨後，在一次重要的會議上，常遇春心思重重的模樣被朱元璋發現了，逼問緣由。常遇春不敢隱瞞，跪在地上，講出了這件事情，請求朱元璋寬恕。朱元璋表示，這算不了什麼？我再送你兩個就是了。然後繼續開會。其間，朱元璋在奉茶的侍衛耳邊說了幾句話。最後，每個與會的重要臣僚都收到了一個匣子，上面大書「悍婦之肉」四字。裏面裝著常遇春被肢解了的妻子。據說，常遇春的癲癇病就是此時落下的，他正值盛年便暴病而死，可能也與此頗有一些干係。

在《九朝談纂》中還有一個記載：

徐達有兩位正夫人，一位是張夫人，一位是謝夫人，就是朱元璋做主嫁給徐達的謝再興之女。張夫人會武功，經常隨丈夫出入戰場，可能教養不是太好，說話不走腦子。大約屬於在北京人嘴裏會被稱呼爲「事兒媽」的那種女人。一次，做了皇后的朱元璋之妻馬夫人，宴請那些文武功臣們的妻子。席間，馬皇后說：「大家都是吃過苦的人，那時，哪裏想到會有如今的好日子。」大家紛紛附和，說了不少逢迎拍馬屁的喜慶話。誰知，首席武將功臣徐達的這位張氏夫人冷冷地接了一句：「都是窮過來的，如今我家可不如你家。」一時間，在場的人們全都傻了，誰都不知再說什麼好。

這件事情不可能不傳到朱元璋耳朵裏。不久，有一次宮中舉行宴會，招待重要臣僚。朱元璋來到徐達面前敬酒，敬酒詞曰：「牝雞司晨，家之不祥。我這杯酒是特意來祝賀你可以免去滅族之禍的。」徐達一頭霧水，不知所言何謂。回家後才知道，自己的張氏夫人已經被皇帝派人來殺了。

朱元璋一生行事，爲微小過失殺人，大抵如斯。爲什麼對胡惟庸偏不如此？須知，常遇春、徐達、劉伯溫諸人的地位與威望全部遠高過胡惟庸。

倒推回去九年，西元一三七一年，即洪武四年正月初二，春節第二天，李善長被朱元璋強迫退休。這一年，李善長五十八歲，從他一口氣活到七十七歲還很硬朗的情形看，所謂「高齡」一說相當牽強。這位李善長曾經被朱元璋比喻爲自己的蕭何，是公認的帝國第一開國功臣，在軍民中之聲望不可謂不高。朱元璋偏偏在給予他崇高讚譽之後，不讓他繼續作宰相。同時，劉伯溫的才幹、品性與威信遠在胡惟庸者流之上，被朱元璋比喻爲自己的張良，朱元璋也同樣不讓他作宰相。朱元璋似乎打定主意，就是要將那個可能撒歡尥蹶子的胡惟庸扶上宰相高位。其中，或許有深意在焉。

廢除宰相制度，爲一千五百多年所未有。處理如此重大的事宜，假如是在胡惟庸案發時才臨時起意，這未免把朱元璋的性情和謀略都看得過於簡單兒戲了。

當年，他使用楊憲諸人開錦衣衛之先河時，曾經很明白地說出，這些人就是他養的幾隻惡狗，他要放出這些惡狗去替皇家看門、守院、咬人。儘管楊憲當時的表現和胡惟庸一樣聰明伶俐，並且爬到了差不多是宰相助理的位置。最後，完成了他的使命時，還是被朱元璋送上刑場。

同樣，對李善長，朱元璋能夠隱忍十九年，直到洪武二十三年，才生拉硬扯地將已經七十七歲的李善長拉進胡惟庸奸黨案，一舉殺掉其全家七十多口人。

由此回望胡惟庸，如前所述，其人弄權行私的事例不算少，有些，朱元璋應該是心知肚明的。以往的關鍵時刻，劉伯溫多次爲他指出命門所在，他相當了解劉伯溫的本事。以他的心細如髮和絕不容眼睛裏揉沙子的性情，應該不會對胡惟庸其人的作爲和劉伯溫如此清楚的提醒掉以輕心才對。

從朱元璋一生行事和眾多檔書信中，我們知道，朱元璋是那種事無巨細，幾乎無微不至的性格。然而，在如此長時間裏，放手甚至是縱容胡惟庸，以至於一度容忍其爲「獨相」，其中一定隱藏著重大的理由。

因此，做出這樣一個推斷，或許不算特別冒昧：以李善長和劉伯溫的功勞、威信與才幹，假如他們在宰相的位置上，那麼要想端掉宰相制度，其難度要大得多。因此，朱元璋很有可能就是要在宰相的位置上，放胡惟庸這麼一個人。他需要這樣一個權慾薰心、並可能欲令智昏的人物，需要他替自己清除障礙，如消滅劉伯溫。他還需要這個人，以其撒歡尥蹶子，爲自己提供一舉端掉宰相制度的理由。否則，位高望重的開國宰相李善長尚且可以輕輕搬開，十個胡惟庸可能都不需費此周張。

於是，所謂「胡藍奸黨案」是不是莫須有的冤案，已經變得一點都不重要。從現在已經整理發現的資料看，其邏輯混亂、矛盾百出的情形，讓人只能堅信一點，那就是：即便沒有發生「胡藍奸黨案」，也會有其他的什麼案。如果沒有胡惟庸和藍玉，也會有其他的什麼人被拉出來頂缸。爲了朱家天下的長治久安，必須有人被裝進那心思細密、深謀遠慮的天羅地網。否則，就有太多的事情，令我們無法解釋圓滿。

朱元璋的心思細密之處還表現

在，當處理胡惟庸並端掉宰相制度時，他很小心地將李善長和一批武將們摘了出來。原因是，李善長雖然與胡惟庸關係親密，但此時威信尚存，且同情者亦多，因此將他放到了十年之後處置。同時，帝國軍事行動尚未結束，也不是打擊武將的合適時機，因此，朱元璋用稱得上是深情款款的語言，將李善長和深捲其中的幾位將軍開脫出來。

終於，西元一三九三年，即洪武二十六年二月，值帝國所有軍事行動基本結束不久，將帝國軍事將領幾乎一網打盡的「藍玉奸黨案」即告爆發。

從史料上看，這位藍玉雖然百戰功高，卻遠沒有徐達之死那麼令人同情。原因是，此人的貪橫恣肆與朱亮祖大約在五十步與百步之間。有一個我們在電視劇中曾經看到過的細節，決定了此人難逃朱元璋之手：前一年年初，平定四川西部建昌地區叛亂時，朱元璋派藍玉爲領兵主將。出發前，他將藍玉召到京城面授機宜。當時，藍玉隨身帶了幾員將軍一同覲見。朱元璋要把密令單獨授給藍玉，便令其他人退出。誰知，連說了三遍，幾位將軍都一動不動。直到藍玉揮了揮手，這幾位將軍方才退下。

這年四月二十五日，朱元璋三十九歲的皇太子朱標突然病死。至此，朱元璋在幼年喪母、中年喪妻之後，又遭受人生第三大不幸：老年喪子。這一年，朱元璋六十五歲。五個月後，九月十二日，朱元璋立朱標年僅十六歲的長子爲皇太孫，作爲皇位繼承人。可能就在這個時候，朱元璋已經開始籌畫對帝國武將們的清洗。他必須爲比皇太子還要柔弱的皇太孫清除掉來自朱家之外一切可能的威脅。

當年底，藍玉平叛勝利，十二月班師回朝。轉年正月初十左右，藍玉回到南京。二月初八日，早朝即將結束時，突然有人控告藍玉謀反，大將軍、涼國公、太子太傅藍玉被當場逮捕。一天後，西元一三九三年即洪武二十六年二月初十，朱元璋就下令將他處死了。到當年五月一日，朱元璋已經將京城各軍府、衛所的中高級將領基本牽連進來殺光，並將自己親自作序的藍玉《逆臣錄》公告天下。就這樣，在兩個多月時間裏，將大約兩萬多需要幹掉的人大體清除完畢。

胡惟庸一案結束後，頒布了一個《昭示奸黨錄》。誰知不久就有人為李善長公開辯冤；致使這份檔的眞實性大打折扣，今天已經無法看到。這份《逆臣錄》同樣可笑，它煞有介事地選錄出近千人的口供，並記載著近千人在不到一個月的時間裏，前往藍玉的公爵府飲酒赴宴、密謀造反的故事。於是，這位曾經百戰百勝的大將軍，霎時間變成了一個根本不是弱智、就是腦子進水的陰謀造反者。

第二年，西元一三九四年，即洪武二十七年十一月二十九日，朱元璋將一位類似徐達的人物逼死，他就是我們曾經提到過的大將軍、穎國公、太子太師傅友德。

從史書的記載上判斷，這位傅友德作戰勇猛，愛兵如子，深有謀略。據說，他平素沉默寡言，每臨戰事卻常能身先士卒、出奇制勝，是故，其人身上的刀劍傷痕不下百餘處。而且，此人在個人品行上也幾乎無懈可擊，相當自愛。因此，從一個普通的校級軍官，一直成長為屈指可數的帝國開國功臣，爲朱元璋冊封的全部九個公爵之一。在史家筆下，對他的評價甚高。史書中也記載了許多這個人驚心動魄的作戰故事。

他的死，同樣驚心動魄。

傅友德有四個兒子，公認的儀表堂堂且聰慧過人，傅友德愛如性命。他的長子是朱元璋的女婿，尙壽春公主，爲駙馬。二兒子過繼給了自己的弟弟，三兒子是皇宮衛隊軍官，最小的兒子則戰死在沙場。因此，當時他有兩個兒子，即駙馬和皇宮衛隊軍官在他身邊。他的小兒子戰死時，傅友德悲痛欲絕；從此，對剩下的兩個兒子倍加疼愛珍惜。當時，朝野中很多人都知道，大將軍傅友德特別憐子。

十一月二十九日這一天，朱元璋舉行盛大宴會。誰都沒有想到，大家剛坐定，朱元璋突然提出的話題是，傅友德擔任宴會警衛的兒子簡慢無禮。傅友德連忙站起來，打算賠罪。不料，朱元璋也立即站起，喝問道：「你站起來幹什麼？哪個讓你站起來？」傅友德趕緊埋首坐下，不敢吭聲。朱元璋下令說：「去把你的兩個兒子叫來。」傅友德遵命向外走去。他剛走到門口，朱元璋的貼身衛士便趕來傳旨：「帶二人的首級來見！」隨即，遞給傅友德一把寶劍。

傅友德提著兩個兒子的人頭返回時，沒有下跪，也沒有說話，只是靜靜地站在朱元璋面前。朱元璋呵斥道：「你怎麼這樣殘忍？莫非是怨恨我嗎？」傅友德大吼：「你不就是想要我們父子的人頭嗎？你不就是想要我遂你的心願嗎？」說完，橫劍自刎而死。此時，距離藍玉案爆發，過了一年多一點時間。

朱元璋當即暴怒不已，下令：除他自己的外孫之外，將傅友德全家查抄、流放到雲南去。雲南全省，正是傅友德帶領大軍收歸大明帝國版圖的。此時，朱元璋的女兒壽春公主已經去世。（事見呂景琳著《洪武皇帝大傳》第十章「將帥之死」）

由此，我們可以知道，爲了朱家的天下，朱元璋並不在乎把任何人推進火坑與地獄。並且，到藍玉案之後，他已經索性不再費心爲自己尋找藉口了。

西元一三九五年，即洪武二十八年正月，又是春節過後不久，馮勝被逼自殺。

對此，不必過多浪費筆墨了，我們只要知道，這位馮勝和傅友德一樣，是朱元璋所封的全部九個公爵之一，而且是帝國建立之後第一批冊封的六大公爵之一，就可以知道此人的戰功與地位了。

可能是戰爭年代留下的後遺症。馬放南山後，這位本來是讀書人出身的大將軍、宋國公、太子太師卻靜不下來了。他在書房裏坐不住，書不再能讀得下去，偏偏喜歡騎駿馬在曠野奔騰馳騁。他還在打穀場的地底下埋了許多個大腹小口的瓦甕，然後，陶醉在那軲轆壓上去時，所發出的類似鐵馬金鼓的「咚咚」聲中。由此，在和自家的一個親戚發生口角後，被該

親戚向朱元璋控告為私埋兵器。遂在朱元璋逼迫下自殺。距離傅友德自殺只過了兩個月零幾天。（《罪惟錄．馮勝傳》）

到朱元璋死前，他所封的全部九個公爵，除病死者外，只有一個信國公湯和，得以善終。原因是，此人第一個交出兵權，且久患中風，除了不停地淌口水，已經連一句完整話都說不清楚了。

他所封的全部五十四個侯爵，在朱元璋死前，只有人們普遍認為最平庸、最沒有威脅的兩個還活在世上。

在上述一切中，我們可以清晰地看出，朱元璋在解決中國農民問題、士紳階級即豪門富戶問題、官吏問題、文臣武將問題和宰相制度問題時，所採用的所有方式，全部可以用一個詞來形容，那就是——極端。

隨著歲月的流逝，我們將不斷看到——

朱元璋針對讀書人所制定的、與以往具有極大差別的科舉考試制度，在內容與形式兩個方面，將「經義取士」推向極端，使中國知識份子終至形成了范進中舉和孔乙己式的心態與面目，直到西元一九〇六年科舉制度廢除。

朱元璋廢除宰相制度，將皇帝的威權推向極端，並在未來的歲月裏，逐漸演化出了中國的內閣——司禮監制度，從而，釀成了中國歷史上最為僵硬且風險極大的政治制度，和最為嚴重的宦官弄權現象。

朱元璋創立的衛所制度，在把軍隊與農民和農業生產相結合後，則將軍隊與國防建設推到了極端。

朱元璋所建立的錦衣衛，開大規模公開使用秘密員警之先河，將中國古代的特務制度推向了極端。

細細品味起來，這些極端的作法與制度建設，充滿了高度的理想化色彩。從中，完全可以看出朱元璋意圖建立一個完美的朱家天下的眞實努力。天下臣民和世間所有一切，都必須服從這個理想。

朱元璋，至矣盡矣。

該作的，不該作的，朱元璋算是全部作盡做絕了。

從此，他所作的這一切，與他所訂立的祖宗家法——《皇明祖訓》一道，成爲帝國傳統，有如遺傳基因，深植其子孫的每一個細胞，並宿命般地籠罩在大明帝國的上空。它們扭攪在一起，伴隨著朱元璋很少考慮到的人性因素，在時間與空間中長久地膨脹，發酵，扭曲，演變。最後，在許多方面，走到了與朱元璋的初衷完全相反的方向。帝國從上到下，變成了一個具有高度剛性的板狀結構。致使這個曾經長期領先於世界的國家，就像一個被關閉了發動機又無人有權啓動的龐然大物，靜靜地臥在世界的東方。生活在其中的人民，則彷彿在精神上被裹挾或綁架一般，大體喪失了思維與創造的能力。

在此期間，文藝復興照亮了歐洲中世紀黑沉沉的夜空，一架功能強大的發動機轟然起動，逐漸加速。世界再也不是以前的那個世界了。

附錄

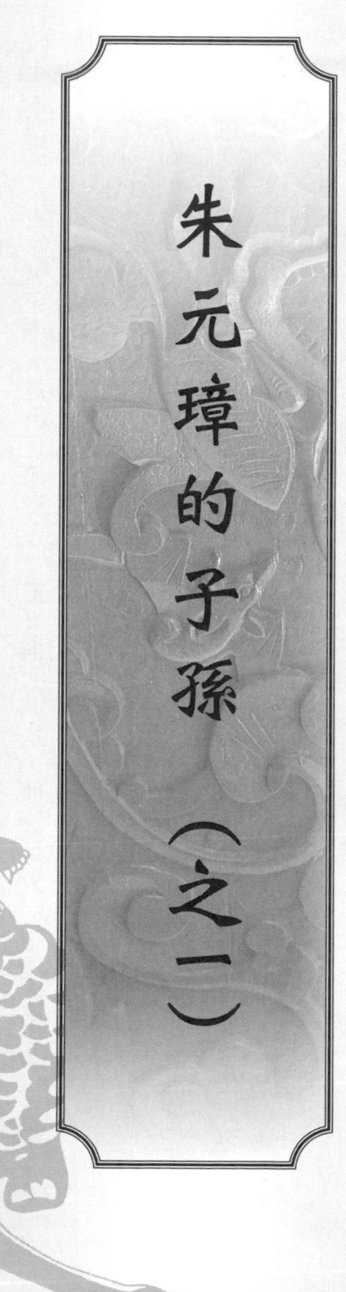

朱元璋的子孫（之二）

酷！睜著眼睛尿炕——正德皇帝朱厚照

時間，彷佛在凝固中悄悄滑過。

明弘治十八年五月十八日，即西元一五〇五年六月一九日，帝國皇太子朱厚照即皇帝位，時年十四歲。定年號正德，是爲正德皇帝，史又稱明武宗。他既是大明帝國的第八位皇帝，又是帝國的第十位皇帝。

這八和十之間，著實包含了帝國的一段尷尬，包含了皇家的許多辛酸——

——朱元璋死後，時年二十二歲的皇太孫朱允炆繼位，是爲建文帝。是大明王朝的第二位皇帝。「炆」這個字，在古代漢語中有用小火慢慢烹煮食物的意思。這位青年皇帝人如其名，全無乃祖之風範，和他的父親——三十九歲就死去的皇太子朱標一樣，是在儒家「仁者愛人」之類學說中泡大的。歷史學家們時常用諸如「少見的仁柔皇帝」一類字眼來形容他。他力圖效法西漢景帝，實行削藩政策，以鞏固中央政權。封爲燕王的皇四叔朱棣，也效仿「七國之亂」時「清君側」的口號，在藩國封地北平即今日之北京，發起「靖難之役」。

愣頭愣腦的漢景帝，有一個父親漢文帝留給他的千古名將周亞夫，那位飛將軍李廣也是在此時嶄露頭角的，聲勢浩大的「七國之亂」，僅僅幾個月便告平息。而飽讀聖賢之書長大的建文帝朱允炆，儘管掌握了全國的資源，卻除了幾位教導他眞心相信儒家理想的老師外，能打仗的將軍讓他的皇爺爺朱元璋已經殺光。他不懂、不會也不知道怎樣使用新生代將軍們，去對付北平那一隅之地。

四年後，朱棣直搗南京，奪走了皇位。成為大明王朝的第三位皇帝。建文帝朱允炆的下落，眾說紛紜，不必細說。

這位朱棣對付不肯贊同自己的皇家舊臣的手法，值得載入青史，成為我們歷史學研究中頌揚其雄才大略的一部分。

方孝儒，是建文帝的老師，文名極大，時人號稱：沒有了方孝儒，「則天下讀書種子絕矣」。（《明史紀事本末》．《壬午殉難》）朱棣讓他為自己起草即位詔書，他痛哭，聲徹宮殿。朱棣告訴他：「我是在效法周公輔佐成王」，孝儒問：「成王在哪裏？」朱棣說：「他把自己燒死了。」孝儒道：「那你為什麼不立成王之子？」朱棣回答：「國家倚賴年長的人治理。」孝儒說：「那就應該立成王的弟弟為君。」朱棣走到孝儒身旁說：「這是我的家務事，先生不必太辛苦地操心啦。」然後，命左右拿紙筆給孝儒，讓他起草文告。孝儒邊哭邊罵，曰：「死則死耳，詔書絕不可寫。」朱棣威脅道：「想死可沒那麼容易，你不想想自己的九族嗎？」孝儒回答：「就算是十族，其奈我何？」

朱棣下令，用刀將孝儒的嘴一直切割到兩隻耳朵處，然後當著孝儒的面，殺死朱棣口中的方孝儒十族。

按照中國古代制度，企圖造反是誅滅九族的罪名。這九族包括內容如下：

明成祖朱棣

獲罪者自己父親一系的祖父母、父親的兄弟姐妹、獲罪者的堂兄弟姊妹及其所有子女等爲四族；母親一系的外祖父母、母親的兄弟姐妹及其子女等爲三族；妻子一系的父母和妻子的兄弟姐妹爲兩族。

滅十族則爲永樂皇帝朱棣所發明，還包括了方孝儒的學生與朋友。共計牽連殺死八百七十三人。史書記載說：當殺到孝儒的小弟孝友時，方孝儒看著他，淚流滿面。孝友吟詩安慰哥哥。

其詩曰：

阿兄何必淚潸潸，取義成仁在此間。
華表柱頭千載後，旅魂依舊到家山。

鐵鉉是建文帝的兵部尙書。被捕後，背對著朱棣，不肯趨附。朱棣命人割下他的鼻子，煎熟後塞進他口中。朱棣問：「好吃嗎？」鐵鉉回答：「忠臣孝子的肉，當然好吃。」朱棣命令將他凌遲處死，並下油鍋炸成焦炭。（《明史紀事本末》．《壬午殉難》）

史家估計，此次，朱棣牽連殺死不肯趨附的臣子及其家屬，可能在萬人以上。對於所有沒有殺死的臣子妻子兒女，男性發遣爲奴，女性則送入妓院。他的一個標準作法，是命每天由二十個健壯士兵輪姦一位女性，並日日輪換士兵。在閱讀這位皇帝親自爲此下達的聖旨時，如果你不知道這是出自皇帝的手筆，定會懷疑那狠毒與奸惡的安排，應該來自最壞的惡棍加流氓的肚腸。

建文帝封為太子的大兒子，則被禁錮在一個沒有門窗的房子裏，每日只在一個碗口大的洞裏遞進去食物與水。五十多年後，此人被釋放出來，已經成為一個全然不知雞鴨豬狗為何物的廢人。

當過四年皇帝的建文帝年號，也被朱棣一筆勾銷，就當全然沒有過這麼一個人。建文帝四年由此變成了洪武三十五年。於是，在大明帝國的皇家與官方記載裏 就少了一位皇帝。直到很久以後，才被撥亂反正，恢復過來。

永樂大鐘

另外還少的一位皇帝，就和正德皇帝的曾祖父正統皇帝有關了。在這前後一段時間裏，大明帝國皇家發生了不少事情，很鬧。聽上去沒勁，講起來也無聊。

帝國第三位皇帝朱棣死後，第四位洪熙皇帝僅僅在位不到一年就死掉了。此後，經過為期十年的第五位宣德皇帝，到第六位正統皇帝在位期間，發生了中國歷史上著名的「土木堡之變」。皇帝被蒙古騎兵俘虜，皇弟由監國到即位，成為大明王朝的第七位皇帝──景泰皇帝。一年後，正統皇帝被蒙古人釋放回來。結果，當初，他被俘時，不太願意受推舉監國並做皇帝的弟弟，如今卻已經做出癮頭。過去的皇帝哥哥立即被如今的皇帝弟弟下令，軟禁在南宮裏，時間長達七年。然後，幾個讓人說不清道不明的傢伙，幫助正統皇帝南宮復辟，將重病中的景泰皇帝趕下臺去，正統皇帝又變成了天順皇帝，是爲大明王朝的第八位皇帝。

於是，大明帝國的歷史上，又少了一個皇帝的年號。這是所謂明朝十六帝，實際只有十五個人的原因，也是明皇陵中，除朱元璋葬在南京、其孫子建文帝下落不明之外，北京只有十三陵的原因。

正德皇帝朱厚照眞正是在蜜罐兒裏長大的。他是父親弘治皇帝與母親張皇后親生的嫡長子，而且是整個大明帝國二百多年中唯一的一個由皇后親生的嫡長子。

按照史學界比較通常的看法，明朝的皇帝中好的少，壞的多。而朱厚照的父親弘治皇帝應該算是一個比較好的皇帝。

弘治皇帝的童年相當悲慘，他的母親紀氏可能是來自廣西瑤族的一個低級宮女，職責是看守宮中的某一個庫房。被皇帝偶然寵幸了一次而懷孕。

這位皇帝，就是正德皇帝的祖父、弘治皇帝的父親——明王朝第九位皇帝成化帝朱見深，史稱明憲宗。明憲宗能夠讓人記住的事蹟不多，除了下面將要講到的故事之外，今天收藏界很喜歡的成化瓷器大約可以算一件。

成化鬥彩雞缸杯

成化皇帝的父親就是主演「土木堡之變」的兩朝天子正統——天順皇帝。在他被禁錮在廢宮中時，已經被立爲太子的朱見深也被廢掉。從此，在飽受恐懼與驚嚇中長大，身心受到了相當大的影響，以至於變得極度怯懦、柔弱，甚至連話都說不清楚。當時，一位姓萬的宮女負責照顧他。這位比他大十九歲的萬姓女子陪伴著他，以只有女性才能具有的、眞正慈愛而偉大的胸懷，給了這個可憐的男孩子無微不至的關愛。

著名的「奪門之變」——南宮復辟發生後，正統皇帝成功復位，又成了天順皇帝。

這位正統皇帝，當年做了一件事情，讓中國歷史記住了他的名字，那就是寵信大宦官王振，從而導致了「土木堡之變」，使帝國蒙受巨大傷害和侮辱。而如今，變成了天順皇帝的他，又做了兩件事情：一件極其惡名昭著的事情，就是殺死了於國家民族有大功的于謙；還有一件頗爲無聊的事情，則是不承認自己親弟弟當了八年皇帝的資格，死後不許進入皇家陵園。

此時的朱見深，也搖身一變，又成了尊貴的皇太子。從此，直到做了成化皇帝，終身對那位萬姓女子——後來封爲萬貴妃，情深意重，至死未變。甚至爲了她，將正宮吳皇后都廢黜了。

當此時，這位萬貴妃也變化不小。

她深受寵愛，從而權勢極大，幾乎一個人壟斷了成化皇帝的愛情生活與性生活。據說，這位萬貴妃姿容並不出色，但在皇帝眼中卻是天下最美麗的女子。她時常喜歡女扮男裝，全副戎裝地出現在皇帝身邊，英姿颯爽之中，更添嫵媚風情，使得皇帝對這位大自己十九歲的貴妃，至爲依戀。

她曾經生過一個兒子，不久後夭折。從此，宮中凡是懷孕或生育過的妃嬪及其子女，幾乎全部被她弄死。

她知道紀氏懷孕後，派一個太監逼迫紀氏服下墮胎藥，可是這個孩子命大，沒有被打下來。於是，這位太監就與被廢黜的吳皇后商量，悄悄把紀氏藏到了吳皇后偏僻的住所。就這樣，直到孩子長到五歲，別人都不知道他的存在。

一天，這位太監服侍二十八歲的皇帝梳頭，皇帝對著鏡子黯然神傷，自己年齡越來越大，卻還沒有個兒子，可怎麼得了？這位太監突然跪下，對皇帝說出了實情。皇帝極為激動，立刻就要召見自己的兒子。五歲的小皇子在母親的教導下，知道長著鬍子且身穿黃袍的男人，就是自己的父皇，於是，在見面時，似乎毫不怕生，叫一聲「父皇」，便小鳥般撲到了皇帝的懷裏。

據說，弘治皇帝的頭髮很稀疏，就是他母親吃墮胎藥的結果。而他回到父親身邊僅僅一個月，被封為紀妃的母親就被萬貴妃派人毒死了。

皇太后怕這個孩子也保不住，就將他要到自己的宮裏，親自撫養，並且教導他如何防範萬貴妃。結果，有一次，萬貴妃把孩子叫到自己的宮裏玩耍，這孩子不管別人如何引誘，對萬貴妃宮裏的東西，一概不吃不喝。萬貴妃很奇怪，問他這是為何？孩子回答說：怕裏面有毒。據說，萬貴妃為此在皇帝懷裏大哭一場，就此，全面放開皇帝的性生活。從此，成化皇帝一口氣生了十幾個龍子鳳女。

或許正是由於自己的這種慘痛經歷，弘治皇帝對兒子朱厚照便極為寶貝與溺愛，何況這是他當時唯一的兒子，也是大明王朝皇位的唯一繼承人。

我們沒有證據說明這種溺愛達到了什麼程度，但從縱向的比較上判斷，在到此為止的明朝十位皇帝中，朱厚照的天資相當好，但在文化修養、知識面和所受教育等方面，其糟糕程度，可能僅次於後來的天啓皇帝朱由校。

「酷」這個詞如果除去表面上故做冷漠與深沉，用來形容人的行爲舉止的話，應該指的是那種「另類」的做派，如不按牌理出牌，不照常規辦事，不動聲色地做一些別人不敢做的事兒，我行我素。如果這個說法成立的話，正德皇帝明武宗朱厚照就是中國歷史上最「酷」的皇帝。當然，這個「酷」和「好」肯定是兩回事，相去不止十萬八千里。

他在七歲時開始進學，七年後，當他十四歲即皇帝位時，幾門重要的課程都還沒有結束，連早該學完的《論語》也只學習了一部分。因此，他即位後，幾位顧命大臣曾經想讓他繼續學習，以養成作爲君王應該具備的學識。而朱厚照對那些枯燥乏味的四書五經之類似乎從來就沒有過興趣，父皇在世時尚且遷就他，如今自己已經成爲至高無上的皇帝，那裏還有心思去理那些之乎者也。

朱厚照的眞正興趣其實是在騎射玩樂上面。從半大小子的發育規律來看，這種愛好肯定是正常的。問題在於，如果得不到規範與克制的話，它可能會一發而不可收拾，從而形成一種頑劣的、脫韁野馬般的性格。很不幸，朱厚照恰好走的就是這條路。

少年時代的朱厚照相當聰穎、懂事，很會討人喜歡，這可能是弘治皇帝後來一口氣生了不少兒女後，也從未改變過對朱厚照極度寵愛的原因。因此，當朱厚照不喜讀書，偏愛騎射玩耍的毛病表現出來後，弘治皇帝不但沒有給予必要的規範和限制，反而相當欣賞，認爲這未來的天子有尚武精神，頗有些居安思危的意思，讓人不要管他。於是，這個孩子一直被放縱到了十四歲，就此，培養出了一位天字第一號的大頑主。

臨死時，大約對自己這個沉溺於騎射玩耍的兒子也不放心了，弘治皇帝找來三位相當於今天首相副首相的大學士，命他們作自己身後的顧命大臣，拜託他們照顧好未來的小皇帝。他拉著首席顧命大臣的手說：「太子聰明，可是還小；拜託你們好好教導他讀書，作個好皇帝。」

從現代教育心理學出發，我們知道，對於一個在昏天黑地的玩鬧中，長到十四歲的男孩子來說，除了做個混小子，一切教育都已經顯得太晚了。何況——再說一遍——他還是至高無上的皇帝。

從此，這位頑主皇帝果然讓三位顧命大臣吃盡了苦頭。

中國歷史上，喜歡玩耍、嬉戲、甚至胡鬧、惡作劇的皇帝不少，但能夠完全不按牌理出牌、完全不照常規辦事、玩得花樣百出、令人目瞪口呆又毫無辦法的，大概我們的正德皇帝朱厚照應該排在第一位。

從歷史記載上判斷，朱厚照很有可能是一位多才多藝的皇帝。他在蹋球、騎馬、射箭、打獵、盪舟、音

樂、戲劇等方面似乎都有不算差的造詣。據說，他自己曾經譜寫過一首名叫《殺邊樂》的樂曲，樂曲配器有笙、笛、琴、鼓等等，聽過這首曲子的人認爲還算不錯，差不多相當於專業級的一般水準。

正德皇帝顯然不會把自己的玩樂局限在這種水準上。

他有一個保持了多年的愛好，就是與虎豹等猛獸相伴，調馴、嬉戲。

中國宮苑之中或貴族之家豢養虎豹等猛獸觀賞遊戲，可以追溯到相當古遠的時代。元代時相當普遍。明朝則可能始於宣德年間。當時，北京已經設有豹房、虎坊等，並設有「豹房勇士」的職位，他們可能是訓獸師或鬥獸士，有一次，這幫人侵奪民房，曾經被打完板子後，帶著枷鎖示眾。

朱厚照豢養虎豹，可不是僅僅爲了隔著鐵籠子看看就完了，他是要調馴這些猛獸，並以此玩耍、遊戲。

正德九年的九月間，當時二十二歲的朱厚照調戲一隻猛虎時，被虎所傷，使他一個多月不好意思露面。

有一次，朱厚照要下場與猛虎搏嬉，要求一個人協助，他先招呼錢寧，錢寧不敢上前。這時，老虎已經被激怒，開始逼近朱厚照，情況相當危急。邊防軍軍官江彬不顧死活地衝上來，在虎口之下救了他一命。從此，江彬得到了朱厚照的完全寵信，至死未衰。這位勇敢的軍官，也因爲想方設法幫助皇帝玩樂胡鬧，成了歷史上有名的佞臣和壞蛋。

與正德皇帝朱厚照聯繫在一起的最著名的專有名詞，當是豹房。

根據明代的習俗，凡是豢養禽獸牲畜的地方都叫「房」或「坊」。至今北京仍然殘留許多此類名稱，如虎坊橋、大羊坊、羊坊等。有一種說法，認為今天的報房胡同，就是由「豹房」轉化而來。

朱厚照住進去的那所豹房，應該在皇城的西內太液池西南岸，靠近今日西華門附近一帶。

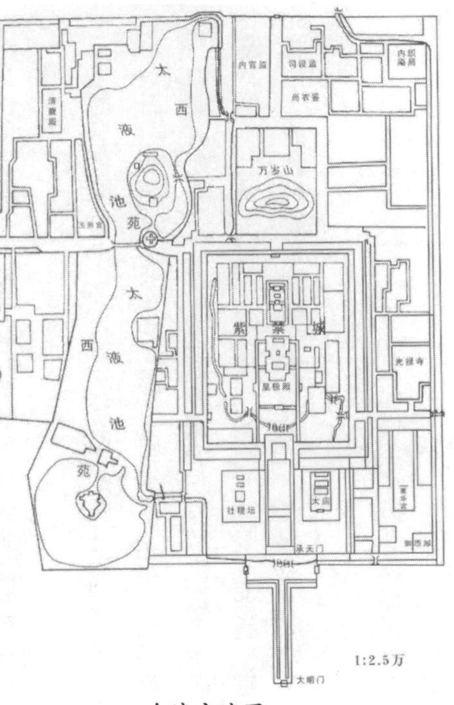

皇城宮城圖

這裏原有虎城、西南角的豹房和百獸房。朱厚照在這裏大興土木，建設了由兩百多間宮室組成的建築群，名曰豹房，實際是由辦公場所、密室、遊樂場所等等勾連櫛接的迷宮。其中還有進行宗教活動的佛寺和訓練內操的教場。

從正德二年，即西元一五〇八年，朱厚照十六歲搬進去後，從此十四年，便再也沒有回到乾清宮去居住。

豹房地處大內深處，不許外臣踏入，完全由朱厚照喜歡和寵信的人組成；他在這裏發號施令控制朝政，集辦公、娛樂、休息、生活於一體，成爲帝國事實上的中心，卻又避開了紫禁城中由祖宗家法、制度規範所組成的一切清規戒律。他在這裏完全沒有約束，可以做他想做的幾乎任何事情。

朱厚照即位後，就娶了夏皇后，接著又按照皇家制度配齊了所有妃嬪宮娥。但是僅僅一年，自從搬進豹房後，他就再也沒有與夏皇后等后妃同居過。

在現有歷史記載中，我們找不到任何資料能夠有效地解釋這一現象，連猜測與想像的空間都沒有。

而在豹房裏，他寵幸許多莫名其妙女子的記載卻很多。據當時一個政府部門的報告聲稱，爲了供養那些準備晉獻進豹房和從豹房中被送出來的女子，每年僅柴炭一項，就需要十六萬斤。大約連朱厚照自己也搞不清楚豹房裏究竟有多少女人。

在歷史記載中，第一個受到他異常寵愛的，是一位已經懷孕的馬姓女子。

這位女子的哥哥名叫馬昂，是個因爲犯罪而被撤職查看的軍官。當時，他的妹妹已經嫁給另一位軍官並且懷孕，這位馬昂卻通過江彬又將妹妹介紹給了皇帝。據說，這位馬家妹子不但美貌，而且擅長騎馬射箭和少數民族音樂、歌舞。結果，皇帝一見鍾情，不由分說就把她帶回了豹房。而哥哥馬昂居然被破格提拔爲後軍都督府右都督，相當於全國五個最高軍事指揮機關之一的第一副長官。

而後來發生的故事，就有點像那些不入流的電視劇情節了。

有一天，朱厚照到馬昂新搬進去的都督府喝酒，馬昂把自己的愛妾叫出來陪酒，結果皇帝一下子喝醉了，然後就要求這位愛妾陪自己睡覺。

馬昂大約也喝多了，聲稱這位愛妾正在病中，堅決拒絕皇帝的命令。皇帝惱羞成怒，拂袖而去。

第二天，哥哥被撤職，搬出了剛住進去不久的都督府，妹妹也受到冷遇，被送進專門懲罰犯罪宮女的浣衣局。後來下落不明。

第二個著名的女子是劉良女。這個女子與正德皇帝的故事極有名，後世著名的戲劇《遊龍戲鳳》就是以此爲原型的。

在明人的歷史記載中，這位劉良女曾經與朱厚照一起遊江南，二人經常一起在公開場合露面，在寺廟做功德時，都要寫上大將軍朱壽與夫人劉氏兩個人的名字。這位劉氏夫人的來歷相當可疑，一種說法認爲她是山西晉王府樂工楊騰的妻子；還有一種則認爲此人係山西大同的歌舞伎。有人認爲劉良女並不是這位劉氏夫人的名字，而是從劉良之女演變而來。姑且存疑。

還有一位著名的豹房女子就是王滿堂。這位女子進入豹房前後的故事，根本不用虛構和誇張就是一部傳奇小說的情節。

王滿堂是河北霸州人，美貌而有才情。曾經夢見一個名叫趙萬興的人會來娶她。夢中顯示，婚後，二人將貴不可言。

這個說法被一個和尚聽說了，和尚又當段子講給了一個姓段的道士。段道士是個江湖術士，就與和尚合謀，設了一個局，假冒趙萬興騙娶了王滿堂。

婚後，這個傢伙利用「貴不可言」的預言，召集徒眾，興風作浪。一時間居然讓他鬧成了氣候。

隨後，為逃避官府追捕，二人逃到了山東，遇到兩個裝神弄鬼的失意儒生。這兩個儒生，一見到假趙萬興倒頭便拜，說是受天命前來輔佐眞命天子。於是，幾個爛人便建立了「大順平定」年號，召集徒眾準備起事。

後來，很快被朝廷鎮壓下去。三個人均被砍頭。唯獨在朝廷密旨中，命令將王滿堂送入京師，並被收進豹房，深受朱厚照的寵愛。

從我們所能接觸到的一些資料判斷，朱厚照一生所寵愛的女子，基本是妓女、寡婦、懷孕後的婦女與有夫之婦。他在幾次北巡和一次南巡中，公開徵召與搶掠來並受到他「寵幸」的婦女，也大體不出上述幾類。何以如此，至今無人能夠解釋得令人信服，給心理學家特別是精神分析學家們留下了一個別開生面的不錯的課題。

豹房還有一個引人注目的地方，就是其中聚集的巨大財富。僅以極不完全的統計計算，到朱厚照死去，十四年間，豹房吞進去的白銀可能在一億兩以上，很有可能還要更多。按照帝國當時某種非正式的規定，朱厚照時代，全國所有罰沒的財產，全部被收入豹房。

根據吳思先生在《劉瑾潛流》一文中提供的保守而又打了至少五倍折扣的數據：僅僅劉瑾一個人被罰沒的財產，不包括其他任何家產，光是黃金與白銀兩項，其數字是六千七百五十萬兩白銀，大約是當時每年中央財政收入的三十幾倍。按照購買力折算，大約相當於今天的兩百五十多億元人民幣。

而我們這裏所說的只是十四年來劉瑾一個人被罰沒的財產。在此期間，還有一位與劉瑾差不多的人，就是豹房的大總管錢寧。在明人的記載中，此人被抄家的財產雖比不上劉瑾，卻也差不了太多。如果加上全國被罰沒的資產，加上其他管道流進豹房的財產，這個數字肯定足以讓人眼暈。

在理論上講，溥天之下莫非王土，全國都是皇帝的。朱厚照爲什麼在國庫與皇宮內庫之外，一定還要弄一個豹房小金庫，大約只有天知地知和這位酷皇帝自己知了。不過，說這個小金庫比全國都富，大約不算空穴來風。

到此爲止，正德皇帝的玩樂還只限於北京城內，眞正的花樣還沒開始呢。

正德十二年，二十六歲的朱厚照在城裏實在憋的受不了了。於是，八月一日清晨，這位皇帝化裝成普通人，帶了幾個心腹，溜出德勝門，直奔昌平而去。當時，除了豹房外，其他人對此一無所知。直到第二天，滿朝文武大臣們才知道皇帝不見了。於是，相當於今天首相與副首相的三位大學士趕緊騎馬出城去追，一直追到沙河鎮，也沒有發現皇帝的任何蛛絲馬跡。

把我們的皇帝攔截回來的是居庸關的巡關御史張欽，他預測皇帝可能是想衝出居庸關，到宣化、大同一帶玩耍。於是宣布：皇帝出巡關係重大，如果沒有發布詔書明告天下，作爲巡守關門的官員，職責所在，萬死也不敢放皇帝出關。

朱厚照命令在城門上的一個太監開門，張欽厲聲警告這位太監，如果不想要腦袋了，他可以開門試試。至此，朱厚照沒脾氣了，萬般無奈之下，只好在昌平御馬房轉一圈後，回到豹房。

半個月後，八月二十三日半夜，朱厚照又一次潛出德勝門，一路急馳，直奔居庸關。這一次，他們偷渡得手。

出關後，朱厚照立即命令大太監谷大用爲欽差，把守居庸關，職責是不許任何官員出關。這一次，群臣徒喚奈何，眞的是毫無辦法了。

正德皇帝到達宣化後，先後下達詔書，任命一位叫朱壽的人爲「總督軍務威武大將軍總兵官」，後來，又陸續封威武大將軍朱壽爲鎮國公，拜太師。於是，這位朱壽便一身兼有了三個最高的銜位：武將中最高的大將軍官銜，文臣中最高的太師官銜和貴族爵位中最高的公爵爵位。這位朱壽就此成爲位極人臣的當朝第一人了。

何物朱壽？大臣們一頭霧水。

這位朱壽到底是何許人？人們紛紛探問。

他就是正德皇帝朱厚照自己。

朱厚照做如此安排的理由相當充分，既然皇帝出巡外地是件驚天動地的大事，那麼好吧，現在，來到宣化的只是威武大將軍朱壽，他受皇帝的指派，當然可以到任何皇帝需要他去的地方。他極爲有效地將自己分成了兩個人。

這種皇帝自己把自己分成兩個人、同時分別執行兩種使命的作法，確屬具有嶄新創意之千古首創。在中國包羅萬象地指導我們修身齊家治國平天下的典籍與聖賢之道中，對於此種情形均無說明和教誨。致使學富五車、滿腹經綸的賢士大夫們，在皇帝宛轉自如的身分轉換面前，完全不知該如何是好了。

當年九月，邊境告警，有約五萬蒙古騎兵集結在玉林衛附近，意圖不明。朱壽立即以威武大將軍關防徵調糧草軍兵，準備打仗。

十月二十日，明軍與蒙古騎兵在應州——就是以木塔聞名的今日山西省應縣——附近的澗子村展開激戰。大將軍朱壽親率援兵趕到，明軍士氣大盛，蒙古兵稍退。

十月二十一日，大將軍朱壽親率大軍與蒙古兵展開激戰，據說戰鬥持續了十二個小時。隨後，蒙古兵開始全線撤退。大將軍朱壽調整部署，採取守勢。不久，朱壽由前線返回大同，再返回宣化。

第二年正月六日，正德皇帝朱厚照兼大將軍朱壽班師回京。在他的授意下，文武百官在德勝門外舉行了盛大熱烈的歡迎儀式。

大家足足等了一天，直到深夜時分，朱厚照才身著戎裝，騎棗紅馬，佩劍，在大隊邊防軍騎兵的簇擁下出現。

據說，當時的場面極其火爆，有的大臣甚至激動得流出了熱淚，他們終於又見到自己的皇帝了。

朱厚照見到自己的幾位大學士後，驕傲而迫不及待地宣布：自己不但於千軍萬馬中指揮若定，而且在持續十二個小時的激戰中衝鋒陷陣，親手陣斬敵軍一名，惹得一片馬屁聲聲。這種說法相當可疑。原因是，此次大戰雙方傷亡數字全部只有一百多人；持續十二個小時的激戰云云，不知從何談起。直到後半夜，朱厚照才返回豹房。

而此時，風雲突變，下起雨加雪來。饑寒交迫了一天的人們頓時亂作一團，主人找不到僕人，主僕找不到車馬，史書記載說，幾位老臣在雨雪霏霏遍地泥濘中，跌跌撞撞到後半夜，幾乎喪命。

這年七月六日，正德皇帝朱厚照發布詔書，鑒於威武大將軍朱壽的戰功，決定加封該人爲鎮國公。年領俸祿定爲祿米五千石，由戶部發給。隨後，七月九日，正德皇帝朱厚照兼鎮國公兼威武大將軍朱壽第三次北巡，來到宣化。開始爲鎮國公建造「鎮國府」。於是，這裏就成了大將軍行轅兼鎮國公公爵府兼太師府兼皇帝的第二豹房。任何北京的重要奏章都必須送到這裏，經過大將軍兼皇帝核准後方可實行。

隨後，從八月十八日開始，到第二年二月八日，朱厚照歷時六個月，巡視了西北邊疆，最遠到達榆林衛，行程一千二百多公里。據說，在整個巡視期間，正德皇帝朱厚照兼大將軍朱壽始終沒有使用爲他特製的暖轎暖車，而是與軍士們一道全副戎裝懸弓佩刀，在談笑風生中與士兵們一起衝風冒雪，頗受士兵們愛戴。

朱厚照這次返回北京是在正德十四年二月八日，經過半年多的顚沛跋涉，群臣以爲皇帝大約可以消停一些日子了。誰也不曾想到，僅僅過了半個月，正德皇帝朱厚照就發布了派遣威武大將軍朱壽這廝南巡的諭旨。

這回群臣眞的忍無可忍了。三月十三日，全體科道官員伏闕請命，就是說，相當於今天監察部和紀檢委的官員集體跪伏在皇宮門外請願，要求停止南巡。

到了三月二十日，朝廷中，在史料裏可以找到名字的，已經有一百多位臣子或單獨或聯名寫信給皇帝請願，希望他取消南巡的計畫。事情之所以發展到如此嚴重的程度，可能和皇帝幾次北巡中的表現有關。

按理說，溥天之下，莫非王土。皇帝想到自己南方的土地上去視察，即便是去遊玩，也用不著大驚小怪。可是，在此之前，皇帝的幾次北巡，實在把臣子們弄怕了。

誠如我們所說過的那樣，用今天的標準判斷，我們的正德皇帝是一位不是相當、而是極其「酷」的皇帝。在北方邊疆巡視時，白銀如潮水般的花費尙在其次，問題在於，皇帝一般比較喜歡視察的地方有下列兩類：一是行院裏館，就是我們今天所說的不正當娛樂場所；另外一種地方則是有姿色婦女的臣民家中。並且，皇帝的視察經常是在夜裏進行。這使那些效忠皇帝與職守的臣子們特別痛苦。

這些臣子們已經知道，皇帝曾經在北巡歸來時，把一位來歷可疑的女子，帶回到了帝國首都的東大門——通縣，安置在一個特別公館裏。這使臣子們完全有理由相信，皇帝就是爲此，才在一次爲時四個月，一次爲時六個月的北巡時，親自下令給帝國首都門戶居庸關的軍事首長，命令他不許放朝中的文臣出關。免得這些人在自己耳邊絮叨。

如今，皇帝又要南巡，這不能不使臣子們萬分苦惱。

同樣，臣子們的表現也使皇帝十分傷心，油然想起一件備感痛苦的心事。傷感之餘，皇帝憤怒地寫了一封回信責問他們：我上次得病至今未癒，你們這些人作爲臣子，沒有一個人表示慰問。如今我要履行自己的職責，到南方去視察，你們就如此興師動眾，喧囂不已。作爲臣子，你們到底天良何在？居心何在？

於是，皇帝下令，命參加請願的一百一十二個臣子在皇宮門外的廣場上罰跪。限期定爲五天。

每天從早晨五點開始，到晚上七點結束。屆時，由各衙門的主事者領回，第二天照舊。期滿後，奏聞發落。

第二天，三月二十一日，首輔——內閣總理大臣楊廷和等出面求情，未果。

第三天，三月二十二日，大理寺寺正——相當於今天最高法院院長等十人聯名爲他們申訴，哀婉地表達了這些人對皇帝的摯愛衷忱之情。皇帝愈加惱火，下令將此十人關入鎭撫司獄中。

鎭撫司監獄是直屬錦衣衛的監獄，用今天的語言表述，大略相當於國家憲法法院的監獄。之所以這樣說，是因爲，在理論上講，錦衣衛直接對皇帝負責，爲維護國家根本大法即皇家利益而設立，是專司謀逆、叛亂、大逆不道、反對皇家的案件的憲法維護部隊。因此將其直屬監獄比喻爲憲法法院監獄應該是適當的。不過，除了當年的錦衣衛、希特勒納粹和日本憲兵隊之外，今天世界上可能沒有這樣的監獄。待考。

隨後，又下令將這十人戴刑具罰跪五天。

三月二十五日，罰跪期滿，進行發落。發落的結果是在皇宮午門外對一百零七人實行廷杖，每人五十杖。是時。「號哭之聲，響徹殿堂」。當場，死於杖下者兩人。隨後，又對八十人分別執行五十杖與四十杖的懲罰。不治而死者十一人。

至此，我們時年二十七歲的正德皇帝，雖然被迫將日期延後，但畢竟排除障礙，勝利實現了他一年零兩個月的南巡計畫。

六月十五日，封國在江西南昌的寧王朱宸濠起兵叛亂。於是，朱厚照立即下令，由威武大將軍朱壽領兵南征。同時，下了一道措辭極爲嚴厲的聖旨，大意是，凡妄行諫阻者，必處極刑。

八月二十六日，南征大軍浩蕩出發。誰知，當天走到良鄉時，就收到前線最高指揮官王陽明發來的戰報，二十天前叛亂已經平息，朱宸濠被捕。這一來極其掃興，南征沒有了目標。怎麼辦？朱厚照決定，就當沒收到這封戰報，繼續前進，直下江南。此後，對一切關於南征的話題，朱厚照一概不理不睬，只顧埋頭前進。

九月七日，大軍來到臨清，由於事出倉促，當地官員接待得丟三落四，極爲恐慌。朱厚照興致勃勃地責備說：「你們怎麼如此慢待我？」便一笑了之。弄得當地官員相當感動，大呼萬歲。史書也很鄭重地記載了皇帝表現出來的寬厚仁慈。

十二月一日，朱厚照到達繁華的歷史名城揚州。

就在這前後，揚州發生了下列三種故事：

其一，市民們搶著在最短的時間內把女兒嫁出去；

其二，在街上拉個單身男人就回家和女兒成親；

其三，找不到主兒的，將女兒先許配給長工再說。

隨後，又傳言四起，說皇帝其實眞正喜歡的就是有夫之婦、寡婦和孕婦。於是，揚州城內大亂，婦道人家到處逃難，擋也擋不住。

揚州知府蔣瑤沒有辦法，去找爲皇帝徵召婦女的經辦太監吳經交涉。吳經大怒，罵道：「你個小芝麻官，活得不耐煩了。這種事情也敢攔著？想死你說話。」蔣瑤被罵急了，也大怒，說：「我這個小官，死就死。百姓逼急了造起反來，我看你負不負得起責任。」吳經不理那一套，把這位知府趕將出去了。

然後，這位吳經派人按照戶籍，明察暗訪，記錄在案。晚上，便挨家去抓。據說，成效極爲顯著，凡記錄在案的幾乎無一漏網。於是，有錢的人家出錢贖人，貧困家庭的女子則被圈在一起，給皇帝享用。一時間，揚州城裏彷彿變成了山大王的營寨。

史書記載了朱厚照在揚州還幹過一件很好玩的事情。有一天，當地官員集體設宴款待皇帝，並將揚州城裏的歌妓舞女全部召來獻藝。歷史記載說「帝閱諸妓於揚州」。有人解釋爲「檢閱妓女」。不管怎樣，朱厚照心花怒放。看完歌舞伎的表演或檢閱完妓女後，他便忙著與妓女們廝混，沒有參加宴會。可是，百忙當中，他卻沒有忘記下令將酒席宴的費用折合成銀子交上來，原因是他並沒有吃這頓宴席。令這些地方官們目瞪口呆。這種作法，的確很容易讓人以爲當眞是撞上了黑吃黑的土匪頭兒。

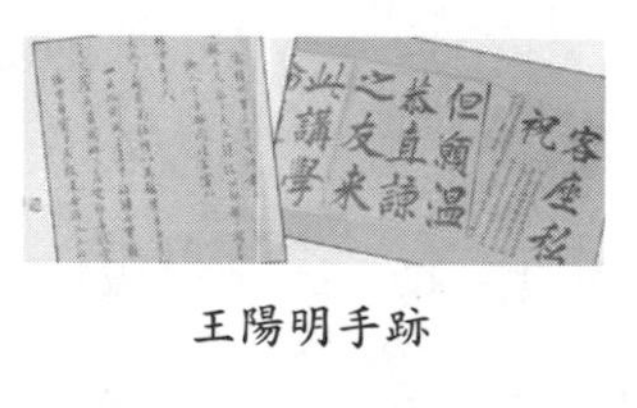

王陽明手跡

這次南巡，歷時一年零兩個多月。叛王朱宸濠也押解到了南京。中國歷史上屈指可數的大哲學家王陽明，按照皇帝的旨意，在叛亂平息一年之後，重新改寫平叛報告，經數易其稿，加進了威武大將軍朱壽主持平叛的大功勞。皇帝周圍的貼心人們還很認眞地籌畫，準備將朱宸濠放回到鄱陽湖裏去，然後，由朱厚照親臨指揮，親手再逮捕他一次。不知什麼原因沒有實施這項計畫，使人們失去了一次開懷大笑的機會。

正德十五年九月六日，朱厚照在回京路過淮安清江浦時，於積水池泛舟落水，染病，第二年，即西元一五二一年三月十三日晚，病死於豹房。時年三十歲，在位十六年。

正德皇帝朱厚照就這樣一路「混不吝」、惡作劇般地作了十六年皇帝。可是有幾件事他做得相當絕，頗受人稱道。

一件事是殺劉瑾。從正德元年到五年，朱厚照用五年時間的玩鬧，培養出了聞名天下的大宦官劉瑾。

其間，朱厚照玩得太忙，幾乎不看奏章，一切批閱核准基本由劉瑾代勞。因此，相對朱厚照坐著接見群臣，人們把劉瑾稱爲「立地皇帝」。當時的人們認爲，如今大明帝國有一個朱皇帝，還有一個劉皇帝。有一個坐皇帝，還有一個立皇帝。可見其權勢之大。因此，五百多年後，劉瑾被《亞洲華爾街日報》評選爲一千年來世界最富的五十人之一，其財富至少比國庫的年收入多三十倍以上。做到這一切，劉瑾只用了五年時間。吳思先生在他的著作中，對此曾經做過極爲漂亮的論述。順便說一句，曾經有人試圖爲劉瑾當朝期間做過的幾件好事，評價一番，看來是很難獲得回應者了。

而朱厚照抓他時，只是在半夜派人從門縫送出去一張紙條，這位勢焰薰天爪牙遍地的大宦官便束手就擒，沒幾天就被滅了全家。

再有一次就是殺錢寧。這位錢寧是豹房的大總管。從歷史記載上看，該人在權勢與財富兩個方面直追劉瑾，若假以時日，或可能後來者居上。朱厚照也差不多就是一句話，就將這位大總管及其爪牙滅掉了。

還有一個奇妙的現象：綜觀正德一朝，有一個引人注目的特點：當朝執掌行政大權和擔任地方高級官員的人裏面，頗有幾位著名的賢臣，比如大學士楊廷和及其周圍的一群同事，地方官中譬如王陽明等等。他們，和那些大宦官們還有江彬者流，怎麼居然就能夠在同一個朝廷下共事？而且，他們工作得還頗有成效。這本身就是一個極其有趣味、極其值得研究的話題。

很有可能，這正是朱厚照敢於放心玩鬧的一個重要原因。

這就是那位朱厚照——一位睜著眼睛尿炕的酷皇帝。

沒有人能夠說得清，他爲什麼這麼喜歡睜著眼睛尿炕。

有一種說法，認爲這是由於皇帝酷愛軍事行動、酷愛自由、極度嚮往建立文治武功所致。即便如此，也只是說明了事情的一部分而已。

徹底解讀此種之奧妙，應該是心理學家們的任務。

墜落，由此加速度——嘉靖皇帝朱厚熜

西元一五二一年，是爲大明正德十六年。三月，三十歲的正德皇帝明武宗朱厚照病死。他既無子嗣，亦無兄弟。根據中國宗法制度的原則，大宗絕嗣後，由小宗入繼承祀。於是，挑選出時年十五歲的堂弟朱厚熜繼承皇位。他就是嘉靖皇帝，史稱明世宗。是大明帝國的第十一位皇帝。

一部《海瑞罷官》，使嘉靖皇帝成了整個中國文化大革命初期知名度極高的皇帝。這是一位沉浸在道家的神靈鬼怪之中，長達二十多年不上朝、不見群臣，又能死把住帝王權柄、對臣下收放自如的皇帝。海瑞的那一番痛，爲這位皇帝相當陰暗的晚年生活增加了許多人間氣息。

在中國歷史上，他屬於那種令人說不清道不明的皇帝，讓那些想對他做出準確判斷的研究者們，備感痛苦而且辛苦。

嘉靖皇帝本來只是身居外省的一位王子。如果正德皇帝有個兒子，哪怕是在皇族中領養來的一個兒子，他也就沒有任何機會來當這個皇帝，大約只能在外省度過那富貴而悠閒的藩王生涯。

正德皇帝可能直到臨死時，都不願意相信自己不能生育這個事實，同樣，他也可能直到臨死時，都不認爲自己會死，因此，才始終沒有在皇族之中過繼一個兒子。據說，張太后與首輔楊廷和之所以選擇朱厚熜繼承皇位，在很大程度上，是因爲當時他既是皇室最近的一支，又已經有了聰穎好學、品行端正的好名聲。

嘉靖皇帝的文化素養的確相當高，出自他手的詔書及各種文字，辭藻華美，詞鋒凌厲，知識面相當廣泛，配上不錯的書法，很看得過去。

嘉靖皇帝不負眾望，繼位之初的表現便不同凡響，給人留下了十分深刻的印象。

當時，西元一五二一年，嘉靖皇帝只有十五歲，從湖廣安陸州，就是今天的湖北省鐘祥縣，來到京城。突然之間，從一個外省藩王府的王子，變成了舉國萬眾頂禮膜拜的皇帝。可以想見，這位青年皇帝感覺極好之外，顯然還需要有人幫助他理清各種關係，輔佐他治理這個龐大的帝國。這時，他能夠依靠也必須依靠的人，除了從藩王府跟來的人之外，就是堅定地選擇並擁戴自己成爲皇帝的首輔楊廷和。

楊廷和是四川新都人，九年前即西元一五一二年的正德七年，就已經官居內閣首輔。當時有一個讀書人寫信給楊廷和，批評他在正德皇帝的胡鬧面前無所作爲，致使劉瑾、錢寧、江彬等奸佞之徒坐大，導致國勢日頹，沒有盡到首輔——大致相當於今天內閣總理大臣的責任。楊廷和沒有惱羞成怒，而是待之以禮。據說，他流著眼淚對那位

書生說：「給我點兒時間，我絕不會辜負你的美意。」

正德皇帝病死後的「遺詔」和嘉靖皇帝繼位時的「即位詔書」，都是出自楊廷和的手筆，這是兩份在歷史上相當有名的文獻。

《即位詔書》洋洋八千言，所談及問題達八十條之多，對正德年間的弊政進行了全面清理和撥亂反正。

據說，由於這兩份檔切中時弊，言之有物，許多人讀完後痛哭失聲，從中看出了國家的希望。嘉靖皇帝對此，也欣然採納，全文批准了這份以他的名義發布的嘉靖年間第一份官方檔。

此後，到嘉靖三年即西元一五二四年，嘉靖皇帝與首輔楊廷和之間確實有過一段甜蜜的蜜月時期。他們君臣二人在此期間，於許多問題上志同道合，於是，戮力同心，大刀闊斧地對國家進行了名副其實的治理整頓。

他們首先對正德皇帝時期極爲活躍的太監們給予限制和打擊，一大批曾經權力很大、勢焰薰天，因而相當遭人痛恨的宦官被撤職、流放或充軍。從此，嘉靖皇帝在位的四十五年間，宦官們再也沒有機會重新回到國家權力的舞臺中心來。這一點受到了後代歷史學家們的熱烈讚頌。

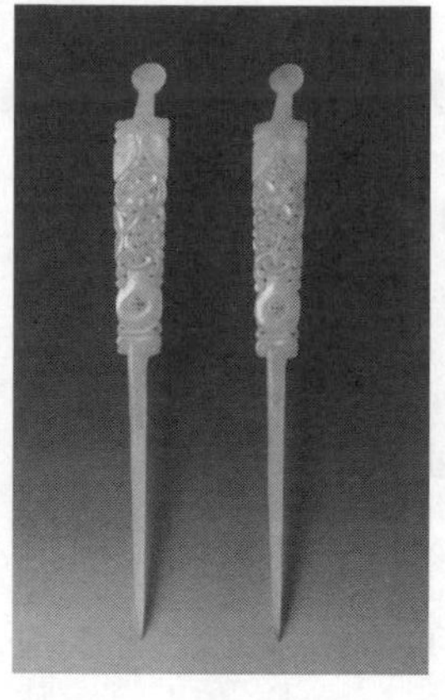

嘉靖皇帝與楊廷和第二個大受歡迎的舉措，則是清理莊田。

到正德臨死時，帝國的各種莊田已經發展到了極爲驚人的程度。

其中——

有皇莊，即皇帝本人和皇室擁有的莊田；

有宮莊，即后妃、皇太子、和未就諸藩王的莊田；

有王莊，諸藩王的莊田；

有勳莊，就是貴族與外戚所擁有的莊田；

還有宦官們及其家人所擁有的莊田。

到正德十六年，僅北京周邊的畿輔地區，即順天、昌平等八府之地，上述莊田已經達到三千多萬畝。

換句話說，當時有一個說法，說是除了供人走的道路之外，北京周圍，方圓多少里的區域內，已經沒有其他的土地可供權貴們兼併了。這種情形，必定意味著許多人失去了賴以生存的土地。

據歷史學家研究，此時，遊蕩在全國的流民，已經達到六百萬人以上；而當時，全國的總人口大約只有一億人左右。如此大比例的人口成爲流民，想要社會不發生動盪，是沒有可能的。

於是，全國彷彿形成了一個巨大的火藥桶，沒有人知道，這個大傢伙將以什麼樣的形式、在什麼時候爆炸。

嘉靖皇帝與楊廷和採取的措施是，將皇莊、宮莊一體革除，改爲官地，限制並將其他各種莊田中侵佔的土地，全部退還給了原田主。這使大批流民回到了土地上，兩極分化的速度大受抑制，社會矛盾立見緩和。

顯然，這是一件理所當然應該受到廣泛讚揚的善政。

在嘉靖皇帝的支持下，楊廷和的第三件德政，是精兵簡政、裁汰冗官冗員。（《明史》·楊廷和傳）

嘉靖皇帝之前，用各種巧立的名目達到吃皇糧目的的各級各類冗官冗員，已經遠遠超過了正式編制之內的帝國官吏。一般說來，在正常情況下，大明帝國文武官吏的數字，也就是說，除了皇親國戚外，吃皇糧的人，最多應當在十八萬人左右。而嘉靖皇帝在楊廷和的幫助下，於正德十六年七月，一次就下令裁汰了十四萬八千多吃皇糧的人。僅此一項，每年節省的俸祿漕糧達一百五十多萬石。顯然，這相當有效地緩解了國家財政困難。

除了採取這些治理整頓的措施外，嘉靖皇帝的運氣還相當好。從表面上看，他繼位作皇帝時，國家財政狀況相當惡劣。其實，他的堂哥正德皇帝給他留下了極大的一筆私房錢還沒怎麼用呢。這就是存在豹房、宣化行宮和江彬抄家的巨額財富。

豹房與宣化行宮是正德皇帝留下的重要遺產。它們最爲引人注目的地

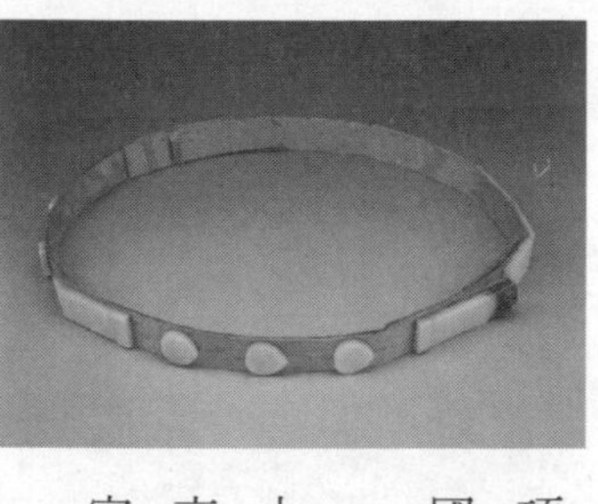

方，就是其中聚集的巨大財富。在前面的敘述中，我們已經知道了豹房中的大體情形，此處不再過多地浪費筆墨。

現在，我們只要知道嘉靖皇帝的運氣相當好就夠了。說嘉靖皇帝運氣好，是因爲，除了吳思先生所算過的流入豹房的那筆賬之外，抄沒豹房大總管錢寧的家，只是在正德皇帝臨死前一年間的事情。而在這一年時間裏，正德皇帝正在南京一帶南巡遊玩，這筆巨大的財富很有可能根本還沒來得及享用呢。

隨後就是抄江彬的家。

史書記載，從江彬家中抄出了「黃金七十櫃，白銀二千二百櫃，其他珍寶不可計數」。當時，黃金每櫃爲一千五百兩，白銀每櫃爲二千兩，僅此兩項折算下來，已經超過了六百萬兩白銀。而國家中央財政年收入大約在三百萬兩白銀左右。可見，這些財產應該使登極之初的嘉靖皇帝日子相當好過。

這些因素聚合起來，使嘉靖皇帝登基初年顯得特別不同凡響，一時間很有些中興大治的氣象。楊廷和與其他大臣們相當興奮，一心一意輔佐這位年輕有爲的君主，希望開創出一個「嘉靖之治」來。

公平地說，這些成績的取得，在很大程度上，確實應該歸功於楊廷和爲首的一班良相賢臣。然而，同樣需要公平的是，十五歲的小皇帝，從外省來到京城，所有現在需要倒楣的傢伙們，都和他沒有什麼太大的關係，這肯定是在帝國制度下，楊廷和們能夠大展拳腳的一個決定性因素。

我們很快就會看到，幾乎就是在此同時，嘉靖皇帝表現出的另外一種素質，毫不容情地將楊廷和們——君臣際會，共同開創太平盛世的夢想打了個粉碎。

其標誌性事件就是嘉靖初年著名的大禮議及其左順門事件。

所謂大禮議，核心的內容就是討論如何稱呼嘉靖皇帝的父親和母親。

這個問題，在今天人們的眼光看來，可能會顯得特別可笑、無聊而不可理解。但在當時，確是一件絕對驚天動地的大事，以致於沸沸揚揚，群情激憤。到左順門事件時，演變成了一場眞正的血雨腥風。

我們知道，中國古代社會是極其嚴格的宗法制社會，帝制傳承和整個社會遵循著一套嚴密而神聖的宗法制度。

在此制度下，皇家嫡長子爲大宗，爲帝統，是帝位的繼承者。其他皇子爲小宗，爲旁支，只能分封爲王。大宗是正宗，是尊之統也，其尊貴地位是至高無上的。小宗可以絕，大宗則絕不可以絕。

當大宗後繼無人也沒有同父兄弟，需要由小宗入繼帝位時，小宗必須過繼給大宗，然後才能繼承帝統。這就是所謂必須先正名，名正才能言順，言順才能事成。小宗本身並沒有皇位繼承權。

正德皇帝沒有兒子也沒有同父兄弟，臨死時又沒有安排好小宗過繼事宜。結果嘉靖皇帝繼位後，從第三天開始，便想方設法要求追尊自己死去的父親爲皇帝，尊稱自己活著的母親爲皇太后。

他這樣做的潛臺詞是要否認自己以小宗過繼大宗，從而表明自己繼承皇位是名正言順的，並不需要領別人的情。他所針對的對象，顯然是張太后與楊廷和。因爲，如果做不到這一點，他與他自己的母親將永遠屈居於張太后之下，他自己也將永遠擺脫不了張太后與楊廷和擁立自己的陰影。

從當時的情況看，他這樣做肯定沒有道理。因爲，誰都知道，他所堅決要求的東西既不是事實，也不符合法統規範，而且顯得心理相當陰暗。因此，理所當然地受到楊廷和及其幾乎所有大臣們的反對。

然而，誰也沒有想到，十五歲的小皇帝竟認準了這一條，極其頑強地堅持著，稱得上是不屈不撓。

他先是一而再、再而三地召見楊廷和，與他促膝談心，希望楊廷和體諒，自己這樣做，完全是出於對父母的一片孝心。

楊廷和顯然無法體諒。

隨後，小皇帝派人用金銀收買楊廷和的幾位重要助手，還是沒有成功。

最後，這位皇帝使出了殺手鐧，他痛哭流涕地表示自己準備辭去皇帝的職位，以便回到湖北老家去奉養自己的母親。這一來，楊廷和及其支持者們被逼到了懸崖邊上。除了投降，就是決裂，他們別無選擇。

西元一五二四年，即嘉靖三年，嘉靖皇帝繼位三年時，楊廷和心情相當暗淡地辭職，離開了北京。此時，他已經贏得了廣泛的聲望與讚譽，並且後代的歷史記載也證明了他賢臣良相的名聲。（《明史》．楊廷和傳）

但他的心情仍然暗淡。

原因在於，他有一個高得多的期望值——

輔佐皇帝成就輝煌的嘉靖盛世，就像大唐開元盛世那樣。

從當時的情況看，這並非完全不可能。

嘉靖初年的開局相當好，一大批圍繞在楊廷和身邊的大臣，在後世都享有賢明能幹的聲譽。可惜，一個最重要的因素超出了他們預料和左右的能力：就是那位他親手選擇與扶植起來的皇帝——嘉靖皇帝。

對於這位來自湖北鄉下的皇帝來說，有一個楊廷和們永遠都無法事前預料的心理，這個心理就是：國家治理得如何，永遠是第二位的；最重要的東西，是用皇帝的無上權威，使自己舒心如意。

嘉靖皇帝用他四十五年的帝王生涯，一再向世人宣示了這一點。從後來的發展看，決定嘉靖皇帝能夠坐上皇帝龍椅的兩位主要人物，張太后與楊廷和，應該都有理由對自己當初的選擇感到懊悔。

楊廷和離開京城的當年七月，就發生了著名的「左順門事件」。當時，楊廷和及其幾位德高望重的助手，包括那位不肯接受皇帝賄賂的禮部尚書毛澄等人，已經陸陸續續被迫離開了京城。於是，皇帝不顧群臣的激烈反對，下令正式將自己的父親追尊為皇帝，母親加封為皇太后。

結果，導致七月十五日，二百三十位大臣集體跪在皇宮的左順門前痛哭請願，其中包括兩位相當於今天內閣總理大臣的大學士。

一時間，哭喊聲響徹宮廷。

嘉靖皇帝極為惱怒，下令逮捕了一百四十二位大臣，其餘八十六人聽候處置，兩位內閣大學士免於處分。

兩天後，西元一五二四年，即嘉靖三年七月十七日，嘉靖皇帝命令將八名大臣嚴刑拷打後充軍邊疆；一百八十多人予以廷杖處分，就是在朝廷之上，當場脫下褲子，用大木棍打屁股。結果，血肉橫飛之中，有十七人被活活打死。

這一頓棍棒，著實打出了皇帝的威風。這一年，嘉靖皇帝剛滿十八歲。（以上事見《明史紀事本末》．大禮議）

從此以後，至少在歷史記載上，直到近四十年後海瑞出現之前，我們很難找到還有什麼人，敢於眞正和皇帝唱反調了。並且，在此後的將近二十年歲月裏，嘉靖皇帝不依不饒、乘勝追擊，一次次清洗、打擊那些曾經的反對派。

那些早已退休，甚至已經不在人間的元老們，也沒有能夠逃脫厄運，楊廷和及其後的三任內閣總理大臣和當年的支持者，都被削去了官職與榮譽。朝堂之上，再也見不到任何反對派的影子。

整個情形，明白無誤地宣示了一種程度頗高的自私、偏狹與殘忍；明白無誤地表明，這位皇帝，缺少領導一個大國走向繁榮所應有的心胸與智慧。從此，自然沒有人還會做什麼「嘉靖盛世」的夢了。

西元一五四二年，即嘉靖二十一年，發生了震驚天下、中國歷史上極其罕見的「宮婢之變」。這一年是農曆壬寅年，故歷史上又稱之爲「壬寅宮變」。

根據記載，嘉靖皇帝從即位的第三年，即嘉靖二年，他還只有十七歲時，即開始崇信道教，舉行齋醮活動，並在整個大內廣設醮壇，「舉諸後宮，莫不有之」。

從三十歲那年，即嘉靖十五年，皇帝則頻繁以患病爲由不視朝，躲在後宮，從事道教的修玄齋醮活動。

後來，次數越來越多，間隔越來越短，而不視朝的時間則越來越長。到嘉靖十八年，葬了他的生母章聖蔣太后之後，就開始長時間不視朝了。

就這樣，嘉靖皇帝三十六歲這一年。宮中突然發生了這件驚天動地的大事。十月二十一日後半夜，楊金英等十六個宮女合謀，試圖用繩子把皇帝勒死。可惜，慌亂之中，她們把繩套繫成了死結，結果，嘉靖皇帝只是被勒得暈死過去。

在中國歷史上，這種事情還從來沒有發生過。誰都知道，這是滅九族的大罪，犯者是要凌遲處死的。是什麼使這十六個女孩子如此不顧死活？她們爲什麼要做這件千古罕見的大案？

直到今天，也沒有人能夠眞正說清楚這件事情的來龍去脈，沒有人知道，到底是怎麼回事兒？遂成爲千古之謎。

鳳冠

一時間，朝野震驚，流言四起，人心浮動。

而且，相當添亂的是，當時，方皇后救下皇帝後，不由分說，乾淨俐落地殺掉了這些女孩子。同時，還捎帶著把當時嘉靖皇帝最寵愛的兩個妃子——端妃曹氏、寧嬪王氏也扯進來一道殺掉了。

嘉靖皇帝清醒過來後，不久就知道了端妃與寧嬪死得極其冤枉，心裏顯然不可能愉快。若干年後，有一次皇帝寢宮失火，嘉靖皇帝先被救出來，方皇后尚在寢中。太監們還要衝進去救方皇后，當時，嘉靖皇帝陰沉沉地看著大火，說了一句：「趕快去叫人救火。」結果，方皇后連燒帶嚇，幾天後就死在寢宮裏了。

人們普遍認爲，方皇后之死，實際上是早在那時埋下的禍根。

從此，嘉靖皇帝移居西苑，就是今天的太液池西南一帶。一直到臨死的那一天，才被移回大內。

十來天後，十一月初二日，皇帝以宮婢之變，詔告天下。

詔書的大意是：在臥室的床上，兩個御用逆婦勾結宮女大肆謀逆，如果不是天地神靈、祖宗考妣的保佑，不是上天神人默許我皇朝國家福澤萬萬年、連綿不絕的話，我不可能化險爲夷云云。

一篇煌煌詔書，等於什麼都沒說。人心惶惶、蜚短流長不但沒有止息，反而弄得天下人更是一頭霧水，什麼難聽的說法都出來了。

當時，民間流傳最多的一個版本是：

本朝開國皇帝、太祖朱元璋的第十六女寶慶公主，下嫁給了駙馬都尉趙輝。這對夫妻的感情可能很不錯。趙輝一直做了六十九年的駙馬，直到成化年間才逝去。死時已近百歲。據說其長壽的原因，在於這位駙馬爺善於採陰補陽。

他是怎麼做的呢？說來很噁心，也很簡單，就是一年四季，不論寒暑，堅持不間斷地飲用女子經血。

據當時的官方記載，嘉靖皇帝從二十歲左右開始，不停地向民間徵索八到十二歲的處女，前後累計近千人，就是要採用她們的初潮經血以入補陽之藥。宮女不堪凌辱，方才鋌而走險。云云。

比較接近事實眞相的，也許是當時朝鮮國王派駐北京使節的報告。

據這位使節報告，當今皇帝雖然很寵宮人，可是，一旦宮人犯錯誤，哪怕是微小的過失，他都不能容忍，動不動就鞭打杖責，因此而被打致死的人，大約早已經超過了兩百多人。有很大的可能，是這樣積累起來的怨毒，導致了這起駭人聽聞的事件。

這位朝鮮使節還向自己的國王做了另外一個報告，其中內容，和我們所聽到的傳言就十分接近了：皇帝癡迷於道術，煉丹服食，性情躁急，喜怒無常。宮人等不勝怨懼，同謀構亂。等等。

無論如何，讓我們想像一下，一群十來歲到二十歲的女孩子——足有十六個，聚在一起，冒著滅九族的風險，討論怎樣殺死皇帝，並且討論了很多天之後，眞的付諸實施了這個計畫。想起來眞正不可思議。（以上事見《萬曆野獲編》．宮婢肆逆）

要知道，在我們帝國，皇帝，事實上就是人間的神，是至高無上的。帝國臣民對他的崇拜是無條件的，比今天少男少女們的追星可要深切得太多了。按照當時人們的記載，比如《萬曆野獲編》中就記載過：那時的人們，見到皇帝時，會緊張得渾身顫抖，汗如雨下，最嚴重的時候，會被嚇得大、小便失禁，口失聲，耳失聰，大腦完全失去思維的能力，而且會長達幾天之久。

早在太祖時代，一位讀書人就曾經在拜見朱元璋時，被嚇得昏死過去。這位江西詩人鄧伯言，以文名被推薦給朱元璋。朱元璋命他當場賦詩來看，他於心情激盪之中寫好後，忐忑不安地呈獻給皇帝。皇帝讀完，很欣賞其中的幾句，不禁拍案而誦。伯言以爲皇帝動怒，大驚之下，當場昏厥過去，直到被抬出東華門，方才甦醒過來。（《九朝談纂》卷一，引《綠野雜言》）

這絕不是聳人聽聞。有一位常年在皇帝身邊工作的人，職位還不算低，就是這樣被嚇死的。此人就是許紳。

許紳是工部尚書兼掌太醫院，相當於今天的中央工程建設部部長兼中央醫院院長。當時，嘉靖皇帝被勒，暈死過去之後，被方皇后緊急召來的御醫們面面相覷，誰都不敢上前。許紳萬般無奈，開方下藥，救活了皇帝。

幾天後，他自己卻病倒了，他對慰問者說：「唉，我知道不行了。這病是被嚇的，沒藥可治。當時，我不去救或者救不好，都得被殺頭，太緊張了。唉，我的病不是藥石能治得了的。」沒多久，許紳果眞去世了。（《明史》．許紳傳）

由此，我們實在無法想像，究竟是什麼，才能促使這些女孩子如此行事。

到此時爲止，嘉靖皇帝是否具備令臣民信服的品格，也大成疑問。

從這時起，直到死去，在長達二十三年的時間裏，嘉靖皇帝基本上不再上朝，不見群臣，長期躲進深宮修齋醮，建雷壇，從事道教修煉。同時，通過太監與幾位輪流値班的內閣大學士聯繫，通過奏疏批答和偶爾接見內閣大學士處理國家事務。這使嘉靖一朝幾位類似今天氣功大師的道士，擁有了極爲顯赫的權勢、名聲與地位。據說，其顯赫的程度，甚至連內閣首輔也就是內閣總理大臣都要請求他們的理解與支持。

與此相映成趣的，則是嘉靖朝極爲有名的一連串「青詞宰相」。青詞，也叫綠章。就是把對上天神靈的敬愛和自己的願望，用紅筆寫在青藤紙上，於神靈面前焚香禱告後，將其焚化。據說，這樣就可以到達上天神靈的手上。到嘉靖朝中後期，向上帝貢獻青詞，已經是皇帝最爲看重的帝國事務之一。

在此方面，嘉靖皇帝特別虔誠而勤奮。皇帝但凡靈光一現，有需要向上帝彙報的事情時，哪怕是在夜半時分，也會從門縫裏塞出一張紙條，上面寫著需要撰寫的青詞題目，派太監交給值班的內閣大學士。帝國宰相們必須親自動手，在限定的時間內完成。有一次，嘉靖皇帝的一隻寵物貓死了，皇帝相當傷心，除用純金棺材禮葬外，還命寫青詞報告上帝。翰林侍讀袁煒寫的青詞裏用了一個叫做「化獅爲龍」的妙語，皇帝讀後龍心大悅。於是，這位袁煒「簡在帝心」，由一個相當於今天的大約副司局級幹部，連跑帶顛地在六年之內晉升爲戶部尚書兼武英殿大學士，相當於今天的副總理兼財政經濟部長。那句「化獅爲龍」遂成爲永垂史冊的千古名言。（《明史》．袁煒傳）

是故，從夏言開始，直到後來享有名相之稱的徐階，中間至少六七位宰相副宰相，都是在一定程度上，靠寫青詞得到皇帝欣賞並提拔上來的。於是，在當時，這批宰相就已經有了「青詞宰相」之譏。

一般說來，寫青詞，特別是給皇帝寫，難度相當大。青詞本身是駢體文，要求對仗工整，辭章華美，用典古雅，排比嚴謹等等，這些當然難不住那專靠此吃飯的大學士們；精通古今典籍，對道家文獻有深湛造詣，也不在滿腹詩書的宰相們話下。最艱難的是，這裏所說的每一句話，不但要讓上帝看了能夠滿心歡喜，還要能一直說到皇帝心靈深處，道出皇帝想說而沒有說、想說而不會說、潛意識裏模模糊糊地有點感覺又沒想明白的那些東西來，方可令皇帝龍心大悅。

嘉靖皇帝一口氣當了四十五年皇帝。按年頭算，在中國的皇帝中大約可以排進前十位了，在大明朝則排在第二，次於他的孫子，即，在皇位上待了四十八年的萬曆皇帝。可是，若是論起當皇帝的德行，這祖孫倆卻是一場糊塗，異曲同工地糟不可言。

如果一定要爲嘉靖皇帝找一點善政的話，可能只有兩件事值得一提：

一是起用譚綸、俞大猷、戚繼光等人抗倭並取得勝利；

還有一件事情則是挨了海瑞的一頓臭罵之後，居然沒有殺掉海瑞。

假如沒有這樣兩件事，嘉靖皇帝大概可以進入中國最糟的皇帝之列。

事實上，就從海瑞對嘉靖皇帝批評的內容來看，這位皇帝肯定已經可以進入中國最糟的皇帝一類了。

海瑞在奏疏中，歷數了皇帝的種種誤國誤民失德失當，然後直截了當地告訴嘉靖皇帝，天下人對您不以爲然已經很久了；可是，大官們享受著高官厚祿，卻只擅長拍馬屁。小官們動輒得咎而不敢說實話，以至於國家到了這步田地。希望皇帝能夠給大家一個機會，讓大家洗雪一下數十年拍馬屁的恥辱。

據說，嘉靖皇帝看完海瑞的奏疏後，面色青白，慌慌張張地喊：「快去把他抓起來，別讓他跑了。」

一個太監告訴他：「海瑞這傢伙腦子進水是有名的。聽說寫這份奏疏時，他已經給自己買好了棺材，並且告別、遣散了家人。他不會跑的。」

嘉靖皇帝聽說後，愣了半晌，又拿起奏疏來看。看完後默然無語，「留中數月」，就是把奏疏扣在宮中了幾個月。

此後，雖然把海瑞抓進了監獄，卻始終沒有殺他。而且，說是他時不時地就要拿起那份奏疏看一看。

十個月後，嘉靖皇帝死掉了。死前，他曾經很委屈地說過：「海瑞說的那些都對。可是如果我身體沒病，能夠上朝的話，我會讓他潑出這麼一盆髒水麼？」

據說，皇帝之所以沒有殺掉海瑞，是因爲他身邊的一位大臣勸告他：「海瑞自以爲是忠臣，把陛下罵成桀紂之君，陛下若是殺掉他，不正好成全了他忠臣比干一般的好名聲嗎？」他一聽，大以爲然。就此，海瑞方才逃得一死。

不久，嘉靖皇帝駕崩的消息傳出，十分敬重海瑞的監獄長，在獄中設了一桌酒席宴請海瑞。海瑞誤以爲是殺頭之前的送行酒，遂神色自若地大吃大喝。後來，監獄長告訴他，這是爲他賀喜的酒，原因是老皇帝駕崩，海瑞必會受到新皇帝的重用。海瑞一聽之下，大驚失色，號啕痛哭，將吃進去的酒肉吐了一地，並昏死過去。（《明史》．海瑞傳）

西元一五六六年，即嘉靖四十五年十二月十四日，嘉靖皇帝駕崩。在位四十五年，時年六十歲。死後葬在北京昌平明十三陵的永陵之中。

下篇

張居正：在死棋局中博弈

官場生存原理

嘉靖四年，即西元一五二五年，張居正出生在湖廣江陵，也就是今天的湖北省沙市郊區。此時，距離太祖朱元璋創立大明帝國，已經過去了一百五十七年；距離崇禎皇帝亡國，還有一一九年。帝國已經磕磕絆絆地走過了一半多一些的歷程。

張居正，字叔大，號太岳。父親張文明，是個七次鄉試均名落孫山的秀才。

嘉靖二十六年，時爲西元一五四七年，歲在丁未，對於張居正是至爲重要的年份。按照帝國制度，這一年爲每隔三年一次的會試年。

初春時節，全國的舉人士子齊聚北京，參加這盛大的、決定自己命運的國家綸才大典。三月庚午，春闈畢，張居正順利過關成爲進士，選庶吉士。按照中國人的演算法，當時張居正的年齡應該是二十三歲。我們知道這種演算法一般指的是虛歲。

對於知道他的人來說，這個結果並不令人意外。張居正少有才名。早在十年前，他還只有十三歲時，在老家湖廣江陵一帶，就已經很有些名氣。甚至再早一些，他已經以神童之名著稱於鄉里了。

有一種流傳甚廣的說法：之所以特別提到十三歲，是因爲在這一年，他就已經鄉試中舉了。然而，由於巡撫顧璘的緣故，最後卻榜上無名。據說，這位相當於今天省委書記的巡撫讀了十三歲學子的文章後，拍案驚奇，認爲張居正是國家級的人才，連連讚賞曰：「國器也」。

然而，稱奇歸稱奇，顧璘卻決定把他拿下來。因爲，巡撫顧璘篤信少年得志乃人生之大不幸。玉不琢不成器，他想要磨練磨練這位少年「國器」。

（《明史》·張居正傳）

按照我們大明帝國的禮制，進了縣學成爲諸生後，便是秀才。秀才見縣太爺時，已經可以不用下跪磕頭。而鄉試得中，就是通過了省一級考試的話，就成爲舉人。舉人差不多可以和縣太爺平起平坐，稱兄道弟了。想想看，按照國家這樣的禮儀制度規定，一個十三歲的、還多少有些奶聲奶氣的半大小子，照今天城裏人計算周歲的話，可能是剛滿十二歲的小傢伙兒，老三老四地和縣委書記們打躬作揖、握手如儀，乃至勾肩搭背地以兄弟相稱，看起來也的確是有些不成話。就這樣，已經考上了的張居正落榜了。

這段故事相當傳奇，與正史中的記載顯有不同。也許是出自後人的附會。但十三歲時，張居正已經成爲名震荊州地區的小秀才，卻是有據可考的。

顧璘是文壇老前輩，正德年間便已經是文壇七子之一，就是所謂的「前七子」。如今，若是把他放在唐詩、宋詞、元曲面前，可能顯不出什麼山水氣象，但在當年卻是名氣極大的文壇領袖級人物。因此，發生這樣的文壇佳話也並非完全不可能。

按照正史的記載，張居正是在十六歲時，鄉試得中，榜上有名。

這回，顧璘解下自己腰間代表品級地位的犀帶，贈給了少年舉人，並且說：「今後，君是要戴玉帶的，犀帶可圈不住你。」帝國官服規制，犀帶是從三品的巡撫佩帶的，只有官拜二品方可腰圍玉帶。這已經是以入閣拜相，位極人臣期許這位少年了。（《明史》·張居正傳）

可以想像，巡撫一省的封疆大吏如此舉動，對於一個十六歲的小夥子來說，想必是個不小的勉勵。其動人之處在於，這位一輩子在帝國官場上沉浮廝混的人，不但巨眼識文、識人，還會如此細微地表達自己的眞性情，爲那表面冠冕堂皇，實則相當猥瑣的帝國官場，抹上了一絲胸襟雅致的暖色。

另外一個當代大文人、張居正家鄉的太尊——行政長官、荊州知府李元陽，也曾經對張居正給予過高度讚賞。當時，這位行政長官組織了一次六百人參加的諸生考試，張居正被李元陽取爲六百人之第一名。李元陽以他日之「太平宰相」期許、勉勵這位少年才俊。（《荊州府知府中溪》）

如今，少年才俊意氣風發來到京城。顯然，在他面前，京城生活展現著無限的可能。原因很簡單，如今，他已經是庶吉士。

庶吉士一詞來自四書五經中的《書經》「太史、尹伯，庶常吉士」一語。太史、尹伯都是官名，這句話的意思是說這些官都不錯。於是，洪武皇帝就依這句話，在帝國之初，設立了這個官名。（《辭海》「庶吉士」詞條）

庶吉士是由一個常設機構來培養、訓練、選拔的。這個機構叫庶常館，這個官署名稱大約也是從上面那同一句話來的，爲翰林院屬下的機構。只有那些文章、書法俱佳的進士，才有資格被選入庶常館深造。這些被選入庶常館深造的進士，差不多算是點了翰林。但只有三年以後，這些庶吉士們經過考試，依據他們的成績，分別授予編修、檢討等翰林院的中央清要之職，這時，才算眞正點了翰林。其他人則或者到中央機關，成爲風紀監察部門的給事中、御史；或者外派到地方擔任州縣一把手，成爲相當於我們今天的縣處級幹部。這叫「散館」，可以理解爲今天的幹部研修班結業。

帝國時代極重翰林，到了張居正的時期，早就已經形成了一個傳統與慣例：不是翰林不能入閣。因此，從成爲庶吉士開始，人們一般已經將這種人視爲「相儲」，就是「宰相坯子」或「宰相儲備」的意思；類似我們今天的所謂「第三梯隊」。從而，打開通向仕途高層的道路。事實上，從大明帝國開國之初設立庶常館起，許多帝國的高級官員確實是從這兒走出去的。一個現成的例子，眼下的次輔——相當於今天內閣第二總理大臣的嚴嵩，就是由庶常館中走出來的庶吉士。

在京師，張居正「日討求國家典故」，表現得極為勤奮好學——此處的「典故」一詞，相當值得注意。它指的應該是國家的典章制度和各種大事件的來龍去脈。說明這一點，對於我們了解張居正一生行為處世及其背景至為重要——同時，在官場周旋，則進退自如有度，相當游刃有餘。《明史》形容他：「居正為人，頎面秀眉目，鬚長至腹。勇敢任事，豪傑自許。然沉深有城府，莫能測也。」從中，我們知道，張居正其人，容長臉形，眉清目秀，生著一部輝煌的直達腹部的大鬍子，既有美男子的儀表風度，又敢作敢為，以磊落的偉丈夫自許；且極有城府，是個深不可測的男人。

學問、地位、相貌、性情，不用說，放在任何時代，張居正都具備了一個男人應該有的主要魅力。

不久，嚴嵩作為首輔，把徐階當成了自己的最大對手，處處提防，時時忌諱。許多人因此害怕與徐階交往，躲躲閃閃。獨有張居正，該做什麼就做什麼，該怎麼做就怎麼做。不論是在徐階面前與嚴嵩交往，還是在嚴嵩面前與徐階交往，絕不鬼鬼祟祟，一概表現得大大方方，相當磊落。結果，反而使首輔嚴嵩、次輔徐階等京中大僚都相當器重他。

這是一種天生用來搞大政治的才能與稟賦。在未來的歲月裏，這種素質和另外一種很不同的東西曾經都在他的身上出現，幫助他建立起了極其重要的人力戰略資源。

同樣，身居帝國中心，以他的絕頂聰明——「穎敏絕倫」和少年老成，他也不可能不注意到：此時，自己所處身其中的大明帝國已經變得非常之古怪了。

首先，成爲庶吉士以後，他就算是正式地食君之祿、以身許國了。但他卻幾乎沒有機會見到自己效忠的對象、帝國的元首——皇帝。這是不正常的。人們早就注意到，皇帝是從三十歲那年，即嘉靖十五年開始，第一次以患病爲由不視朝的。後來次數越來越多，間隔越來越短，不視朝的時間則越來越長。到嘉靖十八年，葬了他的生母章聖蔣太后之後，就開始長時間不視朝了。

五年前，皇帝三十六歲。宮中發生震驚全國的「宮婢之變」。沒有人能夠眞正說清事情的來龍去脈。後來，皇帝發表了關於此事的上諭，文辭堂皇，卻語意含糊，讓人不知所云，如墜五里霧中。社會上，反倒更加蜚短流長。

張居正應該知道，民間的傳說不一定完全是空穴來風。來到京師之後，就他的觀察，至少有幾件事情是明擺在那兒的。

皇帝徵許多八到十二歲的民間少女入宮，且數量越來越多，達千人以上，乃舉國皆知。舉世皆重紅鉛，也是事實。紅鉛者，即煉童女經事爲藥也。張居正來到京師時，帝國朝野相當普遍地相信，飲用少女經血或服食用少女經血煉製的藥劑，可以長壽並促進性能力，於是成爲舉國皆信的養生保健之道。其情形，大約與我們曾經很熟悉的喝紅茶菌、打雞血之類差相彷彿。在後面談及嘉靖皇帝的章節中，我們可以更加充分地了解其詳情。

不只普通民間百姓如此，便是三公九卿、皇親國戚、名人士大夫莫不篤信如狂。當時的歷史記載形容這種風尚時，使用的辭彙是：舉國皆狂。

事實上，這種情形對於張居正並非毫無影響。

從此以後，皇帝長居西苑，深居簡出。到張居正進京作官時，除了幾位在西苑輪流值班的親信重臣外，群臣們已經習慣見不到皇帝的日子了……

沒有證據能夠表明，這些東西給了初到京師的張居正什麼樣的影響。不過，對於涉及到皇帝本人不那麼光彩的事件，遠隔千山萬水聆聽皇帝的詔書，和近在咫尺的觀察，所能給人的感受肯定是相當不同的。

根據帝國創建者朱元璋和他的重要助手劉伯溫設計的制度，帝國官吏最重要的來源是科舉考試。

帝國科舉制度規定，沒有經過資格認證的讀書人，不論年齡大小都叫童生，年五、六十歲甚至七、八十歲尚是童生者，並不罕見。童生通過了府、州、縣學一級考試的，表明已經通過了諸生的資格認證，則叫生員或叫諸生，就是我們常說的秀才。秀才們在官場禮儀、賦稅、徭役和國家教育津貼等方面已經享有帝國優待。比如，在見到民之父母——七品縣官時，秀才們可以不用下跪；他們犯了過錯，縣太爺也不能用板子打他們的屁股；在經濟上，他們可以享受爲數不多的教育津貼，並免除了某些徭役；在穿著上，他們也可以不同於普通人而身穿長衫，等等。

每隔三年，在省城舉行會考一次，稱爲鄉試，只有取得秀才資格的人才能應考。及格的即爲舉人，第一名，被民間稱爲解元。在理論上講，舉人已經具備做官的資格，作爲帝國的預備官員，享受的優待更多，並且可以和縣官稱兄道弟。

第二年，全國的舉人會考於京師，稱爲會試，民間稱會試第一名爲會元。會試及格，再經一次複試，地點在皇帝的殿廷，叫作廷試，亦稱殿試。殿試第一名就是狀元，二甲第一名被稱爲傳臚。殿試大體只是一個形式，表示由皇帝親自選拔天下人才而已。

然後，考取者分一二三甲放榜，就是一二三等的意思。一甲只有三人，稱狀元、榜眼、探花，賜進士及第。二甲若干人，賜進士出身。三甲若干人，賜同進士出身。

狀元授官翰林院修撰，這是一個從六品階級的官職，高於我們今天理解的縣團級，低於司局級；榜眼、探花則授官翰林院編修，都是正七品，就是縣處級幹部。這些是極其清貴的職務，雖然沒有實際權力，但作為文史機要侍臣，卻可以時常在皇帝身邊轉來轉去，給皇帝留下深刻印象的機會很多，在帝國官場上，其升遷的速度是最快的。

二、三甲進士被選拔為庶吉士的，便也可能成為翰林官，其清貴大體與上述類似。其他二甲者為從七品，三甲者則為正八品，大多分配到各中央機關，授給事、御史、主事、中書、行人、評事、太常國子博士等職務，我們可以將其理解成是今天中央機關的副處級或科級主任科員之類；還有許多人，被外派到地方，一般授為府推官、知州、知縣等副職官職，成為大體相當於今天的副縣處級或正科級的地方幹部。

從中，我們可看出「萬般皆下品，唯有讀書高」的眞實含義。經過鄉試會試，便如鯉魚躍龍門般，哪怕是貧寒出身，從此亦平步青雲，成為人上之人矣。所謂一過龍門，身價百倍，此之謂也。所謂書中自有黃金屋，書中自有顏如玉，說的就是這樣一番景象。在公開提倡不平等並為國民廣泛接受的中國古代，毫無疑問，這種作法相當好。因為不需要多高的智商，我們就可以知道，一個國家若是不鼓勵自己的人民讀書，並由那些不讀書的人們來治理這個社會，會是什麼一種情形。

事實上，如果我們願意心平氣和地考察一下的話，便會發現：在當時的時代，這是一個由於具有某種客觀標準而顯得很公正的制度，毫無疑問也是先進的官吏考選制度。與僅憑出身、門第、上司和君主權貴的意願任免官吏的作法比較起來，其文明程度顯然要高得太多了。這應該是此項制度曾經受到歐洲偉大啓蒙思想家崇高讚揚的重要原因。

將這種不錯的制度推向極端，從而令其無可挽回地走向反面的，則是大明帝國的開國皇帝朱元璋。

帝國制度規定，子午卯酉年鄉試，辰戌丑未年會試。每三年一次的省級考試，即鄉試在當年的八月舉行，俗稱秋闈；國家級考試，即會試在第二年的二月舉行，俗稱春闈。這兩個時日，便成了帝國讀書人一生之中最爲重要的日子。嘔心瀝血，十載寒窗，頭懸樑錐刺骨，稱得上一生只爲這一天。

糟糕的是，到了朱元璋及其後來的時代，科舉考試時所需要讀的書，並非是普通意義上的書。而是特指的聖賢之書——四書與五經。

這種情況是從王安石開始的。此人主張以「經義取士」，就是說，用解釋儒家經典作爲考核讀書人的標準，從而，有效地將一個金箍套在了中國人的頭上。這種東西曾經受到過譬如蘇東坡相當透徹的抨擊，而且，後來王安石自己也似有悔意，意識到此種作法難逃「本來想把學究變成秀才，」誰知反倒「變秀才爲學究」之譏。

誰知，事隔多年，當年賣得不怎麼樣的蘿蔔，如今卻迎頭撞上買蘿蔔的。王安石這套以儒家經典「化民成俗」的貨色，宛如一個大糠芯蘿蔔，偏偏在幾百年後，遇上了個大知音、大買家。

朱元璋一心一意於「士篤於仁義」，想要的正是這套貨色。於是，就和他將中國鄉村建設發揮到極致，從而把農民釘死在土地上一樣，朱元璋也把源於王安石的科舉制義推到了極端，用四書五經和八股文將讀書人——中華民族的頭腦與心靈，牢牢地禁錮在了科舉考試之中。從此五百多年，除了拜曹雪芹之賜，出了一部《紅樓夢》之外，中華民族再也沒有能夠出現一位能夠和以往世代比肩的大思想家、大文學藝術家和大科學家。《儒林外史》人物和魯迅筆下的孔乙己，遂成爲民族精英隊伍的大體面貌。

帝國政府規定，各級科舉考試，專用四書五經出題，文體略如宋朝程朱理學所弄出的經義之文。應考者要用孔孟的思想語氣行文，並且只能根據那位發誓要「存天理，滅人欲」的朱熹所作的注疏發揮，不許有自己的見解，就是所謂要「代聖賢立言」。就是說，在內容和行文語氣兩個方面，都要像朱熹那樣說聖賢的話而不是人話。顯然，這種讓人在思想上必須帶著鐐銬跳舞的主意，只能出自朱元璋那樣的頭腦。

這還不算，在文章寫作的形式上，也有著極其嚴格的規定，這就是爲人們廣泛熟知的所謂八股文。

八股文的源流，可以追溯到駢體文和賦詩塡詞的格律上去，應該和中國文人講究語言文字形式上的美感有關。就和沒有人喜歡語言文字狗屁不通一樣，這種形式上的美感追求也沒有錯。問題是，就和朱元璋幾乎把所有治國之道都推向極端，從而令人極度不安一樣，科舉考試既然在內容上已經走向極端，哪裏可以容許與之匹配的形式不極端？由此，八股文可能是在宋代漸露端倪，在元代小試鋒芒，在朱元璋手中蔚爲大觀大放異彩，最後，在他的兒子永樂皇帝朱棣那裏終成定制。

作爲一種極端的寫作形式，八股文的情形是：考試若以四書出題，則稱「四書文」，以三百字爲限；若以五經出題，則以五百字滿篇。文章寫作必須循著法定的格式書寫，通常由破題、承題、起講、入題、起股、出題、中股、後股、束股、收結等部分組成。其中，起股、中股、後股、束股必須用排比、對偶句式，組成相對成文的兩股文字，就像寫古體七律、五律詩時，中間四句必須由兩兩對偶的句子組成一樣。全篇共有八股，於是成爲八股文。其行文起承轉合，層次分明；讀來則琅琅上口，煞是整齊美觀。故其別稱還有比如：制藝、時藝、制義、時文等。

這套科舉程式極其嚴格，當時的術語叫「功令」，指的就是關於考試的詳細規定，爲當日學子們所熟悉的程度，應該遠在今天的「托福」之上。功令是不能違背的，否則，不但意味著失敗，嚴重者，可能還要遭受處罰。這就等於說，跳舞時，不但要手腳戴著鐐銬，還要穿上使用剛性材料製作的緊身衣，任你如何天生麗質豔壓群芳，管叫你無從花團錦簇。其訓練與臨場時的艱辛，可以想見一斑。

生活在今天的人們，若有誰嚴格按照古典詩詞的平仄格律填寫過律詩或詞的話，可能能夠明白寫八股文時的艱辛。若想用那玩意兒酣暢淋漓地表達自己的思想感情，如果不是不可能，至少也是辛苦至極。

不過，在限制中方能顯出高手，否則，奧運會就將成爲興奮劑和亂來的狂歡節，而不是公平競技的盛會。或許就是因爲這個原因，八股文能夠相當有效地測試出人們的智力與素養水準，並使這種測試具有了相對公平的客觀標準。從而，才在相當長時間裏，使諸多家境貧寒卻富有才華之士，通過它走上了中國歷史的前臺。

爲此，將其全然視爲垃圾，確有讓人頗感躊躇之處。就如詩詞格律一樣，可以產生李白蘇東坡，也可以產生冬烘學究，還可以產生淫詞浪曲。全部的要害在於內容而非形式。明清兩代五百多年，中國人由宋元時期的世界領先地位，全面落後，以至於在思想文化領域墜入可笑之境地，以專制暴政程朱理學禁錮民族頭腦與心靈爲其大端。切齒痛罵八股文，就和憎恨滿江紅、浪淘沙這些詞牌子一樣，就算不是找錯了對象，至少是不必花費那麼大的力氣。因爲，那只是一架風車而已。

然而，以帝國之大，人才之眾，在如此苛刻的條件下，也時常會在近乎不可能時，閃現出一些眞正的靈光。

比如，梁章的《制藝叢話》中記載：有一個叫趙時春的孩子，時年九歲，八股文做得相當漂亮。我們知道，當時的歲數是以虛歲計算的。這位可能剛滿八歲的孩子，在縣裏應試時，被考官懷疑其背後有槍手。於是，將其揪出，當場出題考之。題爲「子曰」，令其破題；孩子應聲答道：「匹夫而爲百世師，一言而爲天下法。」句借蘇軾，暗含「子曰」之意，一時舉座皆驚。考官當即又以孩子的名字「趙時春」爲題，令其破之。孩子答曰：「姓冠百家之首，名居四序之先。」哪怕爲了誇飾其能，將這孩子的歲數縮小了，其破題之巧，都足以令人歎爲觀止。這個故事，也曾經被人用到了張居正的身上。因此，無從探究其眞實程度；且探究起來的意義有多大，也是疑問。

張居正作八股文時，題目出自《大學》，曰：「生財有大道，生之者眾，食之者寡，爲之者疾，用之者舒，則財恆足矣。」今天看來，這根本就是廢話，當時確是聖賢之言。張居正的破題是：「善理財者，得其道而自裕焉。」——善於理財的人，懂得眞諦，自然會富裕有餘。後來，張居正的確用他的治國實踐，準確證實了此破題不虛。

我們知道，中國民間流傳著大量關於朱元璋聯詩作對子的故事，可見不是空穴來風。帝國風氣應是其來有自。

還有一則記載，則從另外一個角度，相當貼切地表明了帝國士大夫的心態——

劉健是明孝宗弘治皇帝時的文淵閣大學士，就是弘治皇帝臨死時，拉著手拜託他照顧正德皇帝的那位。此人一生專治程朱理學；後官居首輔，主持國家大政。其人在歷史上官聲還算不錯。他曾經多次對李白杜甫等表達了堅定的不屑：「現在的後生晚輩實在可笑，當了進士，就去學著作詩。有什麼用？就像李杜者流，不過是兩個醉漢。放著許多好人不學，偏要去學醉漢。」（見陸深《停驂錄》）

帝國讀書人的主流代表如是說，可以部分地證實了從明朝開始，中國思想文化領域裏如何急遽萎縮的狀況。若與朱元璋其他施政相結合，也可以部分地說明：到宋元時期仍然領先於世界的中國經濟文化，是如何在大明帝國時期開始退化的。

從這些作法上判斷，朱元璋在心理上，很有可能具有某種近乎偏執狂般的完美主義傾向。不言而喻，任何在國家治理上的理想化偏執作爲，其最終，必定導向災難性的後果。揆諸世界歷史，至今還找不到相反的案例。

或許令當時的讀書人唯一感到欣慰的一點是：在這裏，學習與考試的範圍倒是完全一致，就是本諸四書五經。

帝國規定，考試時，嚴格禁止觸及現實，亦嚴格禁止觸及政治。這些規定，可不是說說而已。違反了這一禁條，不僅僅是落榜了事，有時是會出人命的。張居正中試前後，發生了兩次誅殺大臣的事件，都與此有關。

一次是在張居正中試的三年前，皇帝將山東鄉試的主持人葉經逮捕下獄。

原因是，皇帝閱覽山東呈進的鄉試試題時，發現第五條防邊一問中有「北方侵略者入侵，防禦應對失策，封官受賞的人太多太濫，四處徵物斂財，財盡民窮」等

語。皇帝大怒，認爲這是在影射挖苦朝廷。加上重要的朝臣如嚴嵩等，也認爲此爲誹謗諷刺皇帝之意，於是下令將葉經杖八十。

結果，這位彈劾過嚴嵩、相當於今天國家監察部司局級幹部的御史大夫，被當場打死在宮殿門外的廣場上。

一般來說，杖三十到五十，就足可以致人於死地了。要想打死一個人，八十棍已經綽綽有餘。

在這種被命名爲廷杖的刑罰裏，有高深的學問。據說，那些行刑的武士們受過嚴格的訓練，屆時，他們用宣紙包著磚頭，然後用棍子擊打。合格的標準是：磚頭已經被打成粉末，外面的宣紙還需完好如初。以此功力，他們可以在看似不經意之間，幾棍子就置受刑者於死地；同樣，他們也可以在運棍如風、血肉橫飛之中，使人表面體無完膚，實則只是皮肉之苦，將息幾日，便痊癒如初。

如此高超的技藝，顯然不會僅僅爲打人而苦苦練就。其奧妙之處在於，他們與負責監刑的太監們心有靈犀，是催命棍還是留命棍，端在此默契之中。據說，這種默契表現在太監擺出的腳形上：腳尖向裏的內八字和腳尖外撇的外八字，其張合的角度大小，均具有極高的表現力。其間，太監自己的好惡尙在其次，關鍵是包含了太監對皇帝心意的揣度，還有在此人身上是否能夠得到好處，乃至好處大小的豐富信息。

於此細微之處，我們只要稍微運用一點想像力，就不難窺見帝國官場政治已經如何地臻於化境；也使我們在杜亞爾德勳爵《中華帝國志》中，關於「統治中國的就是棍子」的說法面前啞口無言。

到張居正的時代，死在這種大木頭棍子下的人，已經成百上千。從後來的情形判斷，張居正似乎並不反對應用此種方式來對付那些異己者。

張居正中了進士之後的第九個年頭，發生了為考選試題而起的另一次殺人。這次被殺的人官更大，是吏部尚書李默，相當於今天主管全國幹部與人事工作的最高首長。

當時，李默是此次考選的主持人，他在試題中選的是這樣一個句子：「漢武征四夷，而海內虛耗；唐憲征淮蔡，而晚業不終。」意思是：漢武帝征討四方，從而掏空了整個國家；唐憲宗征伐淮蔡地區，導致了他晚年事業的敗壞。

試題一出，嚴嵩的義子趙文華連夜上書彈劾。嚴嵩當時已經是帝國首輔，相當於今天的內閣總理大臣。李默是朝中少數幾個敢於與嚴嵩作對的高官之一。從史料中看，部分原因是李默其人天性偏直，部分原因則因為他是皇帝最寵愛的心腹重臣陸炳的老師，且師生感情一直不錯。

這位陸炳在歷史上口碑不是太好。他之所以終身受到皇帝的信任與喜愛，除了本人足夠機靈之外，大體上出於下列兩個原因：

其一，此人是唐代名臣陸贄之後，在嘉靖皇帝的父親時代，陸炳的父親就是王府侍衛，乃兩世為奴的從龍舊臣。而且，陸炳與嘉靖幾乎是同時出生，陸炳的母親是嘉靖的乳母。就是說，二人是吃同一位母親的奶長大的。

第二個原因是，此人曾經不顧個人安危衝進大火之中，將嘉靖皇帝背出險境，從此，官運亨通，一直官居錦衣衛都指揮，相當於當時帝國的憲兵總司令。

從陸炳一生行狀上判斷，該人似乎是個好事壞事都參合著幹過一些、但以壞事爲主的人物，雖算不上大奸大惡，卻也難稱好人。

趙文華則據說是嚴嵩三十幾個乾兒子中最受喜愛的一個。從歷史記載上看，此人行事卑污不堪，口碑壞極。當時，他官居工部右侍郎，相當於今天的中央工程建設部副部長。他認爲李默意在腹誹皇帝朝政，以漢武帝、唐憲宗的窮兵黷武，導致在歷史上名聲很糟來譏諷皇帝出兵平倭。

「腹誹」，是我們帝國一個特有的罪名，肯定可以列入世界之最。其含義是「在肚子裏罵人」。此時，嘉靖皇帝在位三十多年，對「晚業不終」這句話相當敏感，認定這個傢伙是在辱罵自己，遂將李默下獄論死。

《大明律》中規定，有十大罪惡必判死刑而不赦，就是我們經常說到的所謂十惡不赦。這十大惡分別是：謀反、謀大逆、謀叛、惡逆、不道、大不敬、不孝、不睦、不義、內亂。這些罪名相當模糊寬泛，並沒有精確的定義。於是，皇帝下令，《大明律》中沒寫臣罵君之罪，可見自古沒有這等不忠不孝不義之事。今日有了，就要從重處置。於是，李默在獄中被拷掠——就是毒刑拷打致死。死時，雙腿腫脹變形，後背皮肉脫落，長滿膿瘡。陸炳沒能救得了他的老師。

儘管他不是不想救。

由此可知，這種涉及到帝王和聖賢之道的東西，稍一不愼，就可能成爲致人於死地的利器。

於是，帝國讀書人的使命便是兩耳不聞窗外事，一心唯讀聖賢書。由寒窗苦讀，埋首窮經，來博取金榜題名，從而一鳴驚人，直上青雲。

一般說來，大凡通過科舉考試而躋身帝國官吏隊伍中的人，從發蒙，就是從認字開始，到進學，直到通過鄉試、會試，中了舉人、進士，他肯定是飽讀詩書、浸泡在四書五經中長大的；一定是裝了滿腦袋的「仁者愛人」，「達則兼濟天下，窮則獨善其身」，「老吾老以及人之老，幼吾幼以及人之幼」，「回也不改其志」之類理想，從而期待著一鳴驚人，然後致君堯舜，名垂青史。

然而，如張居正一樣，來到京師，踏入官場之後，也許用不了多久，他們就會發現，眼前的現實情形和以往聖賢的教導之間，頗有些大不同。那些修身、齊家、治國、平天下的大道理其實是很難有發揮天地的。自己想要致君堯舜的那些君，亦遠不如從前想像的那般莊嚴神聖。就如氣象萬千的紫禁城，遠遠望去，藍天麗日之下，紅牆黃瓦，何其輝煌。然走進來細細端詳，便失卻了許多神奇與聖潔。皇家的神聖，帝國的威儀畢竟有太多人爲包裝的東西。遠遠地看那包裝了的東西是一回事，身在其中地參與了包裝然後再看，則是另一回事。倘若目睹了那些驚心動魄的眞實過程，則其切膚之痛更何須多言？

以此之故，大凡從外省來到京城爲官的士子，或多或少都要有一個心理調適的過程。在這個過程之中，諸如四書五經、八股制義之類，便被謔稱爲「敲門磚」，意爲敲開官場之門後，便可以像對一隻穿爛的破鞋一樣，棄之如敝屣矣。

這種心理調適，實際上已經是一個再學習的過程。其天差地別之處，誠如吳思先生所言：前一次學習，學習的是聖賢的著述，他們學會了滿口仁義道德；後一次學習，學習的則是官場與社會這本無字天書，他們大抵需要學習的是滿肚子厚顏無恥，乃至男盜女娼。實事求是地說，要想參透這本大書的種種曲折隱晦之處，有時確實是極其困難的。

我們不難注意到，這兩次學習的截然斷裂甚至完全對立，是大明帝國生活的一個極爲重要而顯著的特徵。這種斷裂與對立，常常由於皇家某些不夠恰當的行爲——如我們所不斷看到的那樣——而受到強化。從而構成了帝國悠久文化的重要組成部分。

那種心理結構爲書呆子類型的人，和那些在前一次學習中已經完成了信念、信仰與人格塑造的人，在這個再學習的過程中，將會遭遇極大的痛苦。他們中的很多人，可能終其一生都無法完成這個再學習。因此，我們常常可以在帝國官場上，看到有些人以相當激烈的言辭與行動，表現他們憂國憂民的情懷。這使我們對於人心向善可以保留一定程度的信心。

可是，除了少數政治清明的時代之外，一般來說，這樣的人在帝國官場之上並不特別受歡迎，或者毋寧說，在大多數時代，這種人在帝國官場上特別不受歡迎。哪怕他們做的和聖賢的教導完全一致。部分原因在於，他們的表現經常使其他人的利益受到威脅，同時，勢必使帝王顯得愚蠢。因此，在中國多數時代的史料中，時常記載著這樣一些人：他們人品高尚正直，學問博大純粹，才幹卓越出眾，卻在官場上活得七扭八歪，一般少有太好的結局。

就這樣，在漫長的世代裏，帝國的君主和臣民，從來沒有停止過在兩條戰線上展開的戰爭：其一是對君權與孔孟之道——國家機器與意識形態所進行的長久的、雙重神聖化的努力；其二則是對實現自己世俗化人性訴求與欲望所進行的眞正堅持不懈的奮鬥。這是一場眞正的戰爭，曠日持久又無日無之。使得走上獨木橋的人們，每天都必須在帝王的心意、聖賢之道和自己的欲望、天地良心與良知之間，做出艱難的、有時是死去活來的選擇。

充滿內生矛盾的帝國秩序，事實上形成了這樣一種生活常態：嘴上說的，心裏想的，和實際做的事物之間，常常有著巨大的差異。致使生活在帝國中的人們，時常需要運用特殊的知識背景、經驗閱歷並付出專門的努力，去解讀皇家、官場和其他人的眞實意圖。在朱元璋所開創的明帝國傳統之下，這一點應該不難理解。

生活在稍後一些時代的一位法國思想家，名叫孟德斯鳩。在他那本對於十八世紀啓蒙運動產生了大影響的巨作《論法的精神》裏，曾經在幾個不同的章節，多次談到了中國人的這種生活狀態——

> 中國人的生活完全以禮爲指南，但他們卻是地球上最會騙人的民族。向他們買東西的人要自己帶秤——每個商人有三種秤：買進時用的是重秤，明明一斤二兩的東西，在秤上顯示的可能只有九兩七錢；賣出時用的是輕秤，你花一斤的價錢，買到的東西可能只有七兩；和準確的

秤，以備和自己帶秤的人交易時或接受檢查時使用。——在那裏，一切用術數或狡詐取得的東西都是許可的。欺騙是准許的，是可以理解的，並不被認爲特別不能容忍。（《論法的精神》第三卷，第十九章）

此人生活在西元一六八九年到一七五五年之間。

導致他得出上述結論的資料，肯定是發生在此前的歲月中。可能大多取自那些來過大明帝國或大清帝國早期的旅行者與傳教士們寫作的報告或紀錄。

我們很難找到理由說，他所說的這些與我們帝國的實際生活無關，或者說，他是在有意地侮辱我們。誠如我們到目前爲止所不停看到的那樣，生活在大明帝國中的人們，其感受可能比他說的更加痛切。

事實上，當皇家、帝國政府及其各級官吏們，時常需要用冠冕堂皇的聖賢語言，來掩飾自己缺少道德信念支持的行爲時，對這個民族的心靈所構成的扭曲與傷害，是巨大，長久而深遠的。千百年來，我們沒有能夠找到、開闢和發展出一條改善這一切的道路。因此，便只能寄希望於我們的君主，能夠成爲不世出的堯舜之君；寄希望於我們的官吏，能夠成爲諸葛亮似的賢臣、包青天式的清官。儘管四千年帝國史中的絕大多數時刻一再告訴我們：這是不可能的。但我們雖百死而其猶未悔。

當張居正意氣風發地成爲新科進士時，帝國的人口很有可能已經超過一億人，讀書人，即帝國官吏的後備人員則在一百二十萬到一百五十萬之上，而帝國文職官吏的總數，則僅僅在兩萬人附近的某一個數量級上。這些數字意味著：太多的人在覬覦太少的官位。帝國爲其臣民提供的選擇實在太少，致使狹窄的獨木橋上，競爭變得格外激烈甚至殘酷。如今，這種術數和狡詐，已經發展得有如武林傳奇中絕頂高手的過招：意念之下，身形甫動，對手已然肝摧膽裂，筋脈俱斷。而官場過招更有甚於此之處在於：出手之際，必以對方靈肉俱滅爲最高追求。對對手及其家屬心靈乃至肉體實施盡可能巨大的傷害，已經成爲官場中人十分普遍採用的方式。於是，無所不用其極，手段直達爐火純青之境界。

張居正就是在這種情形之下投身帝國官場的。

陰柔方能勝利：夏言、嚴嵩、徐階

一五四八年，時爲嘉靖二十七年，張居正進京爲官的第二年。

這一年，朝廷發生了一連串重大事件，撲朔迷離地發展到最後，以內閣首輔夏言被殺而告終。這是大明帝國自朱元璋之後，一百多年間，第一位相當於宰相級別名位的人物被殺。朝野內外爲之震撼。

這應該是帝國官場給青年張居正上的第一課。

夏言被殺之前，曾經在帝國內閣首席大學士——差不多相當於今天內閣首相的位置上四上四下。

今天人們時常談到的所謂內閣制度，在中國，其形成時間，大體上是始於大明帝國初期，成型於大明帝國的中期。最後，應該是在張居正走上帝國官場時的嘉靖一朝，方告最終完成。在此之前，似乎並沒有內閣這個制度與概念。其演變過程，最早可以追溯到帝國創立者朱元璋時代的洪武十三年。

這一年，是爲西元一三八〇年。朱元璋以奸黨一案，殺宰相胡惟庸，前後牽連至死者，凡兩萬餘人。與此同時，朱元璋對帝國政治制度進行了重大改組。在朱元璋留下的《皇明祖訓》

中，我們大體可以了解到此次改組的內容：「今罷丞相，設五府、六部、都察院、通政司、大理寺等衙門，分理天下庶務，大權一歸朝廷，立法至為詳善。以後嗣君毋得議置丞相。臣下敢以此請者，置之重典。」

從此，將在中國實行了至少一千五百年以上的宰相制度正式廢除：

——朱元璋基本按照宋代「三權分立」和兵不識將、將不知兵的理念管理軍隊。將原來相當於今天國防部的一個大都督府，拆分成前、後、左、右、中五軍都督府，互不統屬，各自負責一部分地區和部隊的管理，各自直接對皇帝負責。他們只有對軍隊的日常管理權，沒有調兵與指揮權；該許可權由六部之一的兵部，經皇帝核准後行使；統兵權則在軍事任務發生時，由皇帝臨時任命官員擔綱；戰事結束後，統兵官交出兵權，返回各自職司，士兵則各回各自的營地。這種縱橫交錯的管理體制，應該是帝國二百多年間，只在天順年間發生過一次不成功的兵變，基本無需擔心軍事政變的原因。

——吏、戶、禮、兵、刑、工六部的地位大幅度提高，其最高首長尚書的官階由正三品提高到正二品，由以往中書省的下屬機構和對宰相負責，改為平行的帝國最高行政管理機關，均直接對皇帝本人負責。

——御史台改為都察院，負責對文武百官的監察究劾，直接對皇帝負責。其所有御史均可直接上書皇帝。

——通政司是負責帝國各種文書接收傳遞的機關。

——大理寺則類似今天的最高法院，負責複審司法案件，與刑部、都察院共同負責司法審判之責任，習慣上統稱「三法司」。

由此，與以往世代比較起來，帝國政治制度與機構設置均變得極其簡單明瞭，其最大特點，就是所有權力最終勿庸置疑地全部歸到了皇帝手上，即所謂「大權一歸朝廷」。此後，該舉措在各種因素的交互作用下，閃展騰挪，演變得面目全非，大明帝國所有特異景象、重大事件和亂象，幾乎全部或與此干係甚深，或在此時埋下了意味深長的伏筆。其影響，堪稱至深且巨，令人一言難盡。

而其直接後果，則是一目了然：皇帝的威權變得空前之巨大。同時，其負擔當然也變得空前巨大。

《明太祖實錄》卷一百六十五中記載說：洪武十七年九月十四日到二十一日，八天之中，全國共有一千一百六十件各種文書報告送到朱元璋案頭，其中涉及各類事項三千三百九十一件。平均計算，該人每天需要批閱檔字數約二十萬字，處理事務四百二十三件。就是說，即便此人二十四小時不吃不睡，一個小時也要閱讀八千字以上，並在二十多件國家事務上做出決斷。這種情形稱得上令人畏懼。就算我們的皇帝是真龍天子，就算他的體力、精力、智力、能力都絕對超群絕倫，就算他無限熱愛此種工作，這樣的工作量應該也是形同苦役。

爲此，朱元璋曾經從民間徵召幾位飽讀詩書的老先生，來做自己的國事顧問，稱春、夏、秋、冬四輔官。其間效果如何，記載相當委婉而曖昧。推想起來，這些來自鄉村的老學究，若

眞能做到不是越幫越忙，眞能顧好這個問，倒確實是政治史上的奇觀。（《明史》．太祖本紀）

於是，朱元璋設置了華蓋殿、文華殿、武英殿、文淵閣和東閣等大學士，挑選那些品級較低、年紀較大、政績平平的文史官充任，幫助自己處理文書報告，以備顧問，但並不能參與政事。（《廿二史札記》卷三十三）

到永樂年間，燕王朱棣奪了自家侄子的皇位之後，開始讓這些大學士參與軍國大事的處置。雖然其官階仍然只有五品，沒有部下，沒有統轄機構，甚至沒有自己專門的辦公場所，既無宰相之名，又無宰相之實，但這些人全部是皇帝的親信近臣，每日侍奉於皇帝身邊，奔走於殿閣之下，特別是可以參與機務，看起來卻很像宰相。爲了避開宰相這個已經變得不祥的字眼，加之其名稱爲「入值文淵閣」，在內廷辦事，於是，人們含混地稱之爲「內閣」，算是有了內閣制的大模樣。（參見李天佑《明代的內閣》）

此後近百年間，大學士們開始兼任各部尚書、侍郎之職——就是兼任六部中的部長、副部長職位，有的還具有了正一品的太傅、太保或從一品的少師、少傅、少保等崇高榮銜，權力地位不斷提高。他們雖然不能到兼職的各自部門裏去實地任職，也不能干預各部事務，名義上仍然只是皇帝身邊的侍從顧問之臣；但在重大事務的決策上，他們實際上已經具有了相當大的權威。如人事推薦與任免建議、內政外交政策制定等等。而他們眞正的權威，則來自宣德年間所逐漸發展起來的所謂「票擬」之權。

這位以生產了宣德爐和酷愛鬥蟋蟀聞名於中國歷史的皇帝，也是一位丹青辭文造詣很高的

皇帝。票擬之發明權當屬此人。（《明史》・《宰輔年表序》）

票擬，又叫票旨、條旨，裏面暗含了帝國官場運作的大部分奧秘。

這裏涉及到了帝國國家機器運轉的方式與程式——

通常情況下，全國各地、各部門的報告文書先彙集到通政司，通政司登記在案，錄下副本，然後將所有文書象徵性地報告給皇帝，隨後轉到內閣，由大學士將處理意見「用小票墨書」後，分別貼在這些報告的封面上，送呈給皇帝最後批示核准，這就是票擬。實際上，等於是爲皇帝草擬御批的底稿。皇帝的御批使用朱筆，所以，又叫「批紅」。經過批紅的文書，再登記備案，錄下副本，然後，分發各地、各有關部門執行。

宣德爐

由此可知，全國各地、各部門，包括中央六部，已經很難不在掌握了票擬之權的大學士面前俯首貼耳。

而且，包括了票擬和批紅在內的這種國家機器運轉方式與程式，還給帝國官場政治留下了兩個絕大的漏洞。

其一，當最受皇帝信任的大學士正式成爲首席大學士時，「首輔」之稱謂便隨之產生，而且得到了皇帝的認同。這種情形大約是在憲宗皇帝時期發生的，就是以成化窯瓷器著名的那位皇帝。首輔沒有宰相之名，也沒有宰相行政號令、任免官吏之實。但當他深受皇帝信任時，卻可以壟斷票擬之權，並將皇帝玩弄於股掌之上，從而將屬於皇帝的生殺予奪大權，相當大程度地轉移到自己手上。此時，其令人畏懼的威力，甚至遠遠超過了以往眞正的宰相。這可能是朱元璋無論如何也沒有想到的；

其二，可能會令朱元璋更加沮喪和苦悶的是，當他的子孫們不像他那麼酷愛這些行政事務，或者由於精力、體力、智力、愛好等因素喪失了處理這些事務的能力和興趣，或者那些朝夕相處地陪伴著皇帝的太監們更加令皇帝喜愛和信任時，那專屬皇帝的「批紅」大權，便會落到這些曾經深受朱元璋蔑視的宦官們手中，使他們變成眞正的皇帝。屆時，首輔手中的票擬之權將同時失去效用。於是，既失去宰相之名、又失去宰相之實的滿朝文武，便在宦官們的撥弄下，死去活來，痛苦萬狀。

事實上，到張居正看到首輔夏言被殺的時刻，這兩大漏洞，早已經全部變成帝國的現實。夏言出任帝國首輔之時，中國的內閣制度才最終完善形成。這種情形，可能確實和嘉靖皇帝的身體不太好有關。

從湖廣安陸州興王府，即今天的湖北省鐘祥縣來到北京的嘉靖皇帝，相當長時間都不能適應北京的氣候水土，因此，患有「咳疫」和「痰疾」，曾經發作後連綿數月不能治癒，且發病次數相當頻繁而猛烈。從症狀上判斷，可能是西醫所說的嚴重慢性氣管炎或支氣管炎。導致皇帝無法臨朝面見群臣並處理國政。至少，嘉靖皇帝是這樣多次解釋自己的作爲的。於是，憂慮中的皇帝採取了兩個措施，希望改善此種局面。

一個是在宮中大力崇道修玄，齋醮祈福；另一個則是推動內閣制度的迅速完善。前者是希望道教的神靈上帝保佑自己養生長壽，後者則是爲了幫助自己控制政局。

在此之前，大學士們雖然具有了較高地位和通過票擬建立的威權，卻並沒有形成完整的內閣制度。比如，內閣長時間沒有自己的辦事機構，沒有正式的辦公場地，曾經一直與翰林院在皇家圖書館——文淵閣內合署辦公。到正統十年，即西元一四四二年，翰林院有了自己的衙署，文淵閣才成爲內閣專用的辦公處所。又過了不到十年，即景泰中期，內閣有了自己的辦事機構，即由中書舍人——機要秘書們組成的誥敕房，內閣制度方告粗具規模。

到嘉靖皇帝時，大體採取了三個步驟，使內閣制度最終形成。

文淵閣

一是將大學士全部換成順從自己的人，並令他們部分地開始干預六部事務，導致《明史》卷一百九十記載說：此後，皇帝身邊之臣「無進逆耳之言者矣」。

二是明確大學士爲文臣之首，如《明史》「職官志」所記載：閣臣們在「嘉靖以後，朝位班次俱列六部之上」。

其三，則是將文淵閣正式修繕改建爲內閣的辦公地點，地點在午門之內的東面，文華殿南邊的一排十間磚房。閣內一間恭設御座，其餘爲閣臣治公之所。閣東的誥敕房裏加裝爲小樓，仍爲儲藏圖書的皇家圖書館；閣西制敕房旁添造三間各官書辦——就是秘書兼隨從人員的寫字間。從此，《明史》「職官志」記載說，人們在談到內閣時，才不再含混地與翰林院和文淵閣攪在一起。

這件事情在嘉靖十六年完成，標誌著帝國內閣首輔雖無宰相之名，但已經具有宰相之實。夏言則在次年，嘉靖十七年十二月成爲帝國內閣首輔。此後，龍爭虎鬥，直到嘉靖二十七年被殺。

夏言曾是一顆耀眼的政治明星。在嘉靖皇帝即位初年的歲月裏，這位機敏幹練、銳意進取的官員曾經在裁汰冗員、清理皇莊等相當棘手的政務中，表現不凡，脫穎而出。此後，嘉靖皇帝在改革帝國禮樂祭祀制度上傾注了極大心血。將天、地、日、月分開祭祀就是在此時開始的，從此，北京城的東、南、西、北四方才有了天、地、日、月四壇。生活在今天的我們，已經很難理解，當時的人們何以要在禮儀祭祀上投入如此巨大的努力。但在那個時代，誠如典籍所載，國家最大的事情是兩個，一個是祭祀天地祖先神靈，一個就是動刀兵打仗。以是之故，我們才能理解，爲什麼一個「大禮議」會成爲眞正的軒然大波，嘉靖皇帝非要亂棍打死十幾位大臣才行。如今，皇帝對禮儀祭祀的變革，雖沒有形成大風波，卻也引起了官場不小的騷動。

此時，夏言堅定地支持皇帝，又沒有引起反對派的過多惡感，分寸拿捏得恰到好處。

或許是在官場太過一帆風順的緣故，進入晚年的夏言少了許多理智，多了不少隨意，終於，死在他可能幫過大忙的同鄉嚴嵩手中，以悲慘的結局告終。

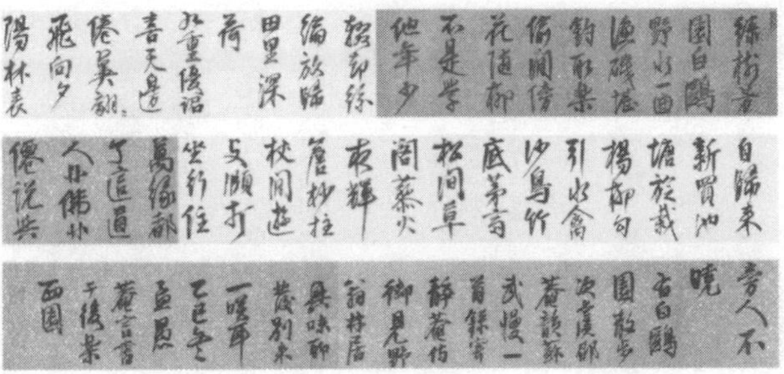

夏言手跡

嚴嵩和夏言一樣，都是江西人。論年齡，嚴嵩比夏言大兩歲；論科第資歷，嚴嵩比夏言早了十二年。論書法文才，嚴嵩應該也在夏言之上。但是，若論起權位來，嚴嵩與夏言卻根本無法同日而語。部分原因是，嚴嵩曾經長期離職，在江西分宜老家養病，時間長達八年多。人走茶涼，這麼長的時間，應該是足夠被官場徹底遺忘了。然而，在此期間，嚴嵩飽讀詩書，修身養性，使自己的詩詞文名和書法造詣均達到了相當高的水準。據說，他的書法作品以柔美嫵媚見長，其詩詞則清麗婉約，深得風人之致。一時間，史書形容他「頗著清譽」，就是說有很高的文名雅望。

嚴嵩身材高大清瘦，眉目疏淡，嗓音宏亮。於三十六歲重返官場，二十年後，官居南京吏部尚書。我們知道，帝國從永樂年間遷都北京之後，南京便號稱「留都」，保留了全套的中央政府機構和編制、官員。只是，那裏的官員許可權小，且遠離皇帝身邊的帝國中心，時常用來安置一些類似「雞肋」的官員。比如，酷皇帝朱厚照，當身邊的大臣勸諫得令他心煩時，他就喜歡把這種人的官職提升後，送到南京去。是故，那裏的官員常自嘲或被形容成是獨守空房的棄婦。因此，嚴嵩雖然升遷得不算緩慢，但心情難免鬱悶。

嘉靖十五年，即西元一五三六年，嚴嵩以為皇帝祝壽之故來到北京，就此，以五十六歲高齡，走出了人生重要的一步：留在京師，由偏房侍妾，一變而為正室夫人。

在嚴嵩的詩文集裏，可以看到他獻給夏言的數首詩。《壽呈桂公少傅》一詩曰：「少傅知予久，交承分愈親」，全然是後進晚輩的姿態，其謙恭柔媚，套近乎拍馬屁的味道頗重。其他大致類似。當時，夏言已經官居內閣大學士，是為次輔；但由於精明幹練，而深受皇帝信任，權力影響均已超過首輔。由此判斷，說夏言在老鄉嚴嵩這次意味深長的命運轉變中，發揮了不小的作用，大約是可信的。

有一次，嚴嵩在家裏做生日宴會，恭請已經晉為首輔的夏言赴宴。夏言退回了他的請柬，沒有光臨。嚴嵩便來到夏言家的門外，跪在門口，將請柬高舉過頭，朗聲吟誦內文。終於將帝國首輔請到了寒舍，令嚴嵩蓬蓽生輝。還有一種說法，說是夏言終於沒有蒞臨，嚴嵩於開宴之際，恭而敬之地跪在為夏言預留的座位前，為首輔遙遙敬酒。這種作法，應該會使夏言感覺極佳。

據說，嚴嵩之為人，謙恭和善，藹然有長者之風。就是在其後來位極人臣、權勢薰天之際，仍然保持著此種彬彬有禮、平和謙易之風範，絕少疾言厲色。致使其身後，天下皆指其為巨貪巨奸時，江南文壇領袖錢謙益，仍然在《列朝詩集小傳》中，轉述了當事人高拱所親筆記載的一則趣聞軼事：

嚴嵩當國，也就是主持中央工作時，帝國臣僚和各界名流聚會，爲嚴嵩賀壽。嚴嵩長身聳立，眾人「俯躬趨謁」，就是快步上前鞠躬拜謁的意思。站在一旁的高拱突然「噗哧」一下笑出聲來。嚴嵩問這個下屬何故發笑？高拱回答：眼前的情形，令我一下子想起韓愈韓昌黎的《鬥雞詩》來——「大雞昂然來，小雞竦而待。」所以忍不住發笑。當時，在北京的江西人很多，民間俚語中，稱呼江西人爲「雞」，可能和江西人的某種口音有關，完全沒有這個字眼在今天的含義。結果，此話一出，全場歡聲雷動，嚴嵩本人也笑不可抑。錢謙益悠然神往：「先輩風流雅謔，政府詞林，行跡無間，」是爲「嘉話也」。

年屆六十耳順之年的嚴嵩，背已微駝，清癯的面龐上，溝壑縱橫，刻滿歲月的滄桑。在一段不短的時間裏，他始終以恭謹之態尊事夏言。這可能是夏言對他心生悲憫，夷然不放在眼裏，一直以屬下晚輩傲岸待之的重要原因。

然而，事情在起變化。

嚴嵩的恭謹柔順和他文采飛揚的辭章，同樣給皇帝留下了深刻印象。今天我們能夠知道的《慶雲賦》和《大禮告成頌》等文字，文辭華美，獨具風騷，逢迎之意，其媚入骨。假如用朱元璋的標準判斷，大約稱得上是「諛而且佞」。此種文字，出自一位花甲老人之手，想來令人心情

白臉嚴嵩

格外複雜。然而，正當盛年、深具辭文素養且自我感覺極佳的嘉靖皇帝，卻在御覽之下，甚爲喜悅。逐漸，嚴嵩深獲帝心。

而此時，同樣年屆花甲的夏言，卻出現了頗爲「另類」的老年頹唐模樣。

本來，夏言應該算是一個才華橫溢的人，不但在政事處理上明快精幹，在詩文辭章上也頗有爛漫如霞之才。當他在大禮議和禮樂祭祀制度改革上站在皇帝一邊時，便深得皇帝歡心和倚重。可是，不知爲什麼，他似乎忘記了一個道理，天下有才華的人太多了，皇帝更加看重的並非才華，而是忠心與順從。因此，當上首輔之後，夏言逐漸露出恃才傲物的意思，在皇帝面前也似乎少了一些恭謹。不但不再時時事事隨順皇帝的心意，有時還丟三落四，令皇帝深感不快。因此，在很短的時間裏，連續招致嘉靖皇帝不滿甚至痛斥，並且曾經三次被斥逐，離開首輔之位。

後世的史家在談到夏言的表現時，說法很多，佔主導地位的說法就有兩種。

一種認爲，是嚴嵩等人的諂媚讒言，導致夏言失寵。

還有一種說法，則指斥夏言得意忘形，已經不把皇帝放在心上，從而粗疏草率所致。

更有一種說法，可能並非完全是無稽之談。

這種說法認爲：

夏言的私生活中，有一個絕大的苦惱，即沒有子嗣。今天看來，這對於許多人可能正中下懷，免得還要花錢去避孕絕育。但在古人「不孝有三，無後爲大」的傳統下，這絕然不是可以等閒視之的小事。我們知道，在古代的「七出之條」中，用一紙休書將不能生育的妻子休掉，是受到社會支持的。皇帝三宮六院七十二妃嬪與男人納妾也都出自同樣的理由。而那些不能生育的妻子們，主動為丈夫納娶姬妾，是避免更壞的命運並贏得社會讚譽的重要手段。這和中國被視為神聖的聖賢之道、宗法制度緊密相關。

然而，屋漏又逢連夜雨，船破偏遇頂頭風。沒有子嗣的夏言，偏偏碰上了一位既妒且悍的妻子，令他又愛又怕。結果，為了是否納妾以便延續子孫後代的問題，夫人發河東獅吼之威，尋死覓活，鬧得翻天覆地。直到夏言年近花甲且身居帝國總理大臣高位了，看看實在生育無望的夫人，方才相當勉強地允許自己的首輔丈夫納了小妾。由此，導致夏言身心交瘁，顧此失彼。

用這種說法，可以相當有效地說明：當皇帝命夏言撰寫《居守敕》時，一貫精細勤謹、且有倚馬可待之才的夏言為什麼會在最後一天，才慌慌張張地交出草稿。導致皇帝痛斥他：「爾所職何事，至今日方呈草耶？」（王世貞《弇州史料後集》卷五五）——你這首輔是幹什麼吃的，到今天才呈上草稿？隨後，不管夏言如何惶恐哀懇，還是將其撤職罷官。是為第一次斥逐。

應用這種說法，還可以解釋夏言第二次被斥逐的情形。

當時，西元一五四一年，嘉靖二十年八月，昭聖皇太后去世。夏言在奏疏中誤寫字號，遭皇帝叱責。夏言連忙謝罪，並提出身患疾病，請假還鄉。結果，皇帝勃然大怒，痛罵道：「何肆意放恣一至於此？」（《明世宗實錄》卷二五二）——怎麼囂張放肆到了這種地步？立即下令將其罷免之。

嘉靖皇帝是一個極度挑剔的人，特別難伺候。他曾經為一個錯別字，把一位上書言事的臣子廷杖一百，痛打後，再發配邊疆充軍。在喜歡採用酷刑對付臣僚方面，他可能是僅次於兩位祖先——洪武皇帝朱元璋和永樂皇帝朱棣的帝國皇帝。但為一個字如此發落帝國首席大學士——差不多相當於帝國內閣總理大臣，似乎也有些小題大做。據說，他此時已經知道了夏言家中的情形，結果，引起的不是同情和體諒，而是深切的不滿。他認為，臣子應該捨身忘家地忠於王事，哪裏可以為一己之私而怠慢皇家事業？儘管他自己當初深切沉溺道教之術時的原始動機之一，就有為了能夠廣子嗣的意思在內。由此，導致他覺得夏言已經不可信任。

嘉靖皇帝一生高度以自我為中心，從他對皇后、妃嬪、兒子、臣僚絕無體諒的行事風格判斷，上述推斷可能是能夠成立的。

夏言的第三次被逐，發生在半年以後，嘉靖二十一年閏五月。翻檢史料，在這次事件中，夏言不但沒錯，反而稱得上是令人尊敬的。這是一些古代的學者們，對夏言頗有敬意的原因之一。讓人特別無法理解的，反倒是有今天的學者，對此頗有煩言，令人完全無法知道是出於何種肚腸。

事情的大體經過是：按照帝國制度，皇帝日常戴的帽子是烏紗褶上巾，就是唐代所謂的翼善冠。當此時，嘉靖皇帝正在崇道修玄的興頭上。他不但自己喜歡戴道家一種叫香葉冠的道士帽，還讓人製作了五頂道士帽五雙道士鞋，分別賜給夏言、嚴嵩等五人。

一般說來，中國歷史上，從秦始皇開始，大凡崇信道教方術的皇帝，都要耗費大量民脂民膏，且迄今爲止，尚無導致良好結局的事例。不要說行多年惡政，把國家和人民糟蹋得一塌糊塗的漢武帝，就連英武如李世民的早死，可能都和服食道家丹藥有關。北宋皇帝宋徽宗趙佶，將崇道推向登峰造極，後來亡國滅家。由此，形成一種較爲普遍的心態，對皇家崇道不以爲然。

金冠

結果，其他人都領賞謝恩，行禮如儀，只有夏言拒絕了。他的理由是：「這不是國家規定的大臣服裝，我不敢接受和穿戴。」又說，「現在人們都在盯著我，穿上這玩意兒不是更授人以柄嗎？」

嘉靖皇帝聞聽之下，勃然震怒，令夏言退出宮苑。六十一歲的夏言，彷彿吃錯了藥一般倔頭倔腦，他說：「須有旨，乃可行。」「下旨乃可去耳。」（支大倫《皇明永陵編年信使》卷三）——必須皇帝下旨，我才能走！

這使嘉靖皇帝切齒痛恨。此後數年，直到誅殺夏言，念念不忘，一再提起此事。因此，明代歷史學家認爲，夏言被殺「由不戴香冠始」。（黃景昉《國史唯疑》卷七）

此時，嚴嵩的表現則大異其趣。他不但欣然穿戴上了道士鞋帽，還小心翼翼地在帽子上籠罩以輕紗，透出一派朦朧美感。嘉靖皇帝問他：這是典出何故？他莊重地告訴皇帝：天子所賜，不敢輕慢，恐灰塵玷污耳。其結果完全可以想見——帝心大悅。

可能就是在這一次，嚴嵩老淚縱橫地向皇帝訴說了夏言對自己和百官肆意欺凌的情狀。皇帝憐惜而且震怒，遂頒上諭，列舉夏言四大罪狀。聽上去，居然有四大罪狀，挺嚇人，實際讀起來，卻相當牽強。譬如，不戴道士帽也是一項，等等。但是，在皇帝看起來是大罪狀，這就夠了。

七月一日，以「臣欺凌君上，作威作福」之罪，將夏言罷官。同時，皇帝指斥監察官員失職，不早做糾舉，一口氣處分了七十三名言官。（谷應泰《明史紀事本末》《嚴嵩用事》）

一個半個月以後，西元一五四二年，即嘉靖二十一年八月十五日，嚴嵩以禮部尚書爲武英殿大學士，進入內閣，參與機務，仍掌部事，爲次輔。八個月後，首輔的兒子可能在科舉考試中作弊，事發，首輔被削籍，就是被開除公職。嚴嵩成爲帝國首輔。史書記載說：在此期間，內外百官但凡要做什麼事情，都要先取得嚴嵩同意，然後才能到達皇帝耳邊。於是，「副封苞苴，輻輳其戶外」。古人文雅，喜歡掉書袋。所謂苞苴者，蒲草編的草包也。《荀子》：「苞苴行與？」楊倞注曰：「貨賄必以物包裹，故總謂之苞苴。」說白了吧，就是行賄的紅包。輻輳，是車轆。就是說，四面八方前來送禮行賄的車子轎子，停滿了嚴嵩他們家門外的街道。（谷應泰《明史紀事本末》《嚴嵩用事》）

西元一五四五年，即嘉靖二十四年，夏言被召回到朝廷，第四次擔任首輔。

原因是，這些年來，嚴嵩和他那雖然長得不好看，但卻聰明絕頂的兒子嚴世蕃貪瀆之聲大起。至少有十個以上臣子，揭發彈劾這父子倆貪橫不法之情事。前面曾經提到，那位因爲考試題被廷杖八十，當場打死的葉經，就是彈劾過嚴嵩的御史大夫。當時的人們相信，他的眞正死因，是得罪了嚴嵩。

事實上，差不多在十年前，嚴嵩從南京來到北京後不久，父子倆就已經開始有了「貪」名，皇帝並不在意。在史料上看，他甚至一度認爲是夏言在背後支使的這些彈劾。因此，彈劾越多，皇帝對嚴嵩越加憐愛，覺得他爲了忠於王事而受委屈了。後來，嚴嵩的「橫」名一出，甚至一度成爲了「獨輔」，——就是唯一的內閣成員時，皇帝方才覺得有些不是滋味，於是，將嚴嵩的剋星夏言召了回來，放到嚴嵩的腦袋上。

如果說，以前夏言對嚴嵩只是不假以辭色，還不能說是欺凌的話，這一次，他倒是眞的算得上欺凌嚴嵩了。

他把票擬之權全部拿過來，眼睛裏彷彿就沒有嚴嵩這麼個人。然後，三下五除二，把嚴嵩這些年提拔起來的官員，抓的抓，貶的貶，流放的流放，開除的開除，弄得嚴嵩好不容易搭起來的班底，一時間七零八落。此時的嚴嵩，唯唯而已，很少表示什麼。就連他最親近的人被撤職，他也幾乎不施以援手。

帝國官場故事告訴我們，大凡到了這種情形出現的時候，故事的結局也就快到了。

不久，夏言抓住了嚴嵩的兒子嚴世蕃貪贓枉法的證據，他立即準備動本彈劾。這一次，嚴嵩眞的慌了。他那絕頂聰明、自稱天下才華自己一個人佔了三分之一的嚴世蕃也糊塗了，不知該如何是好。於是，發生了爲許多史書廣泛記載和引證的故事——嚴嵩帶領兒子嚴世蕃來到夏言家裏，長跪痛哭，以求免禍。

事情的大體經過是：

內閣大學士、相當於帝國第一副宰相的嚴嵩，攜大約是副司局級幹部的兒子嚴世蕃，來到相當於帝國宰相的夏言家求情。夏言稱病，將其拒之門外。嚴嵩將一個不小的紅包硬塞進傳達室工作人員的手裏，然後，與兒子一起擠開該半推半就的工作人員，來到夏言的臥室。額頭上敷著一塊毛巾裝病的夏言，聽到傳達室工作人員與人拉拉扯扯的聲音，睜眼看去時，嚴嵩父子已然跪在床前，放聲大哭。

據說，當時夏言長歎一聲，「遂置不發」。就是把事兒擱下了。嚴嵩父子以此一跪一哭，逃過此一劫。

登上首輔位子之前的夏言和做了首輔之後的夏言，行事風格頗多改變。而在首輔名位上四上四下，令他發生的變化似乎更大——理智越來越少起作用，強硬與隨意更多地表現，甚至全然喪失了政治鬥爭中的警覺與敏銳，連「誰是我們的敵人，誰是我們的朋友」這一基本問題都搞得糊裏糊塗，毫不講究政策、策略與方法，沒有重點，沒有層次，沒有步驟，沒有韜略，就像對待嚴嵩父子時一模一樣，碰上一個打一個，只要在口頭上打服了就行，彷彿是在快意恩仇一般。

夏言老矣。從裏到外都已經不復當年之風采神韻。英雄暮年，他實在應該聽從有一位幕僚的勸告，不要第四次出任首輔之職。

不久，夏言的劍鋒直指嘉靖一朝的首席寵臣——陸炳。

事情的起因大體是：這位與嘉靖皇帝吃同一個母親的奶長大、且救過皇帝命的錦衣衛都指揮使，和另一位帝國皇親國戚合夥貪贓枉法，數量可能還不小，證據落到了夏言手裏。夏言準備徹底查辦此案。

夏言做得沒有錯，用聖賢的標準衡量，他是值得讚揚和歌頌的。問題可能是出現在政治鬥爭的時機、策略與夏言的心態上。

當時，貪橫之聲最大、民怨最大、夏言最應該首先給予致命打擊的敵人，當然是嚴嵩。結果，卻被夏言輕輕放過。

陸炳是終嘉靖在世期間最受皇帝寵信的第一人，手中常年掌控著帝國的錦衣衛特務組織，這些都可以不論。問題是，陸炳也是一個聰明伶俐的人，屬於那種一按開關，全身上下到處活動的機靈角色。在嚴世蕃口中，天下之才他自己佔了三分之一，另外佔了三分之一的一個人，就是陸炳。此人壞事沒少幹，但一個最大的長處，就是特別喜歡結交各界名流雅士，和文人士大夫們的關係相當友善。同時，他與夏言和嚴嵩的交情都不錯，沒有明顯的親疏遠近之分。

顯然，他應該是夏言盡力爭取的同盟軍，結果，反被夏言推到了嚴嵩的陣營，變成了自己極其可怕的敵人。

史書記載說，當時，陸炳很恐慌，給夏言送去三千兩白銀，大約相當於今天的三、四十萬元人民幣的樣子。

據說，夏言一生清廉，最痛恨官吏貪瀆。

第二天，這筆錢被退回，上面附著一張字條，曰：老夫一生，只受朝廷俸祿。

陸炳急了，跑到嚴嵩處求救。嚴嵩當然不會把自己父子的情形告訴陸炳，他換了一個說法，用春秋戰國時期一位磊落偉丈夫的典故，點撥陸炳：「看來只能效法古代名將，如廉頗般負荊請罪了。」

陸炳大悟。來到夏言家門前，長跪請罪。夏言答應不再追究，但要求他自己寫一分供狀，就是檢討書，自己交給皇帝。從此，陸炳恨夏言入骨。史書上說，嚴嵩和陸炳就此聯合起來，「日與謀傾言」——每天商量著如何幹掉夏言。夏言全無覺察。

與陸炳同案犯事的是一位侯爵，乃當今嘉靖皇帝的親姑父。嘉靖皇帝由藩府王子入繼大統時，就是這位姑父前往迎接的。以是之故，該人成為整個大明帝國唯一一位沒有軍功卻被封為侯爵的駙馬。他曾經在一次重大的政治鬥爭中，雖不是為了支持夏言，卻在夏言的最後勝利中，起過重要作用。因此，他也應該是夏言的同盟軍。

此次，他同樣來到夏言家裏請罪。在他作勢欲跪時，夏言趕快將他扶起，首輔還沒有強橫到敢讓皇親國戚給自己下跪的程度。夏言相當懇切地勸導這位侯爺，請他以國事為重，莫讓蠅頭小利壞了一世英名。那侯爺哪有什麼英名可言，且從數量上判斷，可能也絕非小利。夏言無異對牛彈琴。換來的是，侯爺表面諾諾，實則切齒痛恨。

從上述事例中，可以看出，除了恩怨之外，已經六十五歲的老首輔夏言，可能確實希望把烏七八糟的帝國官場，收拾得稍微乾淨一點。而在上述事例中，我們同樣可以看出，他的這些作法，除了樹敵，並使事情變得更糟之外，已經沒有可能達到好一點的結果。表明此人的政治智慧與才能已經枯竭。

在這個過程中，他還顯然忽視了另外一個可以要命的因素——皇帝的心思。

此時，皇帝已經又一次開始對夏言不滿。

已過不惑之年的皇帝，此刻是越發地「惑」了。他眞心地、深切地沉浸在道家的修玄齋醮之中，希望以自己的虔誠獲得昊天上帝的回應。因此，他特別經常地向神靈表達自己的崇敬，同時彙報自己的思想，以求得福佑。其具體作法，就是我們已經知道了的——向上帝貢獻青詞。

寫青詞的難度，我們在前面已經有所介紹。事實上，眞正的難度還在於，寫一篇兩篇還可以，十篇八篇也能對付。若是三天兩頭長年累月地寫，不管白天黑夜吃飯睡覺地寫，還不許重複、還要每出新意，還要全部都符合上帝與皇帝兩位神靈的心意，這的確不亞於一件看不到頭的苦役。

夏言曾經是一個爲皇帝撰寫青詞的高手，這是皇帝十幾年間對他由喜愛、寵信、離不開，到又恨又愛，三番四次趕走了又召回來的重要原因之一。然而，此時的夏言，可能對此已經厭倦，他不再把爲皇帝撰寫青詞，看成是帝國內閣首輔的最重要國事了。平心而論，一個六十五歲的老宰相，每天需要處理來自全國各地的行政事務，還要長年累月地應付皇帝這種根本就是變態的需求，也眞夠難爲他的。於是，時常命手下人代筆，或者用過去的底稿，改頭換面一番，呈獻上去。

然而，糟糕的事情就此發生，且無可挽回。皇宮裏，屢屢發生皇帝惱怒地將他呈來的青詞，狠狠摔到地上的情事。

這些情形，夏言完全不知道。原因是，他對皇帝身邊的太監從不假以辭色，公事公辦，完事拉倒，並不表示什麼特殊的客氣。這樣，太監們自然也就沒有義務爲他通報什麼資訊。此種情形，完全符合帝國規制。夏言並沒有做錯什麼。

嚴嵩則與夏言完全不同。這位比夏言還年長兩歲的六十七歲老人，突然青春煥發，眞正是老當益壯。他把身心幾乎都投入到青詞的寫作中去了。於是，六十多年積累起來的聖賢經典、仁義道德、詩書禮樂、人生閱歷全部化爲錦繡文章，化爲皇帝的滿心喜悅，化爲直達上帝面前的繚繞香煙。

嚴嵩的另外一個不同之處是，他爲人很客氣。對皇帝身邊的人尤其客氣。每當與太監接觸時，迎來必定噓寒問暖，送往則殷勤叮囑保重。最重要的是，握手致意之際，每每會有一個銀或金元寶酬謝辛勞。結果，自然大不相同。

據說，嘉靖皇帝經常會讓太監們，在夜半時分，悄悄觀察內閣大學士們在做什麼。他得到的消息，差不多都是：夏言在酣然大睡，而嚴嵩則在孤燈下苦苦構思撰寫青詞，常到更深漏盡。

西元一五四七年，即嘉靖二十六年，對於張居正是個好年頭——高中進士並選庶起士；對於帝國卻是一個不祥的年份。

前一年八月，陝西三邊總督曾銑上書皇帝，提出收復河套地區，解除蒙古騎兵對帝國西北邊境威脅的方略。嘉靖皇帝找不到感覺，命兵部論證該方案，兵部把球踢回給了曾銑，令與其他西北地方負責人一道商量，拿出可行性報告。夏言則認爲曾銑忠勇可嘉，建議皇帝採納其建議。皇帝接受，下令褒獎曾銑，並決定預做準備，推進此事。

進入嘉靖二十六年以後，卻接連發生了幾件大事，導致事情急轉直下。

七月，陝西發生山崩，古人認爲大不吉，乃「分崩離析」之象；

十一月初五，皇宮突發大火，方皇后尚在寢宮之中，嘉靖皇帝卻令想衝進去救皇后的太監們趕快救火。導致這位皇后連燒帶嚇，很快死去。

十二月以後，正值嘉靖皇帝催促盡快落實收復河套之方案時，北京卻連連颳起大風霾，就是我們今天所說的沙塵暴。中國古代數術中，認爲大風霾乃是邊境刀兵大起的凶兆。

這些災異連連發生，令嘉靖皇帝大爲沮喪且緊張。此後發生的情形，在沈德符那著名的《萬曆野獲編》中記載頗爲可信。

當此時，嚴嵩的親密朋友，也是嘉靖皇帝最爲寵信的道士陶仲文，從斜刺裏殺將出來，劍走偏鋒並一劍封喉。他使嘉靖皇帝相信：山崩是要應在皇帝身上的。漢代時，發生此種災異，採用的方式，就是賜三公死。那時的三公，指的是宰相、太尉和御史大夫。如今，只有宰相和邊防大將去擋災，皇帝方可化險為夷。

於是，西元一五四八年，即嘉靖二十七年正月初二，農曆春節的第二天，嘉靖皇帝召夏言和嚴嵩，將上述災異聯繫起來，警告他們要「轉禍為福」。三天後，初六，皇帝便全盤推翻了對夏言和曾銑的支持。嚴嵩也一反數年唯唯之態，開始向夏言正面出擊。他向皇帝進言，認為這些災異與首輔夏言的行為密切相關。由此，導致曾銑等人被捕，夏言第四次罷官。

最後的結果已經無須過多浪費筆墨。因為隨著陸炳的加入，夏言必定難逃此劫。

事情的大體經過是：

陸炳是審理曾銑一案的最高負責人。他給皇帝的報告中說：曾銑曾經賄賂給夏言數萬兩白銀，所謂收復河套云云，不過是為了掩飾、冒功而已。給曾銑加上了謊報邊情，交結近貴——即夏言的罪名。

最後，曾銑和罷官後又被逮捕的夏言全部被處死。

據說，夏言臨刑前，嘉靖皇帝曾經一再觀望天象，見天無異象，方才傳旨行刑。誰知，令旨剛剛傳到刑場，便陰雲四合，大雨如注。史家談遷在《棗林雜俎》中記載說：夏言行刑前，所說的最後一句話是：「我要收復河套，實在是想為皇帝盡犬馬之忠呵，哪裏想到竟會這樣！」

至此，在與夏言近十年的搏殺中，六十九歲的嚴嵩大獲全勝。

此時，沉浸在喜悅中的老宰相，可能沒有留意到，有一雙滿是寒意的眼睛，正在冷冷地盯著自己的背影。

那是帝國吏部侍郎兼翰林院掌院學士徐階的眼睛。

徐階是松江華亭人，治下屬今天的上海市。《明史》記載說：此人小時候曾兩次大難不死，成爲當地人的傳奇。一次是在一歲時，掉進一眼乾枯的深井裏，救出來後，三天才醒過來；另一次是在五歲時，跟父親過括蒼山，從山崖上摔下去，卻掛在樹枝上，結果，保住了性命。

嘉靖二年，即西元一五二三年，徐階中科舉高第，爲進士第三人，就是民間所說的探花郎，故直接授官爲翰林院編修。前面曾經介紹過，這是一個極清貴的職位，接觸皇帝的機會很多，屬於帝國晉升速度最快的一類。當年，他只有二十一歲。

這一屆主考官是大學士費宏，嘉靖初年著名的首輔楊廷和曾經責怪費宏：爲什麼不把這位翩翩少年錄取爲第一名？嘉靖朝大名士王世貞在《嘉靖以來內閣首輔傳》中記載說：名相楊廷和曾經指著徐階說：「此少年名位不下我輩。」

從《明史》的記載裏，我們可以大概知道徐階的相貌：短小白皙，善容止，就是風度翩翩的意思；性穎敏，有權略，而陰重不洩，大約指的是心機很深不輕易外露之意。有一個重要的情形，常被人們忽視，徐階曾經是王陽明的再傳弟子，與王學門人過從甚密。這可能是他能夠最終打倒嚴嵩的重要原因之一。

進入官場不久，徐階曾經遭遇過一次不小的挫折。

嘉靖初年，政治風雲變幻莫測。恰於此時，徐階父親去世。帝國規制，父母去世時，官員必須離開官職回家守孝三年，一般是二十七個月，術語叫「丁憂」。徐階因禍得福，躲過了「大禮議」期間，官員們於左順門外廷杖時被迫表態這一劫。誰知，嘉靖皇帝不久就又開始更定祀典，就是改革禮樂祭祀制度。改到孔子祀典時，準備在祭祀時較大幅度地降低孔老夫子的規格，旨在以君權打壓師權。徐階不幹了，他侃侃而談，痛駁一位秉承皇帝旨意、從而勢焰正盛的當朝大佬。雙方激烈論戰，逼得大佬口不擇言地冒出一句不倫不類的話來：「你竟敢背叛我！」徐階一本正經地回答：「只有歸附才談得上背叛，我並沒有歸附您呀，背叛從何談起？」說完，作個揖便揚長而去。（《明史》卷二一三）據說，嘉靖皇帝為此氣得破口大罵，曰：「此人這般巧言善辯，翰林院難道可以用這樣的人嗎？」令人立即把徐階的名字鐫刻在柱子上，謂：「徐階小人，永不使用。」（陳田《明詩紀事》戊籤卷第十五，引《國史唯疑》）

當時，據說徐階已經做好了必死的準備，諸多重臣極力相救，最後，被貶到福建的延平府做推官，掌管刑獄。這兒，就是後來出了鄭成功的那塊地方。

徐階又一次因禍得福。在地方官任上，此人幹得相當漂亮，三年剛滿，便被提拔為黃州府同知，相當於地級市第二把手，還沒到任，又被提到省裏，任浙江按察僉事，相當於主管司法省長的助理，負責學校教育這一塊的監察司法。三年後，又被晉升為江西按察副使，成為助理一省司法的副省長。錢謙益在《列朝詩集小傳》中評論道：徐階「以文翰起家而志在經世。」

意思是：徐階文人出身，志向卻是治理國家。

經此磨鍊，徐階變得圓熟老練，加上年深日久，嘉靖皇帝可能也早忘了當年那一檔子不愉快。從此，在官場上一帆風順。多種史料上都有夏言極看重徐階，從而多方提攜的記載。徐階一路順風順水時，正值夏言當國。由此判斷，這種說法應該是可信的。

嘉靖二十年，即西元一五四一年，徐階出任國子監祭酒。不久，嘉靖二十二年，徐階四十三歲時，成為禮部侍郎——副部長，旋即遷為吏部侍郎，並在將近三年的時間裏，實際行使著尚書的權力。原因是，連續幾任尚書都年事已高且看重此人。此外，他還一度教習庶起士，並兼任翰林院掌院學士。大約就是這個緣故，他認識了並極其推重張居正；致使張居正對徐階終身執弟子禮，恭而敬之地以師禮尊事之。

夏言被殺時，徐階是部級副長官，朝中這個級別的官員有一大幫，尚屬人微言輕，我們找不到徐階在挽救夏言上出過什麼大力的證據。

嘉靖二十八年，即西元一五四九年，夏言被殺的第二年，徐階出任嘉靖朝最為重要的禮部尚書。

在其他朝代，禮部並不是一個受人看重的部門，之所以在嘉靖一朝變得特別重要，時常從這個部裏提拔大學士，是因為嘉靖皇帝屢屢在禮儀祭祀制度上折騰事兒，而且，他在修玄崇道時特別需要禮部的襄贊。

徐階能夠坐上這把交椅，和他極其出色的青詞寫作，有著極大的關係。《明史》記載說，由於徐階撰寫的青詞深獲帝心，以致於被皇帝專門召到無逸殿去值班。結果，連徐階被推薦擔任吏部尚書，皇帝都下令不許。意思是不願意徐階離開身邊，他需要徐階隨時爲自己撰寫青詞。

這種情形，令已經擔任首輔的嚴嵩極度不安。年過七十的老宰相無法容忍這個夏言獎掖過的小個子，更無法容忍皇帝欣賞除自己之外別人寫的青詞。

第二年，即嘉靖二十九年，歲在庚戌，是爲西元一五五〇年。這一年，發生了著名的「庚戌之變」，蒙古騎兵以邊境貿易的緣故，在俺答的率領下，大破明軍，長驅直入，直薄北京城下。嘉靖皇帝召見大學士們和禮部尚書徐階，問他們準備以何策對之。嚴嵩以此事由邊境朝貢貿易引起，一句話就把火引到了徐階身上：「這件事情應該由禮部負責。」徐階雖然不懂軍事，卻懂得孤軍深入的大部隊最怕曠日持久。於是，獻上一條虛與委蛇，以待援兵的疑兵加緩兵之計。結果，後來的發展基本被徐階矇對了。

就在這一次，發生了嚴嵩斷送兵部尚書——國防部長性命的故事。

當時，大兵壓城，兵部尚書向首輔請示方略，首輔點撥他說：「若是在邊境上，打敗了還可以找理由，在天子腳下失利，誰負其責？這是一幫餓賊，吃飽了自然遠走高飛。」這位帝國最高軍事長官居然就此辦理，任敵人在城外燒殺搶掠。後來，如徐階所說，援兵陸續開到，敵寇也搶掠得差不多了，於是，眞的遠走高飛了。

然而，城中的皇親貴戚和大宦官們不幹了。原因是，他們的大部分產業都在城外，此次損失最爲慘重的倒成了這幫傢伙。千夫所指之下，這位兵部尚書鋃鐺入獄。據說，臨被抓走前，嚴嵩就告訴了這位尚書一句話：「有我在，必有你在。」

於是，尚書一口咬定，不派兵出戰的決策出自自己，與別人沒有關係。就此，皇帝下令將其處死。據說，直到劊子手的大刀已經提在手裏了，這位尚書還在等著嚴嵩來救他。最後，大刀舉起來時，他斷聲喊叫道：「嵩賊誤我！嵩賊誤我！」從而，爲他的家屬和在場者留下了這段記載。

有兩件事情，差一點讓皇帝恨上徐階，並險些被派個苦差逐出京城。一次是請求早立太子；一次是爲已故皇后安葬。本來這都是禮部分內的事情，且徐階的報告也都符合帝國規定。誰知，不合皇帝心意，「帝大怒」。嚇得徐階趕快撤回了自己的提案，並立即重新上了一個完全順從皇帝的摺子，才算把事情緩解下來。據說，當時，嚴嵩聽說了徐階上的摺子後，很高興，馬上和兒子嚴世蕃商量，看看如何給他再上點眼藥，突然聽說徐階已經悄悄撤回原議，方才悻悻作罷。

王陽明

有一天，嚴嵩和皇帝聊天，聊到了徐階，嚴嵩先是把徐階誇獎一通，然後，輕描淡寫地說了一句：「徐階這個人缺的不是才華，是多了一點兒二心。」（《明史》卷二一三）有一種說法，說是皇帝頷首，對此深以爲然。

徐階危矣。

有史家評論徐階之爲人時，說他：「外示人以名節，內濟之以權術」，和他的隔輩老師王陽

明幾乎一模一樣。清末民初的章太炎，把徐階和王陽明相提並論並不是沒有道理的。（《章太炎全集》卷三，第四五八頁）

面對險濤惡浪，徐階處理得相當艱辛。

一方面，他傾全力精益求精地治青詞，以期挽回帝心。

另一方面，徐階平日之為人開始發揮作用。徐階平時禮賢下士，姿態極低。按慣例，吏部作為帝國最高幹部人事機關，是個極度敏感、人人警覺性特高的衙門。因此，至少在表面上，吏部官員對於前來辦事的其他眾官——不論是京官還是地方官員，一般都是公事公辦，三言兩語打發走人了事。而徐階當吏部侍郎時，對所有來人，均「折節下之」，就是毫無架子，而且必定促膝攀談，不管邊疆內地，吏治社情，民間疾苦，全都深入請教。結果，搞得大家每個人都暗自歡喜，以為徐長官特別看重自己。《明史》說，大家皆「願為用」，就是都願意替徐階辦事。

此刻，這種情形開始發揮作用。皇帝在他身邊來來往往的人們那兒，時常可以聽到一些徐階的好話。

而最重要也最難辦的，則是嚴嵩。

可能是因為徐階當政之後做了不少好事，人們為賢者諱的緣故，所以，史書中談到徐階巴結嚴嵩的情節時，大都隱諱簡約，吞吞吐吐，欲說還休。其實，這大可不必，所謂清者自清。有一些污點，反倒恰好可以反證出清者之艱難。

事實上，在相當長一段時間裏，徐階在嚴嵩面前，可能遠遠不止是像歷史學家們告訴我們的那樣，只是謙恭和委曲求全而已。實際情況可能還要不堪一些。比如，他可能將自己的孫女許配給了嚴嵩的兒子作妾；比如以躲避倭寇的名義，入南昌的戶籍，以便和嚴嵩攀上鄉親之誼。（于慎行《谷山筆麈》、《相鑒》）

我們知道，除了殺老鄉夏言之外，嚴嵩極爲看重鄉里之誼，曾經多方提攜和援助過江西老俵，並且，可能花費不算小地在家鄉大量架橋修路，舉辦慈善事業。從嚴氏父子一生行狀及其被抄家後的記載看，他花的肯定不會是自己的錢。不過，人們並不在意錢從何來。據說，直到今天，有些他當年修架的路、橋還在使用之中。至今，許多江西分宜人並不承認嚴嵩是奸臣的結論。

以是之故，徐階與另外一位同時的內閣大學士，被當時的人們稱之爲「嚴嵩的兩個小妾」應該不是空穴來風。（伍袁萃《林居漫錄前集》卷三）這也是後人相當同情徐階的原因。如丁元薦在《西山日記》中，就將徐階比喻爲含垢忍恥、臥薪嚐膽的勾踐。不管怎樣，徐階當時飽受屈辱應該是眞實的。

即便如此，嚴嵩並沒有放棄擠兌徐階。

比如，有一個膽子極大的大將軍，曾經在倒楣時求嚴嵩幫過自己，從此，認嚴嵩爲義父。此人最突出的一項事蹟是：一次，蒙古騎兵前來襲擾，他不敢出戰，派人花重金請敵人改一個地方攻打，不要到自己防區來。於是，敵人眞的換了一個方向。他卻就此向皇帝報告，說自己取得大勝，云云。從而，極受皇帝喜愛，被連連加官進爵。後來，升了大官的此人有些得意忘形，不願意再和嚴嵩保持義父子關係，連續得罪了嚴嵩和陸炳。結果，在陸炳的安排下，案發。

這個傢伙曾經和徐階一起工作過，嚴嵩便求見皇帝，想將徐階一起牽連到這個案子中去。誰知，等他很起勁地講完後，嘉靖皇帝慢悠悠地告訴他，在所有揭發這個案子的人裏面，徐階是第一個。據說，極善隨機應變的嚴嵩，居然呆住了，許久還不過神來。

就是在這種情形下，西元一五五二年，即嘉靖三十一年三月，徐階終於以禮部尚書兼東閣大學士，「預機務」——進入內閣，參與軍國大事。

這一年，徐階五十一歲。

從此，徐階與嚴嵩朝夕相處，在心裏，日夜角力。這個手腕，兩個人一掰就是十年。

從西元一五四二年，即嘉靖二十一年八月十五日，六十二歲的嚴嵩以禮部尚書、武英殿大學士進入內閣起，到西元一五六二年，即嘉靖四十一年五月止，八十二歲的老首輔嚴嵩，在帝國內閣大學士的位置上，整整待了二十年，其中大約有十六年左右爲首輔，還有若干時期爲獨輔。

這期間，大明帝國稱得上是異彩紛呈。此異彩紛呈者，乃眞正的異彩與怪異世相交織呈現之謂也——

譬如，很好玩的《西遊記》，大體上就是在此期間成形的。這本書的出現，絕對是個異數；

李時珍

原因是，數千年來，在中國人所寫的書籍中，能夠如此充滿幽默、調侃和機智、不媚俗、較少裝模作樣的，此書大約是唯一一本。只要智商指數能夠達到九十以上，應該就可以在那些老魔小妖裏，看到當時社會的大致情形。

那部眞正偉大的醫藥學著作《本草綱目》，是在嚴嵩夥同嘉靖皇帝殺夏言的第四個年頭開始萌生醞釀的。正是這一年，徐階成爲大學士，正式進入內閣。這本寫滿花草根莖的書，浸透了只有在最優秀的那類中國人身上才會具有的悲天憫人的偉大情懷；假如知道了這本巨著沒有得到過任何官方支持，完全是李時珍在一個污濁的社會裏，憑藉一己之力完成的話，你就會知道一個人的心靈、性情、才華能夠偉大到什麼程度。從而使人對這個民族深不可測的潛力懷有深切的信心。

在此期間，王陽明的弟子們則將老師的學說發揚光大，狂俠派何心隱一流人物大受歡迎；其他各種學說與流派紛紛露出端倪，全國各地傳播各種思想的書院如雨後春筍，一時間達到鼎盛狀態。此種景象，至少表明，朱元璋力圖以四書五經統一國人心靈的治國理想，即便不是完全破滅，也顯示出失去社會認同之大勢。

海瑞的絕大多數故事都是在此期間發生，包括他把自己頂頭上司胡宗憲那驕橫不法的公子修理得體無完膚，包括他把對自己有生殺予奪之權的大員鄢懋卿治理得恨不得食肉寢皮，卻又毫無辦法。這兩個人畢竟還有所不同，胡宗憲似乎沒有難爲海瑞，只是在後來當作開玩笑，談論過縣太爺海瑞在縣衙門後院自己種菜吃，並在爲母親過生日時買了二斤肉，等等。那個鄢懋卿則可能是直接策劃了對海瑞的報復。而那篇罵皇帝的千古奇文，也是在不久之後便大放異彩的。

倭寇爲禍東南，發生在此期間。由此，既有譚綸、俞大猷、戚繼光等人成爲一代抗倭名將，也有朱紈、張經、李天寵等有功無罪卻或自殺或被殺的冤魂；既有倜儻豪邁富有謀略，卻不得不依靠巴結權奸方才立功的胡宗憲，也有彷彿妖孽託生、無惡不作，卻官運亨通的趙文華。更有可敬可愛之女子，於刀光劍影血雨腥風之中，家國情懷，俠義可風，最終只能自蹈死地。

而一部驚世駭俗的《金瓶梅》，則有大可能是在這個時期醞釀成熟的，儘管還要再過幾年才能問世。這是一部在世界範圍內受到崇高讚譽的偉大作品，唯獨在孕育了她的祖國，後來所有世代都將其視爲恥辱和危險，反襯出一種猥瑣心理。中國文學幾乎沒有可能被超越的顛峰之作《紅樓夢》，肯定在其中汲取了大量的靈感與養分。

與此相關聯的是，此時產生了一位大才子大名士，他就是王世貞。

此人在當時帝國文壇上的領袖地位，達到了這種地步：任何人的詩文字畫，一經他的評點讚賞，頃刻之間便會身價百倍，譽滿全國。

這位大才子，在此期間曾經遭遇重大創傷。因此，眾多人們認爲，《金瓶梅》那位託名「蘭陵笑笑生」的作者就是此人——王世貞。這一派論者認定：嘉靖年間仕途黑暗，賄賂公行；富人淫惡，女界穢亂，友朋之道衰微，奸佞之徒囂張爲禍。因此，王世貞認爲「中國人，中國社會，已經卑賤墮落到了極點，貪鄙污穢，無所不登峰造極，於是寫作了這本書。」（《月月小說》第二年第二期）

王世貞所遭遇的重大傷害，與嚴嵩父子密切相關。

王氏家族是江蘇太倉之世代書香門第，王世貞的祖父官居南京兵部右侍郎，以謹愼厚道著稱。父親王官居右副都御史兼兵部右侍郎，勉強可以類比爲今天的中紀委副書記、中央監察部副部長兼國防部副部長。此人是個標準的文人，偏偏卻在緊急關頭屢立軍功，且功勞還不小。王世貞則與張居正一樣，是嘉靖二十六年進士，是爲同年。當時的同年，比之今天的同學關係要緊密許多。

同朝爲官的王家父子，對嚴氏父子基本保持著一種不遠不近、不即不離的態度，既不攀附，也不得罪。

誰知，嚴嵩之子嚴世蕃偏偏躲都躲不開地找上了門。

從史書記載上看，嚴世蕃的確天資極高，而且博聞強記，悟性絕佳。可惜，他的外貌粗肥醜陋，有一隻眼睛完全失明且性狀發生了變異。這是一種令人同情的生理缺陷，一般來說，會對人的心理發生不小的影響。

嚴世蕃酷愛上古鼎彝之器，就是我們今天理解的古代青銅器，也酷愛字畫文玩。史書上有大量記載，表明各級官員是如何在全國範圍內，爲他進獻這些寶物的。從後來的抄家清單上，我們至少可以看到數千件此類物品的名錄。可是，還不夠。他以各種方式讓王世貞父子知道，他需要王家祖傳的一幅畫。

這個故事有多種版本，我們姑取其一。

據說，這幅畫出自五代宋初江西人董源之手，名曰《夏景山石待渡》，爲其代表作，乃傳世珍品。此畫爲北宋末年大書畫家米芾所一生珍愛，臨死時，贈送給了自己結拜爲兄弟的王世貞先祖。傳到此時，已歷四百餘年，是王家傳家之寶。

如今嚴世蕃開口索要，令王家父子萬分痛苦。最後，萬般無奈之下，王世貞請一位高手，做了一幅唯妙唯肖的摹本。結果，爲精於此道的嚴世蕃識破。

在此之前，曾經發生過嚴嵩誅殺楊繼盛事件。從史料上判斷，嚴嵩殺楊繼盛和沈煉，可能是此人當政期間最遭人痛恨，並在歷史上最爲人詬病的。從而，最早結下了嚴氏父子對王家父子的怨恨。

楊繼盛也是張居正、王世貞的進士同年。其爲人清廉剛正，富有才華，且膽識過人，官居兵部員外郎。他曾經為一篇奏章，得罪了與嚴嵩作對的一個權貴，被連貶四級，為狄道縣九品典史，相當於今天的縣公安局長。狄道縣治下在今天的甘肅省隴西地區，是個民族雜居之地。幾年小官作下來，這位楊繼盛居然官聲大盛，當地民眾與少數民族同胞竟不叫其官名，直接稱呼他為「楊父」。

嚴嵩一見此種情形，遂想將這位「楊父」攏到自己旗下。於是，楊繼盛一年之內又連升四級，成了兵部武選司員外郎，相當於今天的國防部幹部司副司長。而且，嚴嵩還讓嚴世蕃贈摺扇一把，上書「人生得一知己足矣，斯世當以同懷視之！」——人這一輩子有一個知心朋友足夠了，這輩子就是閣下你了。

誰知，楊繼盛一生痛恨的嚴氏父子奸貪誤國，見到此物，視為奇恥大辱。他連夜上書皇帝，彈劾嚴嵩的十大罪狀、五大奸宄。此事發生在西元一五五三年，即嘉靖三十二年，正值嚴嵩權勢薰天之際。朝野為之震撼。

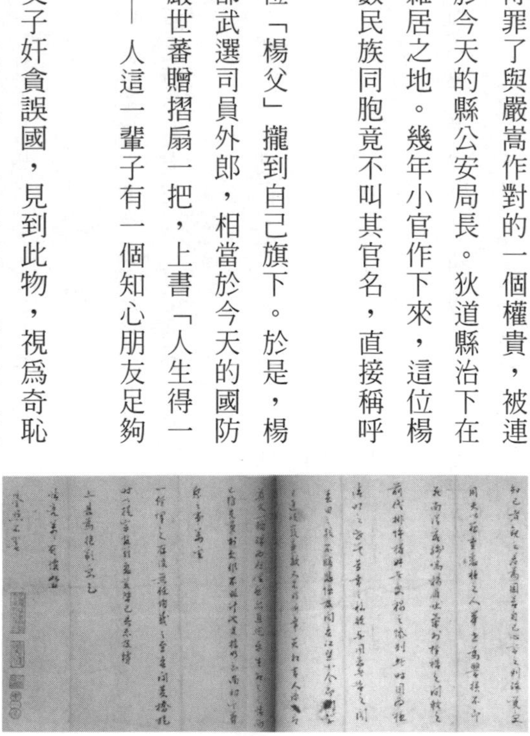

嘉靖皇帝可能確實沒想殺他，因此，將他在監獄裏關了兩年多。其間，大批官員包括徐階都在試圖挽救他的性命，以王忬、王世貞父子奔走最力。原因是，王愛才，而王世貞則為楊繼盛同年密友，且極其敬重之。

兩年後，西元一五五五年，即嘉靖三十四年十月，嚴嵩在一份估計皇帝必會批准的死刑名

楊繼盛手跡

單中，悄悄附上了與該案並無關聯的楊繼盛的名字。結果，導致楊繼盛被殺，遂成爲在明清兩代名氣極大的忠烈之士。

楊繼盛被殺時，王忬大病一場，痛惜國失棟樑之材。

王世貞則在刑場之上當眾痛哭失聲，並當場脫下自己的官服，蓋在楊繼盛的屍體上，然後撫屍大哭。

王世貞名聲太大。他的多方奔走和臨刑一哭，令眾多並不知情的人們，知道了楊繼盛的忠貞、冤屈和嚴嵩的詭計，並廣泛傳播之。由此，嚴嵩切齒痛恨王世貞。

終於，嚴嵩沒有出面對付王世貞，卻找由頭將他的父親逮捕入獄，並判處死刑。個中緣由，相當繁雜。簡單說就是：王忬當時官居薊遼總督兼右都御史，相當於大軍區司令兼監察部部長。當此大任之際，卻正值積重難返之時，左支右絀之下，被嚴嵩抓住了把柄。然後，罪遠不至死，卻被問成死罪。

遠在山東青州爲官的王世貞聽到這個消息，棄官不作，星夜趕回京城。與他剛剛考中進士的弟弟一道，來到嚴嵩家門前，長跪不起，淚流滿面，請求已經八十歲的老宰相高抬貴手。嚴嵩表現得相當客氣，把兄弟二人讓進客廳，溫言撫慰，並保證在皇帝面前周旋，救他們父親的性命。

此後，王世貞兄弟每天身穿囚犯的衣服，跪在百官上朝的必經之路，「自批其面」，就是自己打自己耳光，懇求襄助，並表示願以二人之命，替父親去死。終於，他們的父親還是被開刀問斬。時在西元一五六〇年，即嘉靖三十九年冬。

此時，離嚴嵩倒臺還有兩年。

事情之所以發生變化，在很大程度上，與上帝的意志有關。就是說，自然規律開始發生效力。而徐階，則在長達十年的韜晦與角力中，恰到好處地徐徐發力，就此，將已經八十一歲首輔的那隻老手掰倒。

細究起來，或許會有人說他勝之不武。因爲，嚴嵩反正也沒有幾年活頭了。然而，如果沒有徐階的一擊，嚴嵩和他那位兒子還會如何爲禍，是沒有人能夠說得清楚的。要知道，遭受了罷官、抄家、愛子被殺、全家流放、沿街乞討等種種重創之後，嚴嵩可是仍然一口氣活到了八十七歲。

在中國古代歷史上，每到關鍵時刻，常常會有一類充滿吊詭之意的事件，使重大情勢轉向相反的方向。這可能是中國政治史上一個值得特別研究的重大課題。

在此之前，從嘉靖十五年，嚴嵩來到北京時開始，到嘉靖四十一年爲止，二十六年間，在我們手頭有限的史料中，粗粗統計起來，各級各類官員彈劾嚴嵩的就至少不下二十次以上。許多奏章證據確鑿，條理清晰，邏輯嚴密，卻全然沒有發揮作用。而最終導致嚴嵩命運發生轉折的關節點，卻出現在誰都沒有想到的地方，這就是——

西元一五六一年，即嘉靖四十年，嚴嵩的歐陽夫人去世了。

史書記載，嚴嵩一生不爲女色所惑，與歐陽夫人感情甚篤。這也可能是嚴嵩身體強健、長壽的原因之一。

按照帝國制度，父母去世時，帝國官員必須辭去官職，回家守孝二十七個月，制度術語叫做「丁憂」。此時，官居工部侍郎即帝國中央工程建設部副部長的嚴世蕃，也要離職回江西老家去「丁母憂」。

嚴嵩老淚縱橫地請求皇帝：自己年事已高，起居飲食要靠嚴世蕃照顧，可否讓其他爲官的孩子代爲丁憂？皇帝答應了老宰相的請求。

其實，嚴嵩的請求中，隱藏著一個絕大的奧秘：在相當長時間裏，嚴嵩那些深受皇帝喜愛的青詞，大多出自嚴世蕃之手。而且，皇帝經常在門縫裏塞出來的手諭，嚴嵩在許多時候，根本就看不懂，只有嚴世蕃才能領悟其中之意，於是，替嚴嵩所作的回答方能深中皇帝下懷。

據說，由於下列三個原因，使晚期的嘉靖皇帝在講話和書寫手諭時，句子都極其短暫簡約。一個原因是：皇帝在修玄崇道中，遵循著道家養氣之理，不宜說與寫長句子；第二個原因是：這些口諭和手諭要靠宦官轉達，有保守機密的意思在；第三個原因是：皇帝需要借此考驗身邊重臣，是否能夠與自己心有靈犀、心心相印。

徐階剛剛進入內閣不久，曾經收到了皇帝的一個手諭，使聰穎絕倫的徐階嚇出一身冷汗。這張手諭上只有六個字：「卿齒與德，何如？」顯然，齒，是指的年齡；德，則指的德行。從字面上看，這裏只能有一個解釋：你的年齡與德行怎麼樣？是般配的嗎？是年紀雖大，卻德行不修嗎？是爲老不尊嗎？

若是這樣的一問，可就太厲害了，分明表示了皇帝對徐階品性的懷疑。忐忑不安的徐階，翻來覆去地反省自己到底做錯了什麼，究竟爲什麼事情惹得皇帝發此一問？他苦思苦想，怎麼也弄不明白皇帝之意何在。最後，直到臨睡覺時，徐階夫人靈機一動，提醒他，皇帝會不會是在問：徐階與歐陽德的年齡誰大？因爲，當時，歐陽德剛剛接替徐階禮部尚書的職位。

第二天，萬般無奈的徐階，只好按照夫人的說法回覆了皇帝。結果，還眞讓他夫人猜對了。皇帝看到徐階的回覆，大悅，知道此人可以大用了。從此，徐階通過了皇帝的考察，並學會了如何理解皇帝那天書般簡約寶貴的手諭。

另外一個能夠看懂天書的就是嚴世蕃。平倭時，胡宗憲買通嚴嵩的義子趙文華，將嚴嵩的關節打通，希望能夠當上總督。報告上去後，皇帝批來一張紙條，也是六個字：「憲似速，宜如何？」嚴嵩理解皇帝的意思是：胡宗憲提拔得好像快了點兒，應該怎麼辦，你們再議一議。於是，覺得還可以再爭取一下。嚴世蕃一看，告訴老頭子：此處的「宜」字根本不是「相宜」或者「適宜」的意思。胡宗憲沒戲了，推薦楊宜吧。這位楊宜剛剛立功，此時，皇帝對他印象正好。結果，按此報告上去，當時就批准了。

類似的故事有很多，有的出典極其生僻，有的則跟猜謎語沒有兩樣。不再細說。

在智力上，嚴世蕃屬於那種天才類型的人。在帝國官場上，他的智力應用得到了超常發揮。這廝精明到了這種程度：天下所有官職——從中央各個機關，到各地省、市、縣級單位，各級、各類、各種、乃至各個官位，其肥、瘦、好、壞，每年能有多少外快進項，他全都一清二楚。這就爲他父親安排各種官員，提供了準確依據。因此，當時官場上的人們都知道，想要瞞過嚴嵩很容易，要想胡弄嚴世蕃則根本沒有可能。偏偏打通嚴嵩只能通過嚴世蕃。於是，嚴世蕃儼然成了按比例抽頭的賭場莊家、坐在山寨等著分贓的大王、和今天理解的收保護費的黑社會老大。

不過，公平地說，嚴世蕃也不是只進不出，那不符合經濟學說裏社會財富再分配的原則。嚴世蕃手面很大，相當豪闊，該出手時，從不吝嗇，屬於那種交遊廣闊的人。是故，三教九流，朋友遍天下。特別是在結交宮廷之內、皇帝身邊的人們時，嚴世蕃饋贈起財寶來，有時可能都令老宰相肉疼。但就是爲此，嚴世蕃每每能夠預先知道皇帝的情緒、動向和究竟想幹什麼，於嚴嵩、徐階者流還在懵詫詫時，早就拿出了漂亮的預案。很有可能，這是嚴嵩在首輔的位置上能夠一待就是十六年的重要原因。

以是之故，當時，北京城裏對嚴氏父子，廣泛流傳著「大宰相」和「小宰相」，「大學士」和「小學士」之說。

嚴嵩徵得皇帝同意留下嚴世蕃，算是鬆了一口氣。誰知，嚴世蕃那裏卻出了毛病。直接的原因是，嚴世蕃身穿孝服，乃不祥之身，按皇家制度，是不允許進入大內的。因此，他無法如以往那樣陪伴父親進宮值班。

另外一個原因則可能更重要：

歐陽夫人在世時，於女色方面，對嚴世蕃管教極嚴。嚴世蕃也頗爲敬畏母親。如今，老人家去了，父親又要每天忙於國家大事，這廝突然解放了。於是，根本不管熱孝在身需要遵守的帝國禮儀制度，用他那幾輩子也花不完的錢，在極短的時間裏，按照古制，一口氣給自己弄了二十七個嬌姬美妾，稱「二十七世婦」。從此，每天躲在家裏，色中餓鬼般地昏天黑地，快樂無比。

大約就在這段時間前後，嚴世蕃說出了兩句千古名言：一句是：「皇家沒有我家富」；另一句是：「皇帝沒有我快樂」。在此情形之下，他還哪裏有可能、有心思好好爲父親撰寫青詞、解讀天書？

遂使他那老眼昏花的父親，只能於顛三倒四之際，時常哆嗦著雙手，親自操刀了。

這樣一來，輪到皇帝看不懂嚴嵩寫來的東西了。

八十一歲的老人，能把文句寫通已屬不易，哪裏還可能談得上文采飛揚？而且，由於沒有看懂皇帝的意思，驢唇不對馬嘴之事亦有發生。當年那一筆清麗柔美的蠅頭小楷，如今大約也如核桃般大，還會不時扭捏一番。

而嚴世蕃在熱孝期間縱情淫樂的事蹟，也時不時地傳到皇帝耳朵裏，據說，以孝子自居的皇帝頗爲厭惡。

皇帝不高興了。

皇帝很快就覺得，斯人老矣，老愛卿大約是該休息啦。於是，越發倚重徐階。《明史》記載，帝「有所密詢，皆捨嵩而之階。尋加太子太師。」——皇帝要商量什麼機密事項，都來找徐階而不理嚴嵩。並不久就給徐階晉級爲太子太師。

這是一個從一品的崇高榮銜，差不多位極人臣了。

就在這波詭雲譎、極端微妙的時刻前後，幾件導致皇帝對嚴嵩由不快、不滿到厭惡的事情發生了。

先是頭兩年，出在趙文華身上的事兒，令皇帝不太舒服。

在飽讀詩書的帝國官員中，這位趙文華也算是一個異數了。

他是嘉靖八年的進士，中第前，曾經在國子監，就是帝國中央大學裏讀書。那時的趙文華，儼然一代江南才子，意氣風發，才華俊逸，氣度非凡。當時，嚴嵩清望正隆，是爲國子監祭酒，就是校長，很欣賞這位少年才俊。後來，等到嚴嵩的政治行情節節上升之際，趙文華便正式跪拜嚴嵩爲義父，並在嚴嵩的安排下，官居通政使，主管通政司這一上傳下達朝廷文書報告的機要機關。

這太重要了——嚴嵩時常可以在壞消息到達皇帝那裏之前，先自採取措施，將不利因素化解於無形，或者，至少削減到最低，原因端在於此。

趙文華曾經兩次作爲欽差大臣，在平息倭寇之亂中，發揮過極其複雜的作用。有功無罪而被殺的張經、李天寵，都是死在此人之手。前面曾經談到過的那位陸炳的老師、吏部尚書李默，表面上是因爲出考試題被殺，實際上，部分原因是因爲不買嚴嵩的賬，部分原因則是由於胡宗憲和趙文華的緣故。《明史》「奸臣傳」中記載說，胸懷大志又富有才幹的胡宗憲，爲了通過趙文華結交嚴嵩，從而得到總督的職位，對趙文華「諂奉無不至」，就是無微不至地諂媚、逢迎、拍馬屁和奉送珍寶給他；最後，導致梗在中間的李默被殺。又小經曲折後，胡宗憲終於如願以償。

當了總督的胡宗憲，用盡各種方法，將自己的謀略滲透給欽差大臣趙文華，使完全不知兵機謀略爲何物的趙文華，以爲這些都是出自自己的智慧，於是，不再干預指揮，聽憑胡宗憲作爲。最後，終於在平定倭亂中，立下大功。那位俠義女子於家國之間淒婉慘烈的故事，就是在此期間發生的——

當初，胡宗憲與大才子徐渭徐文長遊西湖時，曾經見到另一艘遊船上，有一位全無風塵之氣，姿容秀美、儀態高貴的女子，目眩神迷之際，疑爲天人。這位女子，就是當時名滿江南的名妓王翠翹。

王翠翹與徐海青梅竹馬，傾心相愛。後來，徐海成爲倭寇大頭目，遂將王翠翹掠到自己身邊，稱夫人，對她極好。

胡宗憲了解此種情由後，派人饋以重金，以國家大義勸王翠翹，並保證：如果徐海接受招安，其官爵富貴包在自己身上。在這雙重激勵之下，徐海終於被王翠翹說服，決定接受招安。

誰知，趙文華卻出了花樣。可能與皇帝和嚴嵩的意思有關，也可能是剿滅的功勞更大。趙文華堅決要將徐海等消滅之。逼得胡宗憲利用徐海，在幾股倭寇中裏挑外撅；導致他們之間互相猜疑不已。官軍乘勢圍而剿之。最終，徐海在絕望中自殺，倭寇大部分潰散。

在慶功宴上，胡宗憲將被官軍俘獲的王翠翹召來，當著大家對翠翹說：「微卿則東南不能貼席，卿功不在和親之下也。」意思是說，如果不是因爲您，現在大家根本得不到安寧，您的功勞不亞於古代那些和親的公主。口氣客氣而公正。

當時，胡宗憲希望王翠翹能夠嫁給大才子大名士徐文長。

王翠翹拒絕了。

她說：「我是個薄命的女子，承蒙您看得起，讓我爲國家的大事出力。我感激您拿我當成知己，所以，不敢把自己的私情放在公家的大事之上。徐海待我情深義重，如今，爲我之故而死，那麼多的兄弟們也死了。您是好意，讓我嫁給名流，我要是腆著臉再結新歡，就不僅僅是對不起徐海了，那對他是太大的侮辱。您要是眞的可憐我，就請借我一條船，讓我拜祭一下他吧。」

史書記載說，翠翹乘舟，設祭於江上。她盛裝豔飾，明豔不可方物，令人不敢正視。她淚

流滿面地拜祭完後，又操琴彈奏了一曲徐海生前最喜愛的樂曲，然後，摔碎琵琶，縱身跳入大江。（事見宋起鳳《稗說》・王翠翹）

嚴嵩倒臺後，胡宗憲以嚴黨之故，被捕入獄，幾經周折，後仰藥自殺。

徐文長則成爲中國書畫大家，但患了嚴重的精神疾患，曾數次用利器自殘。

而趙文華，則爲此一役倍受褒獎。據說，他在皇帝面前很謙遜地表示：此役之所以能夠成功，除了皇帝崇道修玄使上天降福外，還由於首輔嚴嵩運籌帷幄之中，方才可能決勝於千里之外。於是，一對義父子全部晉升了官爵。

隨後，道行畢竟還不夠深湛的趙文華，欲令智昏，把兩個全都得罪不起的人一起都給得罪了。

《明史紀事本末》中記載說，嚴嵩有一種秘方配製的養生藥酒，趙文華在最討義父歡心之際，討到了這個秘方。試用之下，果然效力不凡。於是，他不聲不響地將秘方進獻給了皇帝，並說明此方只有嚴嵩和自己知道。誰知，皇帝心裏大爲不快：怪道嚴嵩如此康健，原來有這等好事在一個人享用。於是，召嚴嵩來問。嚴嵩嚇得遍體冷汗，只好堅不承認。皇帝將趙文華所上秘方和密信擲給嚴嵩，便拂袖而去。

嚴嵩當即將趙文華叫到內閣首輔辦公室，予以痛斥。身爲帝國正二品工部尚書的趙文華跪在地上，痛哭流涕。徐階等內閣成員一再勸導，嚴嵩終不能釋懷，命雜役將趙文華驅逐出內閣。後來不久，更在一次群臣雲集的場合，嚴嵩見趙文華也來到其中，便將他喚到眾人面前，徐徐說道：「老夫一生只與正人君子交往，絕不與翻覆小人為伍。」然後，命人將其攙扶出去。

趙文華失去皇帝歡心的緣由是：有一天，皇帝在宮城上，發現西長安街上新起了一棟高大的民居，詢問之下，知道是工部尚書趙文華新蓋的府第。邊上的一個宦官說：「聽說工部粗大的材料都用在趙尚書的府第上了，怪不得宮裏修繕總湊不夠材料。」當時，嚴嵩和徐階都在身邊，二人均佯作未聞，就是裝沒聽見。嚴嵩曾經向皇帝推薦趙文華進入內閣，皇帝的心裏可能會有所遷怒。

不久，趙文華被開除公職，兒子發配邊疆從軍。《明史》列傳第一百九十六《奸臣傳》中說，命令下達後，舉朝相賀。隨後查出此人貪污軍餉十萬四千兩白銀，追贓一直追到十五年以後，才追回來一半。此時，已經過了嘉靖、隆慶兩代皇帝，萬曆皇帝與執政的張居正仍然不許豁免，並將他的兒子發配到了最苦的地方充軍。

事實上，這筆錢可能確實無法追回。因為，當時就已經有記載說，凡到京中來領到軍餉的，六成需要直接送到嚴府，只有四成到得了軍中。否則，下次來領餉的，就不是上次的那位軍官了。

到此時，徐階開始出手了，雖然仍然不是正面交鋒。

當時，先後發生了兩件事情，一件是皇帝居住的萬壽宮失火，嘉靖便暫時移居到了玉熙宮，據說，這個宮很窄小，皇帝心裏悶悶不樂。群臣就請皇帝移回乾清宮，皇帝因為以前的列祖列宗都死在那裏，不願意。嚴嵩則請皇帝搬到南宮去住，結果，一下子正觸到皇帝的霉頭上。原因是：那是當年正統皇帝復辟之前的幽禁之地。皇帝為此「大不樂」。這時，唯獨徐階力主為皇帝營造新宮，並且算了一筆帳，表示不必勞民傷財，憑現有材料既可完成。還保證在三個月內，一定恭請皇帝移駕新宮。

皇帝大喜，立即批准，並任命徐階的兒子為總工頭。

結果，經過三班輪作，日夜趕工，屆時，竟然一切如徐階所言。《明史紀事本末》卷五十四《嚴嵩用事》記載道：「自是，凡軍國大事悉咨之階。間有及嵩者，不過齋醮符籙之類而已。」——從此，所有軍國大事全部都只與徐階商量，偶爾涉及到嚴嵩，只是那些道教事務而已。

在此期間，另外一件事情更加可怕——

有一個道士叫藍道行，以扶鸞靈驗著稱，嘉靖皇帝信之如神。

扶鸞又稱扶乩，古人認為神仙來時會駕鳳乘鸞，所以雅稱扶鸞。一般則稱之為扶乩。是一種請求神靈指示的方術儀式。顧名思義，扶，指扶架子；乩，指的是卜以問疑，請神仙指點福禍凶吉。其大體作法是：在一個沙盤上，立一個丁字型木架，其直端頂部懸錐下垂。架放在沙盤上，由兩個人分別用食指搭扶在橫木兩端。依法請神時，木架的下垂部分就在沙盤上畫出文字，成為神靈的啓示。

一般來說，被請下來指點迷津的神仙，幾乎包括了所有能被叫出名字的神靈，從玉皇大帝，到關公關老爺。嘉靖皇帝心有疑慮時，會把自己的疑問寫在紙上，密封起來，然後交給道士去請教神靈。道士則會焚香禮拜，恭請神仙降臨，並將皇帝密封的問題以火焚之，算是把問題送達神仙，請求就此給予指示。一般說來，扶乩之人是不能知道對方所需要解答的疑問的，否則，就成了人在回答問題了。

關於此次扶乩，史書上記載的情形大體是：

皇帝問，如今的輔臣賢否，爲何達不到天下大治？

神仙回答，奸臣當道，賢臣無從施展。

皇帝問，誰奸誰賢？

神仙答，嚴嵩父子奸，徐階賢。

皇帝問，上天爲何不降災誅滅奸臣？

神仙答，留待皇帝正法。

皇帝問題提問完畢，陷入久久沉思。

這段故事，在眾多的史書史料中，被反覆大量地引用。但能夠注意到一個基本事實的人卻不是很多。何心隱是王陽明開創的王學門下一大流派的領袖性人物，道士藍道行則是何心隱的密友，成爲道士前，可能也是重要的王門中人。如前所述，徐階是王陽明高徒聶豹的入室弟子，即王陽明的再傳弟子，被史學家稱爲王學的在朝護法；而那位對嚴嵩父子發出致命一擊的御史鄒應龍，同樣也是王學的後生晚輩。

王陽明題祭忠臺

儘管嚴嵩並沒有爲難王學與王門弟子，但何心隱顯然是把嚴嵩視爲大敵的。在《何心隱集》附錄《省志本傳》中，我們可以讀到這樣的文字：「分宜欲滅道學，華亭欲興道學，而皆不能，興滅者必此人也。」這裏的此人，指的是張居正。而分宜和華亭分別指的是嚴嵩和徐階。這樣，何心隱與藍道行設計，幫助徐階除去嚴嵩，便成爲順理成章的事情。從而。使這裏發生的一切，不再籠罩在或神怪或演義或戲說之中了。（在此，需要向歷史學家鄧志峰先生致敬，正是在他的著作《王學與晚明的師道復興運動》中，給我們提示出了如此重要的方向。）

幾天後，御史鄒應龍上書彈劾嚴嵩嚴世蕃，並保證，若有誣陷不實之詞，請皇帝殺自己的頭，以謝嚴氏父子。

此時的嚴嵩，必定深切感受到了那迫人而來的滿樓山雨、壓城黑雲。因此，他將同事十年、並且把孫女都許配給了嚴家的徐階請到家中，於酒席宴上，令嚴世蕃爲首的全體兒女子孫，環跪在徐階面前，自己舉起酒杯對徐階說：「嵩旦夕且死，此曹惟公哺乳之。」（《明史》·奸臣傳）——我活不了幾天了，說不定哪天就死了，這些孩子唯有拜託先生您費心了。

據說，徐階慌忙將他們一一扶起，溫言撫慰，說了許多感謝嚴嵩多年提攜的客氣話。當夜，賓主相談甚歡，至夜半時分，方執手話別。

從嘉靖十五年，嚴嵩來到北京，二十六年間，很難統計究竟有多少人彈劾過嚴嵩。鄒應龍是唯一一個沒有爲此受處分遭報復，反而升了官兒的。

西元一五六二年，即嘉靖四十一年五月，嚴嵩被令致仕，即退休；嚴世蕃被逮捕入獄。

此後，一波三折，頗爲跌宕。

《明史紀事本末》記載，嚴嵩退休回家後，有人對徐階說：「這些年，您受夠了嚴氏父子的窩囊氣，現在該收拾他們了。」

王陽明故居門樓

據說，徐階罵道：「沒有嚴老先生，哪裏有我的今天。在這種時候爲難他，不是忘恩負義嗎？人們會怎麼看待我？」據說，嚴嵩也派自己的親信來看望徐階，可能是探問徐階的口氣，徐階的回答大體如上。而嚴世蕃則在被判處流放的過程中，買通有關人員，也潛逃回江西老家。當此時，嚴嵩和徐階兩人之間，時常通信，殷勤地互致問候，就好像從來沒有過芥蒂一樣。之所以如此，是因爲徐階深知皇帝並沒有忘情於嚴嵩，時時因爲想起嚴嵩來而眷戀不已，悶悶不樂。甚至就像一個被人強行收走了玩具的、慣壞了的孩子，時常給徐階出難題、發脾氣。

因此，時間一久，事情又有了變化。史書記載說：「久之，世蕃亦忘舊事，謂『徐老不我毒』。鳩工大治館舍，陰賊彌甚。」（《明史紀事本末》．嚴嵩用事）——意思是，時間一久，嚴世蕃把過去的怨恨淡忘了，認爲徐階不會害我。於是又開始大興土木，私下裏越發陰毒狠辣，幹了幾件狠事。

終於，最有戲劇性的一幕，在整個事件的結尾發生了。

嚴世蕃第二次被捕，罪名很多。不少人都想在此次徹底打翻他。而此時，被關在監獄裏的嚴世蕃卻並不害怕，消息靈通，頭腦敏銳。他認爲，按照當時司法部門辦案人員擬就的判決報告，自己一定可以活命。

這時，直到這時，徐階才眞正出面。他恍如絕頂太極高手，飄飄長袖輕輕一揮，嚴世蕃便無可挽回地踏上了奈何橋——

司法辦案人員在將報告呈送給皇帝之前，先悄悄地請徐階過目。徐階看過後，很嚴肅地問他們是想救嚴世蕃？還是想殺嚴世蕃？眾人皆曰欲殺之。

徐階徐徐點撥他們：

報告中，將楊繼盛、沈煉等公認的忠臣被殺，列爲嚴氏父子罪行和指斥嚴氏父子爲奸臣的條款，全部是皇帝最忌諱的。因爲，殺楊繼盛等人時，雖然嚴嵩做了手腳，但最後是皇帝畫的勾。皇帝天縱英明，最討厭別人認爲自己會被人利用。而指斥嚴氏父子爲奸臣更糟糕，如果他們是奸臣，那麼使他們在二十多年中勢焰薰天的皇帝是什麼？

眾人心悅誠服，一致請求徐階親自執筆寫這份報告。徐階微微一笑，從懷中掏出了一張早已擬好的報告。眾人傳閱過後，很服氣，趕忙關緊房門，立即抄寫，加蓋印章，密封，呈遞給了皇帝。

據說，這份報告只有寥寥幾行字。其大意是：

嚴氏父子辜負了皇帝的深恩厚澤，不思悔改，把江西南昌被廣泛認爲聚有王氣的一塊土地據爲己有，營造府第；並蓄養數千死士，勾結倭寇，圖謀不軌，意在叵測。並且做好了一旦不成，便逃往日本之準備。等等。

報告呈遞上去後，小有波折，皇帝便批示：嚴世蕃及有關人等立即斬首；抄沒嚴家所有家產；剝奪嚴嵩的一切政治權力和待遇，削籍爲民；所有嚴氏家族有關人等或者處死，或者發配邊疆充軍。

由是，嚴氏家族徹底敗落，再無翻身之可能。

據說，抄家時，嚴嵩請求領頭的官員說：念自己年事已高，可否給留下一些藥品？

那位官員問道：「是否有治療刀劍紅傷之神藥？」

嚴嵩答曰：「有很多。」

那位官員很嚴肅地問：「那些藥，能治好楊繼盛脖子上的傷否？」

嚴嵩默然。

嚴嵩抄家的清單相當壯觀，放在今天，可能可以出版一系列漂亮的大畫冊。

這樣講，比較簡單明瞭：

除了三萬多兩黃金、二百多萬兩白銀，大約可以折合今天

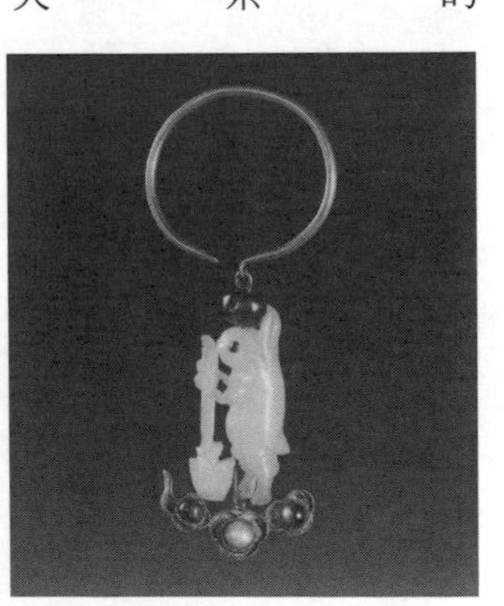

的幾億元人民幣之外，其他的古玩珍寶、書畫作品、工藝製品、金銀玉器等等，可能比今天中國最大的博物館展示出來的東西還多。還不算可能分布了幾個地區的房地產和面積相當廣大的土地。

關於嚴嵩的下落，說法不一。有一種說法認爲，抄家後，他寄居在過去的親朋故舊家裏，老病而死。更多的人則更加傾向於相信，他臨死前幾年靠乞討爲生，最後，死在一個看守墳墓的草棚裏。顯然，那些痛恨或討厭他的人，更願意接受後一種說法。

徐階做首輔的時間並不長，但卻極爲有效地建立起了自己一代名相的聲譽。

此時的徐階，可能比嘉靖皇帝自己還要了解嘉靖皇帝。在皇帝將嚴嵩的辦公室賜給徐階使用之後，徐階立即在裏面大書條幅，曰：「以威福還主上，以政務還諸司，以用舍刑賞還公論。」言下之意是說：威福本來是屬於皇帝的，可是嚴嵩坐在這兒作威作福；國家事務本來是各部門負責的，可是嚴嵩獨攬了大權；任免官吏、賞功罰過本來是有公論的，可是過去嚴嵩全憑自己好惡。如今，要全部予以撥亂反正，還其本來面目。（《明史》．徐階傳）

這樣的表示一出現，眾人當然高興，皇帝更是喜悅。史書上記載了不少徐階在此期間的作爲。大體上，他在使皇帝相當愉快的同時，也把事情處理得很漂亮，使嘉靖一朝四十年來累積起來的乖戾之氣，舒緩了不少。譬如，鼓勵人們暢所欲言，以便糾正弊端；悄悄爲一些受了冤枉的官員恢復名譽與工作；在不動聲色之間，改變了皇帝以往猜疑苛刻的習慣性思維，務以寬大之意引導皇帝等等。到最後，把個相當難侍侯的嘉靖皇帝，侍侯得對待徐階「恩禮特厚」、「諄懇如家人」，「帝日益愛階」（《明史》．徐階傳），簡直就像換了個人。

而且，嘉靖一朝，錦衣衛動不動就快馬而出，去抓那些惹皇帝不高興的臣子，弄得大家全都像個小媳婦似的，每說一句話都要先看看別人的臉色。而自從徐階當政以後，錦衣衛越來越少出動，監獄裏面關著的人也越來越少，人們普遍開始敢於爲國家的事務說話和工作，並且不怕動輒得咎了。於是，徐階自然被人們交口讚譽爲一代名相（《明史》．徐階傳）。

在人事上，徐階做過三件較大的事情，全部都對他個人產生了巨大影響，其中一件，還對中國歷史發生重大作用。

第一件是，西元一五六六年，即嘉靖四十五年二月，海瑞上書痛斥皇帝，被皇帝抓到監獄裏關了十個月。其間，作爲首輔的徐階，曾經多次爲海瑞說好話，這應該是嘉靖皇帝到死也沒有殺掉海瑞的原因之一。

我們知道，徐階出身於一個不到縣級幹部的小官僚家庭，家境曾經相當貧寒。十幾年次輔、首輔地做下來，到如今，他的家族已經成爲松江地區最大的地主之一，其弟弟與三個兒子也橫行鄉里，巧取豪奪，成了真正的土豪劣紳。有許多學者認爲，他家的土地至少有六萬畝，還有一說是二十四萬畝，最多的一個記載則認爲這個數字應該是——四十萬畝。經歷過「文革」的人們應該還會記得，四川省大邑縣「收租院」裏的那位劉文彩，其擁有的土地是二萬多畝。這種情形，超出了我們傳統理論框架的知識範圍，可能是眾多歷史學家們評價這位嘉隆年間的大名臣時欲說還休、特別謹慎的原因。

後來，海瑞成爲徐階家鄉的最高長官後，收到了許多鄉民控告徐氏家族的告狀信，因此，海瑞與徐氏家族和退休在家的徐階發生激烈衝突，弄得徐階灰頭土臉，被迫退出許多土地，險些吐血。（《明史》．海瑞傳）

第二件是，徐階推重並薦舉了高拱，使他成爲內閣大學士。此後，一步步得勢的高拱對徐階越來越不客氣，最後，終於迫使徐階退休回家；並且，不依不饒，所作的事情，但凡與徐階有關，就全部反著來，只要能讓他難受就行。搞得徐階簡直是痛不欲生。（《明史》．徐階傳）假如不是張

居正很快擠走了高拱的話，徐階的晚年生活可能會極其悲慘黯淡。

第三件是，徐階從很早的時候，就特別欣賞張居正，一直予以栽培獎掖。到嘉靖末期，在他的苦心提攜下，張居正已經基本接近了帝國政治的核心層，並爲後來的快速上升打下了堅實的基礎。在未來的歲月裏，此人一旦施展拳腳，便立即風生水起，大明帝國之朝局全然爲之一變。流風所至，引來無數評說，褒貶臧否，人言言殊，以致於死後已經長達四百多年，直到今日，仍然沒有人能夠令人信服地爲此人一錘定音，蓋棺論定。遂成爲大明帝國、甚至整個中國歷史上一個眞正的奇觀。

可能正是由於這位對自己執弟子禮的張居正，徐階才得以安度晚年。直到萬曆十一年，八十一歲的徐階去世。在此前一年，即萬曆十年，比他年輕得多的張居正，則已經先他而去。

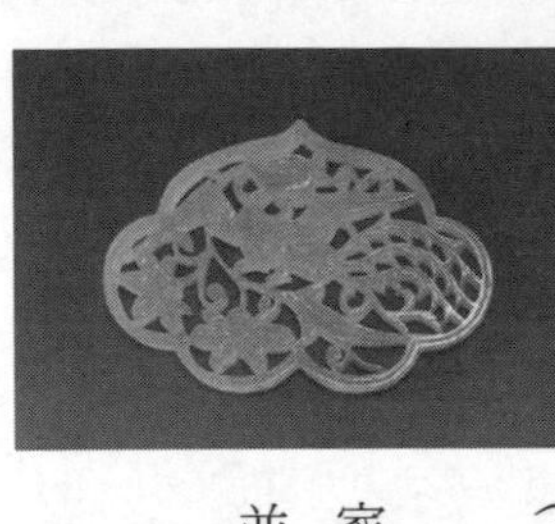

（《明史》．徐階傳）

史書對徐階的評價是：有宰相的胸懷氣度，能夠保全良善的臣僚，對國家弊端多有匡救。因此，雖然曾經有過「委蛇」——就是要心眼兒的意思，但並不失大節。（《明史》．徐階傳）

我們已經看到了，在那種時代大背景下，這眞的已經實屬不易。

走上不歸路：張居正、高拱與馮保

從嘉靖二十六年步入仕途，到嘉靖四十一年嚴嵩罷相，十五年間，除了一篇還算言之有物、卻基本沒有起任何作用的奏章之外，在那劇烈慘重的政治搏殺中，基本看不到張居正的身影。包括於他有知遇、提攜之恩的徐階身處險惡的漩渦中時，也看不到他伸出援手的表示。

但是，誠如我們在前面看到的那樣，嚴嵩勢焰最盛時，深切忌諱著徐階，致使那些與徐階相友善的人們，鬼鬼祟祟，不敢與徐階相交往。值此之時，唯有張居正，始終以相當磊落的方式與徐階往還，導致深知徐階推重張居正的老嚴嵩，都十分欣賞器重這個年輕人。（《明史》·張居正傳）

此人之道行可謂深矣。

嘉靖二十六年，即西元一五四七年，張居正科舉中第被選為庶吉士之後，教習他們的，正是剛剛來到翰林院不久的徐階。

在此之前，徐階是吏部侍郎，即主管全國幹部人事工作的第二把手。當時，連續幾任吏部尚書都很看重徐階，所以，「階數署部事」，很多時候都是徐階在代理主持工作。後來來了一位自我感覺極好的尚書，大事小事都要自己說了算。於是，徐階就躲開了，來兼翰林院學士，不久，成為翰林院掌院學士。

翰林院是在唐代開始設置的，最初的功能，是為皇宮內部提供各種藝術、技藝表現與表演的部門。宋朝的翰林院下設天文、書藝、圖畫、醫官四局，其最高首長叫翰林院勾當官，搞得就連御廚茶酒也稱翰林。而所謂翰林學士，則是由具有優秀文學才能的朝臣充任，其工作的部門在唐代叫學士院，在宋代叫翰林學士院，元代則稱之為翰林兼國史院。到了明代，才開始將修史、著作、圖書等事務歸於翰林院，正式成為外朝官署，「備天子顧問」是其重要職能之一。其最高首長就是掌院學士，一般由正三品以上的大臣充任。

這是一個沒有什麼職權的部門，卻是一個極其清貴的地方。當時，帝國中央已經形成了一個慣例——不是進士不能入翰林，不是翰林不能入內閣，首都北京和留都南京的禮部尚書、侍郎和吏部右侍郎則非翰林者不能擔任。從一個統計數字中可以看出其清貴，明朝的宰輔也就是內閣大學士共有一百七十餘人，出身翰林者佔了百分之九十以上。因此，人們才會將庶吉士看成是「儲相」——後備宰相。

徐階在翰林院教習的庶吉士們，實際上，可以被理解成為中央後備高級幹部博士後專修班學員。徐階兼具雙重角色，既是他們的導師，也是他們的校長。就是在此期間，徐階發現了張居正。

當時，社會上和官場彌漫著一種追求詩詞文學名聲的熱潮，許多類似今天各種沙龍的文學小團體到處湧動：

——「前七子」方才凋零，便出來了「後七子」；

——唐宋派方興未艾，復古派大旗已高高舉起；

——「十才子」的自我感覺剛剛漸入佳境，「八才子」又意氣昂揚地迎面而來；

——你們哥幾個管自己叫「三傑」，我們兄弟們就是「四俊」。

自娛自樂，相當熱鬧。

其百無聊賴之處，我們可以在今天的中國古代文學史上看出苗頭——那麼多才俊名士們，能夠如唐詩人宋詞人那樣，被人們而非專家普遍記住名字的，卻是一個也沒有。

張居正則幾乎完全置身於外，與那些熱鬧的場面保持著距離，相當克制地做著自己的事情。從史家的論證中可知，張居正也曾經犯過青年人最容易犯的錯誤——不可救藥地喜愛上了文學。科舉中第之前，他曾經相當狂熱地以古來詩文大家自我期許，並爲此著實下過一番苦功。（《張太岳文集》．示季子郁修）結果，不但發現自己缺少此方面的天賦才氣，還耽誤了太多時間，以至於錯過了嘉靖二十年的全國會試，並在嘉靖二十三年的會試中名落孫山。也有史家認爲，張居正之所以沒有參加嘉靖二十年的會試，是因爲年齡只有十七歲，太小的緣故。姑且存疑。

是故，此時的張居正潛心於國故典章的鑽研，默默關注著時勢政治，於喧囂浮華之中，自顯出其特立獨行。由此，進入了徐階的視野。

嘉靖二十八年，散館，庶吉士張居正順利點翰林，做了正七品的翰林院編修，大約勉強可以類比爲今天的中央政策研究室正處級調研員。此後，又是長長的沉寂。其間，曾經爲養病等

緣故，回到家鄉，前後幾達六年。

張居正又一次露面，已經是嘉靖三十九年。返回京師的張居正，出任國子監司業，開始成爲國子監祭酒高拱的助手與同事。

國子監是帝國最高教育管理機構和帝國最高學府。祭酒是其最高首長，可以理解成相當於今天的中央最高加唯一國立大學校長，司業則相當於常務副校長，負責以儒學爲主的教學事務。從史書記載上看，高拱與張居正志同道合，兩人相處得相當好，以至於彼此「相期以相業」。（《明史》．張居正傳）就是說，兩個雄心勃勃的傢伙，已經在以有朝一日攜手擔當宰相來互相期許了。

假如他們對對方的個性了解得再深入一些的話，可能彼此就都不會如此期許了。

高拱比張居正早六年科舉中第，那一年，即嘉靖二十年，就是張居正沒有參加會試的那一年。此後，高拱也被選爲庶吉士，畢業後，授官翰林院編修。高拱後來的迅速晉升，有兩個重要原因：一個與他在裕王府給裕王當了九年老師有關；另外一個並非不重要的原因，則與徐階的推重有關。

中後期的嘉靖皇帝，極度相信道教師父的話。當時，爲了長壽，一個道士警告嘉靖皇帝：兩龍不相見。結果，這位皇帝便長時間地不見自己的兩個兒子，同時，也在很長時間內不立太子。因爲兩個兒子中必定有一個是未來的「龍」；立了太子會使兩龍相見，會令他聯想到自己的死，聯想到這個太子有一天會取代自己。對死的恐懼，甚至令他極度厭惡別人談到皇家子孫的生，因爲這同樣會使他聯想到有生必有死。

由於這個緣故，他的孫子，即裕王的兒子——後來的萬曆皇帝出生後，有一位當時頗受寵信的宮中女官祝賀他喜得皇孫，沒想到，他竟勃然暴怒，立即將這位女官趕出宮去。（于愼行《谷山筆塵》卷一）就這樣，萬曆皇帝長到快四歲了，還沒有一個正式的名字。因爲明代皇家規定，皇室子孫的名字必須由皇帝賜給。

由於這個緣故，人們長時間無法知道，裕王究竟會不會成爲未來的天子。史書稱：「中外危疑」。（《明史》．高拱傳）

此時，嘉靖皇帝的另外一個兒子景王，更受皇帝喜愛，並且沒有按照皇家制度到他自己的封地去，長期留在首都，具有明顯的爭奪繼承權的意思。在此期間，高拱一直盡心盡力地輔導裕王讀書，裕王相當尊重他，曾經手書「懷賢忠貞」四字賜給他。

嘉靖四十一年五月，嚴嵩罷相。此後，在新首輔徐階的舉薦下，高拱很快由正四品的國子監祭酒迅速晉升爲正二品的禮部尚書，被徐階推薦參加內閣的值班，爲皇帝撰寫受到高度重視的青詞。並在嘉靖四十五年拜文淵閣大學士，正式成爲內閣成員。

此後，出現了一個令人完全意想不到的局面：高拱與徐階之間發生衝突，漸趨激烈，終至決裂為勢不兩立。

《明史》中記載說，「始階甚親拱，引入直。拱驟貴，負氣頗忤階。」（《明史》．高拱傳）從當時情勢和史料記載中判斷，高拱自視極高，而且，嘉靖四十四年，景王又病死，裕王承繼大位已成定局，他很可能認為徐階是在拍自己的馬屁，為將來預留地步，於是並不領徐階的情。這樣，他才會在「驟貴」——突然發跡之後，經常賭氣般地和徐階對著幹。

而徐階大約也確實有預留餘地的意思在，因此，對高拱很器重並親近。但他似乎沒有洞察到高拱的心思，因此在處理事務時，顯然沒有過多考慮高拱的情緒。當時，高拱把自己的家搬到了內閣值班室附近，時不時地在值班時，偷偷溜回家，並且有時還把宮裏的器具帶出去使用。為此，遭到一位言官的彈劾。這位言官可能有拍徐階馬屁的意思，偏偏又是徐階的同鄉，高拱便認為是徐階指使的，於是，「大憾之」——痛恨徐階。（《明史》．高拱傳）

西元一五六六年，即嘉靖四十五年十二月，嘉靖皇帝病死，裕王即位。沒幾天，轉過年去，就進入了新皇帝的年號——隆慶元年。在此期間發生了一件事情，導致了高拱對徐階的徹底痛恨，並為此後與張居正的決裂埋下了伏筆。

嘉靖皇帝死時，按照慣例，由首輔負責起草老皇帝的遺詔。一般說來，這種遺詔是對過去的蓋棺論定，並由此生發出對未來的展望，極為重要，並不是一個可有可無的官樣文章。那些有作為的首輔，常常以此為契機，給國家帶來全新的氣象。

此次，徐階就把握了這個機會，在遺詔中，將嘉靖朝四十五年間最不得人心的重要弊端進行了一番正本清源、撥亂反正。結果，史稱：「詔下，朝野號慟感激。」遺詔公布後，朝野上下的人們痛哭失聲、感激不已；將這份遺詔和當年楊廷和撰寫的那份詔書，視爲嘉靖朝一始一終的兩大盛事。（《明史》．徐階傳）從而，成爲歷史上相當有名的一份遺詔。

沒想到，這件盛事卻把高拱和另外一位內閣大學士惹惱了。原因是，此時的徐階「傾心委居正」——全心全意地依靠張居正，他是和張居正商量著起草的這份重要文件，高拱和另外一位大學士連邊都沒有能夠沾上。是故，二人大爲光火，以至於那另一位大學士提出：「徐階誹謗先帝，應該斬首。」（《明史》．徐階傳）這顯然是一種意氣用事的情緒發洩，透出一股陰暗的小家子氣。

而高拱，則以新皇帝潛邸舊臣的姿態，開始了與徐階的對抗。最激烈時，發展到二人在內閣中，以激憤之詞相互辯駁爭吵的程度。徐階的兩個兒子及其家人，在家鄉橫行鄉里的事情，就是在此時，被高拱的追隨者揭發出來的。

隨後，高拱遭遇了來自南、北兩京監察官員們排山倒海般的彈劾與抨擊，史稱：「言路論拱者無虛日」。（《明史》．高拱傳）這可能是高拱無論如何都沒有想到的。最後，隆慶元年五月，大學士高拱以養病爲由，辭職了。《明史》作者認爲，高拱此次辭職是因爲他倚仗皇帝舊臣身分，患得患失，在個人恩怨上反應過度所導致的。這種說法可能是有道理的。

此時的徐階，被弄得同樣灰頭土臉。他大約是感慨萬千，很難感受到多少勝利後的快感。

傷敵一千，自損八百。一生在大風大浪中出沒，哪裏想到竟然在自以爲風平浪靜的港灣裏，險些翻了船？好不容易培養起來的名相聲望，經此一番折騰，恐怕是要大打折扣。而且，很有可能他已經覺出，自己在這位隆慶皇帝手下很難再有什麼作爲了。就此，萌生退意，不久便榮歸故里。

徐階之所以如此決意求去，可能和兩個因素有關：其一是隆慶皇帝不可救藥的好色；其二是他栽培起來的接班人張居正，讓他可以放心地離去。

大明帝國可能是中國歷史上所有大一統帝國中，出現具有特異性格的皇帝最多的一個朝代。隆慶皇帝可以算是一位。

這位當年顯得特別循規蹈矩的裕王，也不知道他到底受了什麼壓抑或刺激，做了皇帝之後，變成了一隻眞正的色中餓鬼。以至於在時人的記錄中，關於這位皇帝的情色歷史，可以稱得上蔚爲大觀。

在他當皇帝的六年中，可能是中國陶瓷業、書畫印刷業等，製作春宮色情產品最爲鼎盛的時期。沈德符在他著名的《萬曆野獲編》中，記載了這位皇帝對於具有高度寫實春宮畫面的杯盤碗盞的愛好。江南地區一度發生的「拉郎配」搶婚風潮，就發生在此君當政期間（葉權《賢情編》）。他的宮闈故事也相當可觀。因此，煌煌官修正史《明史》，在談到徐階辭職時，才會使用特別委婉曖昧的語言方式，曰：「階所持諍，多宮禁事，行者十八九，中官多側目。會帝幸南海子，階諫，不從。方乞休，帝意亦漸移，許之。」（《明史》．徐階傳）表明徐階辭職，確實與皇帝的私生活有大關係。

徐階可能是老了，見不得皇帝荒唐。

畢竟，在許多年裏，他爲太子的問題，傾注了不少心血，承擔過可怕的風險，也寄託了莫大的希望與理想。如今，他可能會相當失望。他顯然沒有注意到，這位特別好色的皇帝卻也有一個特別可愛之處 他放心放手地讓那些聰明能幹的大臣們去做事情，極少濫施權術與威風。

可能是青少年時期壓抑過久過重的緣故，這位皇帝時常表現得羞怯而遲鈍，在朝堂上經常說不清話，甚至連程式化的對答有時都需要大學士們代替。這使人有理由懷疑皇帝的智力發育水準。

結果，徐階走後，反倒是隆慶皇帝的這個特點，成全了後來回到朝廷的高拱和張居正，使他先後任用的這三位主要宰輔大臣，都可以放手作爲，成爲了中國歷史上不同凡響的名臣。也使短短六年的隆慶一朝，在明代歷史上成爲頗有建樹的一個時期，在史家們口中享有不錯的名聲。

張居正眞正走上歷史前臺，應該是在嘉靖與隆慶相交之際，也就是嘉靖四十五年年底與隆慶元年年初，即西元一五六七年之初。

徐階對張居正最爲深謀遠慮的一個安排，就是在扳倒嚴嵩的第二年，即嘉靖四十二年，將他調到裕王府邸，去充當裕王的老師。他再度與高拱成爲同事，兩個人之間的關係也相當友善。

當時，這個安排多少帶有一些風險。因爲，嘉靖皇帝喜愛景王遠在裕王之上，是眾所周知的。而景王的封國偏偏又特別意味深長。他被封在德安府，就是當年的湖廣安陸州——嘉靖皇帝的龍興之地。沒有人知道，這位皇帝會不會在一陣清風吹起一縷香煙直達天庭之際，一紙詔書把他召回來，立爲太子。以嘉靖皇帝一生行事風格判斷，如果他想要這樣做的話，恐怕是沒有人、包括徐階能夠阻攔得了的。事實上，直到兩年後，景王病死，這個風險才算最後化解掉。

張居正在裕王府邸三年，「王甚賢之」，特別欣賞看重他。此時，還有一個相當意味深長的細節，「邸中中官亦無不善居正者」，王府中的宦官們沒有不喜歡張居正的。這個情節極其耐人尋味，似乎預示了他今後一生的基調。

值此充滿變數的時刻，在擬定嘉靖皇帝遺詔前後，張居正和前兩年的高拱一樣，在徐階的栽培下，飛快地晉升。從侍講學士領院事，到禮部右侍郎兼翰林院學士，再到吏部左侍郎兼東閣大學士——成爲內閣成員，最後，到禮部尙書兼武英殿大學士，加少保兼太子太保榮銜。從正五品，即相當於今日司局級的學士，晉級到從一品的副宰相，此人只用了僅僅一年左右的時間。這已經不是一般意義上優美的三級跳了，根本就是在六、七級之間身輕如燕地飛身而過。更其厲害的是，如此神速之晉升，並未引起朝野內外、官場上下明顯之惡感。其內外雙修之功力，由此可見一斑。

張居正與徐階的做派完全不同。

當時，在內閣中，張居正資歷最淺，不但最後一個進入內閣，在名位上也是排在最後。但唯獨他一個人，完全不來禮賢下士那一套，總是莊重儼然地拿出宰相的派頭，很傲慢地對待朝中那些高級官員們，對任何人都不假以辭色。談論問題時，說話不多，但只要張口，便一定切中要害，極其到位。是故，人們對他「嚴憚之」——特別心存畏懼，超過了對其他所有的宰輔們。（《明史》・張居正傳）

這時，張居正的年齡是四十二歲。

到目前為止，張居正表現得相當清高孤傲，才能卓越，並且有為有守，絕不苟且。在他步入帝國官場，嚴嵩勢焰薰天的十五年期間，儘管嚴嵩也器重他，他卻謹守著這道底線，看不到他做過趨炎附勢、苟且下賤的舉動。這應該是徐階特別推重他的重要原因。事實上，這也是中國古代社會中特別為人敬重的品質。

張居正為人行事中的這種孤高冷峭，給人的印象相當深刻。

「僕固疑兄太冷耳」——我眞的懷疑仁兄的性情實在太冷了。（《耿天臺先生文集》・與張太

岳，轉引自鄧志峰《王學與晚明的師道復興運動》）

張居正「此兄養邃而識精，弟心所師資者，第其性太簡，不奈與人群」——張兄居正先生學養深邃、識見精湛，我在內心深處是把他當老師看的。只是他性格太傲，不屑與人周旋，很不合群。（《耿天臺先生文集》．與胡杞泉，同上）

說這話的人名叫耿定向，是當時很有名的一個官僚型學者。張居正死後，此人以僞善聞名，與李贄二人間相互猛烈抨擊。後來官居禮部尚書。他與張居正的關係，應該屬於那種既是深受倚重的下屬，又是相當親密的同志與戰友。他對張居正的評論，可能與絕大多數人的看法是一致的。因此，當張居正將高拱打翻在地、「慨然以天下爲己任」時，在整個帝國出現的迴響是：「中外想望丰采」——朝野內外的人們普遍地景仰他，對他的丰采心馳神往。（《明史》．張居正傳）

然而，當此時，事情已然埋下了向截然相反的方向轉變的伏筆。其意味深長之處，甚至令四百年以後討論這一情勢的我們，仍然備感心靈上的折磨。

高拱返回朝廷重當大任，是張居正謀畫的結果。當時，徐階離開後，張居正的處境很不舒服，原因是其他幾位內閣成員與張居正的關係並不融洽，有的人甚至很小看他。爲此，張居正與一位當年在裕王府邸相友善的宦官聯手，說服隆慶皇帝，召回了高拱。這件事情發生在西元一五六九年，即隆慶三年冬天。

復出後的高拱，權勢極大，以內閣大學士兼任吏部尚書。不久，更以內閣首輔兼任吏部尚書。我們知道，按照帝國制度，吏部乃六部之首，負責天下官員的考選封授，權責特重。因此，由吏部尚書而晉為內閣大學士者，所在多有。然而，以內閣大學士兼任吏部尚書者，高拱卻是到此時為止的第一個；而以首輔之尊又兼任者，更被視為一代之曠典，是大明帝國歷史上，皇家對臣子從未有過的崇高信任與授權。

由此，高拱與張居正的關係進入了一個眞正的蜜月期。這裏面，可能有高拱對張居正感謝的成分在，但更主要的，應該是二人在治國理念上的高度志同道合、惺惺相惜所致。史書記載了高拱極為讚賞張居正的才幹，在形容二人的關係時，使用的說法是：「拱至，益與居正善」，「兩人益相密」。（《明史》·張居正傳）

在此期間，兩人配合默契，攜手並肩，在不長的時間內，做了幾件極漂亮的工作，使整個隆慶一朝驟然變得生動起來，局勢粲然可觀。

改善北部、西北部邊疆與蒙古部落間的關係，是此二人的一個大手筆傑作。

大明帝國開國以後，一個揮之不去的噩夢，就是與蒙古各部落之間的關係，一直纏繞了帝國將近兩百年。正統年間發生的「土木堡之變」，帝國皇帝被俘、南宮復辟和于謙被殺等一系列大事件都是由此導致的；兵鋒直薄帝國首都的「庚戌之變」，就是此人導演的作品。而帝國首輔夏言被殺，也與蒙古部落干係甚重。到隆慶年間，由俺答率領的剽悍的蒙古騎兵，已經使帝國在幾近半個世紀的時間裏，筋疲力竭。

另外一個歷史因素也在時間中發酵後，造就了一種相當普遍的傳統心理，那就是北宋覆滅之後，力主抗金並戰績輝煌的岳飛被冤殺，形成了一種由痛切的同情惋惜而反彈的民族情緒。人們習慣上不願也不敢把責任歸結到皇帝宋高宗身上，於是，秦檜便被指為罪魁禍首，被看成是叛徒和內奸，是標準的奸臣。在一定意義上，這並非沒有道理。以是之故，在大明帝國，每當出現或將要出現戰爭狀態時，人們就會特別容易由此生發出聯想，從而，進入到一種普遍的激情裏。這是為什麼天順皇帝復辟後，人們傳說被冤殺的于謙于少保，是岳飛岳少保轉世化身的重要原因。

由此，在帝國內部朝野上下，形成了一種相當難以化解的剛性思維模式：只有採用強硬手段的主張，才能夠獲得廣泛的同情與支持，並被認為是忠誠與正派的；而希望通過互惠互利來緩和緊張局勢的想法，哪怕這種想法純粹是策略性的，都特別容易被指斥為心術不正或者居心叵測，並使持有這種主張的人常常面臨著兇險的後果。他們時常需要冒的風險，就是被指斥為秦檜的同道。由此，在帝國官場已經形成一種無藥可救的歷史後遺症，導致眾多的官員不願擔負責任，哪怕錯失良機。我們在大明帝國的許多高級別論爭中，時常能夠看到這種情形，用現代心裡治療技術判斷，明顯表現出智商指數偏低的症狀。其最後結果，則是「華夷交困，兵連禍結」。（《明經世文編》卷三一七，王崇古《確議封貢事宜疏》）

雙方的日子過得都很艱難，稱得上災難深重。

這時，事情突然發生了意外的轉機。

勇猛剽悍的俺答，在自家內部，做了一件蠻不講理的事情。他的一門親戚是鄂爾多斯地區的首領，家裏準備迎娶一個女子。俺答發現這位女子極爲美麗聰穎，便不由分說地搶來做了自己的妻子，這就是後來極有名的三娘子。然後，爲了彌補人家的損失，他又把自己孫子準備迎娶的姑娘送給了人家。結果，導致他的孫子前來投降大明帝國。大同總督王崇古不顧人們的反對，接納了這位滿腹委屈和牢騷的小夥子，並建議中央政府善待之，利用好這個機會，改善邊境上的局面。

爲此，帝國官場大嘩，立即分成兩派。相當多的人認爲，萬萬不可接納這個敵人的子孫。更有正義凜然者堅定呼籲，終於有了報仇雪恥的機會，主張按照帝國舊制殺之，或者將其安置於遠離草原的海濱之地，或者發配爲奴。以此，報復並打擊俺答的囂張氣焰，至少在心理和士氣上獲得滿足。

高拱與張居正則力排眾議，明確支持邊境地區那位聰明的地方長官王崇古，他們一致說服隆慶皇帝，下令處分了幾個重要的反對者。然後，授予俺答的孫子指揮使職位，並盡力優待之。最後，出現一個皆大歡喜的局面，雙方開通邊境貿易，互通有無，俺答接受了明帝國「順義王」的稱號。從此，大明帝國多年夢想的和平環境突然降臨，並且一直維持了將近半個世紀。

據說，那位美麗的三娘子在其中發揮了極其重要的作用，有史家認爲，這種和平的局面，「半繫娘子」。（方孔炤《全邊略記》．大同略）由此，這位了不起的女性後來被冊封爲「忠順夫人」，受到蒙漢兩個民族的愛戴。至今，讚美這位夫人的畫像、詩詞和傳奇故事仍在廣爲流傳。

對於大明帝國來說，一個特別現實的好處就是：僅宣府即今日之宣化、大同、山西三鎮的軍費開支，每年就節省下來六十餘萬兩白銀。（《治亂警鑒》第四卷，三八七頁）這個數字，幾乎達到了當時帝國年財政收入的百分之二十以上。

此外，高拱在張居正的協助下，於遼東地區的軍事布置上大獲成功；在一些地區性騷亂的平息上，在一系列國內事務的安排上，均顯示出高水準的洞察力與應變能力。比如，貴州報告說，當地的一個土司想造反。高拱在派人去時，明明白白地告訴他：「那個土司肯定不會反。你到之後，一定不要刺激他。」後來，事情的發展果然被他料中。（《明史》．高拱傳）

一時間，在二人的默契配合下，帝國原本晦暗不堪的地平線上，彷彿展現出一派誘人的霞光曙色。

當時，高拱主持了一件事情，特別有意思。其風格與後來張居正的行事幾乎一模一樣，以至於被人認爲此事是張居正操辦的。

當時，廣西的一個地區長期動盪不安，時撫時反，屢撫屢反，並劫殺朝廷命官，具有了明顯的叛亂性質。高拱舉薦江西按察使殷正茂爲巡撫，就是由主管司法的副省長提升爲省長，前去主持剿滅行動。這位殷正茂素有能員之名，卻也素有貪婪之名。因此，高拱的提議受到反對。高拱極果斷地排除阻力，敦促皇帝下達了任命。

後來，此人果然平息了叛亂。證明高拱沒錯。高拱的說法是：「這傢伙貪雖貪，卻能成事。」（《明史》．高拱傳）他是從這樣幾個角度思考問題的：假如有又清廉又能幹的官員，當然最好。不然，寧取能幹，不取清廉。否則，派一個清廉但不能幹的官員去，花費一百萬兩銀子，事情也平息不下來。那就不如派一個能幹的人去，說不定給他一百萬兩白銀，哪怕讓他貪了一半，可能他很快就把事情給你辦好了。然後，高拱的一個配套措施是，在這個傢伙的地盤上，大力表彰清廉的官員，以抑止此人可能帶來的惡劣影響。

從張居正主政之後的情形看，這是典型的張居正式思維方式。由此，可以看出，此二人何以會很長時間彼此欣賞，氣味相投了。

可惜，事態畢竟發生了變化，而且，到最後，變化得一塌糊塗。其演變的方向則是人們所最不願意看到的。

綜合諸多史家的記載，我們大致可以得出一個印象：高拱能力極強，個性也極強；對皇帝忠心耿耿；爲人直率而高傲；但似乎不是一個豁達大度、有容人之雅量的人。或者說，他肯定不是一個肚子裏能撐船的宰相。

他重返政壇執掌大權之後，爲了報當年的一箭之仇，對徐階採取了一連串的報復措施，稱得上不遺餘力。

在政治上，只要是徐階當年贊成的，如今他就反對；只要是徐階當年反對的，如今他就贊成。他在隆慶皇帝面前，用一種有欠磊落與良知的方式，將徐階當年清理嘉靖朝弊政、從而深

受朝野歡迎的措施，說成是對先帝的誹謗與居心不良，試圖挑起皇帝對徐階的不滿與怨恨。（《明史》．高拱傳）

在個人處境上，他起用對徐階懷有怨恨的人來對付徐階。史書上說：只要能夠整治徐階，則無所不用其極。地方官和有關部門的官員們爲了給首輔留下良好印象，爭先恐後地想辦法修理徐階；監察部門的官員則紛紛上書揭發、彈劾徐階的罪惡。最後，終於將徐階的兒子全部判罪充軍，並「盡奪其田」——把徐階家的田產全部剝奪乾淨。（《明史》．高拱傳、徐階傳）

這些記載可能略有一些誇大，但大體上說的應該是符合實際情況的。

終於，這把火燒到了張居正的身上。

此時此刻，張居正的尷尬難受可以想見，徐階於他有知遇提攜之大恩；但凡正派一點的中國人，都講究滴水之恩，則當湧泉相報。他不但沒有能夠報答徐階，反而間接令他大受磨難，這算怎麼說的？

於是，張居正委婉地勸說高拱，大約是得饒人處且饒人之類的意思吧。高拱本來已經有些動心。誰知，恰在此時，高拱聽手下人講，說是張居正收了徐階兒子三萬兩銀子的好處，所以要爲徐階轉圜開脫。聽得高拱一肚子火兒，便要尋張居正的晦氣。結果，高拱興問罪之師，以此責難張居正。史書記載說，張居正臉色大變，指著蒼天發誓，「辭甚苦」——可能就是發出了斷子絕孫、天打雷劈之類毒誓的意思。高拱覺出不對，請張居正原諒自己的道聽塗說。然而，對於張居正來說，這哪裏是可以原諒的事情？就此，「兩人交遂離」——多年的交情算是掰到家

了。（《明史》．張居正傳）

我們沒有證據，證明張居正就是在此之後下決心與高拱決裂的。但可以肯定，發生了這樣一些事情之後，張居正後來以相當決絕的手段對付高拱時，他大約是可以保持住自己的心理平衡了。

平心靜氣地觀察，即便沒有這件事情，高拱和張居正這樣性格、意志、能力、抱負同樣強烈不凡的兩個政治強人能夠合作多久，也的確大可懷疑。

事實上，在此之前，我們已經知道，張居正表面爲人孤傲冷峭，但他實際上所作的一些事情，與他所給人的外在印象有著相當大的差距。我們完全可以將這種差距，理解成他早就在爲未來的政治鬥爭積蓄力量。

比如，根據帝國的正統觀念與制度，作爲外廷的官員，張居正不能與內廷的宦官相結交。在理論上講，外官交結內侍是一個相當嚴重的罪名，認眞追究起來，當是可以處死的罪過。因此，一般說來，這種行爲是帝國規範所不允許和爲人所不齒的。這是中國歷史上，那些與宦官合作的大臣們，通常很難留下良好名聲的重要原因。然而，另一方面，在如此僵硬的體制之下，不這樣做，就意味著什麼都不要做。揆諸歷史，這可能又是太多的人們，不顧後果地如此行事的重要原因。

問題是，以張居正的性情而論，人們肯定會認爲，至少他不應該做這種事。然而事實上，他不但在做，而且做得相當周到嚴密。這種周到嚴密，肯定是深思熟慮的結果。這種深思熟慮，應該是出於格外強烈的政治抱負，也必定是建立在對帝國政治運作周密觀察的基礎之上的。

因此，他與皇帝身邊的宦官相謀請回高拱，只是牛刀小試。當他與政治能量大得多的大太監馮保深相結交時，便注定他與高拱之間的決裂只是時間問題而已。在這個問題上，張居正對帝國政治機制的認識、深謀遠慮的布置和爲達目的不擇手段的決心，都是高拱所遠遠不及的。

應該說，張居正抓住了大明帝國政治體制中最關鍵也最脆弱的那個環節。

追根溯源，這個環節是由朱元璋所鑄造的。

大明帝國創立以前，中國歷史上的歷朝歷代都曾經發生過宦官爲禍的情形，嚴重時，甚至可以殺死或者更換皇帝。因此，朱元璋對此有著相當程度的警惕和戒備。他曾經多次表達過對宦官的輕蔑，認爲這幫傢伙很多都是壞蛋，難得挑出幾個良善之輩。用來做耳目，則耳聾目瞎，用以爲心腹，則爲心腹之患。是故，他們只能從事挑水、掃地、奔走、傳達之類的工作。據說，在朱元璋制定的制度中，有一條針對宦官的規定，即禁止宦官讀書。掌管圖書典籍的宦官，只許具有識字而已的初級水準；具有一定文字能力的，只限於那些需要記錄皇帝詔令的宦官。並且，據說他還在皇宮中豎立過一塊鐵牌，上面書寫到：嚴禁宦官干預政事，預者斬。

如此防範，不可謂不嚴密了。

然而，當朱元璋制定出力圖將大權獨攬到皇家，從而確保朱家天下萬世一統的政治制度時，其交互作用的結果，卻使大明帝國變成中國歷史上，宦官爲害國家最爲慘烈、最爲深重的一個時代。

其中，最重要的一點，還是來自宰相制度的廢除。

朱元璋大約無論如何也沒有想到，這一旨在加強皇家權威的舉措，竟會演變成徹頭徹尾、完完全全地增強了宦官的權威。彷彿就像朱元璋成心如此設計一般。歷史老人喜歡捉弄人、特別是喜歡捉弄強人的品性，在此得到了完全的印證。

朱元璋心思細密，考慮重大問題時，常常繞殿徘徊，正思逆想，反覆斟酌。當他自以為一切安排都完美妥帖、天衣無縫時，偏偏就忘記了自己那些子孫們，不會都是像他一樣的工作狂；他們是要在深宮膏粱中出生、在滿身脂粉香氣的女人懷裏和不男不女的宦官堆兒裏長大的。於是，在後來的世代裏，朱元璋的如意算盤大都演變得面目全非。其中，以宦官的作用，在制度與實際運作中變化最為巨大。

大明帝國宦官的令人畏懼之處，大體上發生在兩個部門：一個是誕生在西元一四二〇年，即永樂十八年八月的東廠，一個是創制於洪武年間，但在宣德年間脫穎而出的司禮監。後來二者合流，變得威力巨大無比。

東廠是對帝國臣民進行偵緝與刑獄的機構，與錦衣衛齊名，常常被並稱為「廠衛」。不同的是，東廠由宦官掌控，地點設在東安門北，可能也是為此，所以稱為「東」廠。在東廠中，大約是為了進行敬業精神的教育，所以懸掛岳武穆即岳飛畫像，並供奉有歷任首長的牌位，上面大書「百世流芳」四字。這個機構之所以可怕，因為它只對皇帝負責，有權力對皇帝之外的任何人進行偵察，同時，其偵察結果可以沒有任何障礙地直達皇帝手中。其最高首長則必定是由皇帝最信任的宦官充任，一般稱之爲「提督東廠」或東廠提督。按理說，有一個錦衣衛，已經足夠皇家用了，朱棣何以還要再設立一個東廠？對此，至今沒有人能夠有效地解釋清楚。

我們已經知道，在永樂皇帝朱棣手裏，發生了中國歷史上極其著名的「誅十族」和「瓜蔓抄」故事。朱棣對待自己反對者的妻子女兒的標準作法是，讓二十個健壯的士兵輪姦一位女性，並每天輪換士兵。知道了這些，再看看那些熱烈讚頌這位皇帝雄才大略的歷史著作，我們才會明白什麼叫心理變態。同時也就會明白，東廠這樣一個機構，孕育在他做皇帝的永樂年間，該是多麼的恰如其分。

司禮監則是在朱元璋時代設置的。當時，其職能就如其名稱一樣，是負責皇宮內禮儀事務的。後來，在宣德皇帝時代，與內閣制度大體成型的同時，司禮監也同樣脫穎而出，變成了一個與內閣表裏相應的重要機構。

大明帝國的宦官組織極其龐大，號稱有二十四衙門。而在這些衙門之下，還有遍布首都與全國、很難統計清楚的分支機構和外派機構。據說，到清朝的康熙時代，皇宮中還有明代遺留下來的宦官在執役，所以，康熙皇帝曾經告訴他的大學士們：「關於明代的知識，你們都是在故紙堆裏得到的，而我是

岳飛像

在萬曆時代的太監嘴裏知道的。那時，有宮女九千人，宦官十萬人。」（余金《熙朝新語》卷四，轉引自丁易《明代特務政治》）司禮監就是這些宦官組織的最高領導機關。

前面，我們已經知道，內閣發展起來的奧秘在於其票擬權；現在，我們則需知道，司禮監發展起來的奧秘與此密切相關，這就是屬於皇帝的批紅權。

在理論上講，內閣的票擬只是爲皇帝發布詔令起草的草稿，必須由皇帝用紅筆批示後，方才具有法定效力，下達執行。宣德皇帝則在正式開辦內書堂，教導宦官讀書學習的同時，將批紅的權力委託給了司禮監的秉筆太監，並形成制度，成爲此後帝國政治的正常決策程式。（《明通鑒》·宣德元年七月壬子）由此，皇帝的權力在實踐層面上而不是在理論層面上轉到了太監手中。

之所以會如此，在很大程度上，與宣德皇帝的個性有關。

在大明帝國諸帝中，人們習慣上認爲宣德算是一個不錯的皇帝。

此人天賦極高。難得的是，還兼具了政治才能與藝術天才。有論者認爲，他在書、畫、詩、詞、文學方面的天分與造詣，當在藝術天才宋徽宗趙佶之上。除登極之初，其叔叔想仿效其爺爺永樂皇帝朱棣給他找了點兒麻煩、後來被他裝進大甕活活烤死之外，他基本上是一個幸運的太平天子。於是，也就有了不少精美傳世的書畫作品、讓人讀不下去從而無從記憶的詩詞文章、爐火純青的宣德爐和「蟋蟀天子」的不朽名聲。

我們的宣德皇帝對鬥蟋蟀的喜愛程度，堪稱獨步古今。

況鐘是進入了中國民間傳奇的一位清官。此公擔任蘇州知府時，曾經接到過皇帝的一份手書密令，命他協助專程前往江南採辦蟋蟀的宦官，弄它一千隻上好的回來。皇帝相當鬱悶地告訴蘇州市長，以往弄來的數量少，「又多有細小不堪的」。(《弇州史料後集》．國朝叢記)結果，江南蟋蟀價格狂漲，達到了十幾兩黃金一隻，約合幾百兩白銀、幾萬元人民幣。以至於帝國軍隊中盛傳，某某人捕獻蟋蟀，可以得到和殺敵立功同樣的官職提升云云。(《明宮雜詠》卷二)

於是，這位皇帝便很可以理解地時常只親筆批紅幾本奏章票擬，其餘全部授權太監們代理皇帝簽批實行。(《明通鑒》．宣德元年七月壬子)遂成爲帝國定制。

宣德皇帝在位十年，三十七歲時病死。

結果，他所手創的這套制度，到他兒子正統皇帝時代，便產生了重大後果——培養出了帝國第一位大太監王振，由此，引發了「土木堡之變」、皇帝成爲蒙古騎兵俘虜、南宮復辟、于謙被殺等一連串中國歷史上有名的大事件。

正統皇帝曾經充滿深情地給王振寫過一道敕文，極有助於理解我們帝國皇帝與宦官之間的關係。從而，稍微運用一點聯想力，就能明白上述一切發生的機理。

這道敕文並不長，語言也不晦澀，故抄錄如下：

朕惟旌德報功，帝王大典。忠臣報國，臣子至情。爾振性資忠孝，度量弘深。昔皇曾祖時，特用內臣選拔，事我皇祖。教以詩書，玉成令器。眷愛既隆，勤誠彌篤。肆我皇考，以爾

明宣宗

先帝所重，簡朕左右。朕自在春宮，至登大位，幾二十年；爾夙夜在側，寢食弗違。保護贊輔，克盡乃心。正言忠告，裨益實至。特茲敕賞，擢爾後官。詩云：「無德不報」。書曰：「謹終如始」。朕朝夕念勞，爾其體至意焉。（《明史紀事本末》．王振用事）

宣德皇帝朱瞻基行樂圖

於是，在帝國史冊上，便記載了許多這位王振的事蹟。下面的這個小故事能夠幫助我們理解：為什麼會發生上面談到的那些大事件。

據說，有一位官居工部侍郎——相當於今日中央工程建設部副部長的高級官員，沒長鬍子。王振問他為什麼？他回答說：「老爺您都沒長鬍子，兒子輩的我當然不敢長。」（《明史紀事本末》．王振用事）

史書上還記載了這位大太監，私下裏將反對自己的官員剁碎後，棄置荒野的事蹟；記載了相當於今天最高法院副院長的大理寺少卿，由於沒有當眾向他行禮，而被抓進監獄判處死刑的故事；記載了一位反對他的軍人，是如何被凌遲處死的經過。還有屬於運氣較好的一位，他是當時特別有名的大學者，官居國子監祭酒，就是帝國中央大學校長。王振認為此人對自己不恭，就找了個理由，用一個百斤大枷，把他枷鎖在帝國大學門前示眾，他的學生們哭號奔走，據說是驚動了太后，才終於在示眾三天後獲釋。（《明史紀事本末》．王振用事）

從皇帝呱呱落地開始，王振就日夜陪伴著他，在幾近二十年時間裏，夙興夜寐，廢寢忘食，苦口婆心，忠心耿耿。由此，皇帝認爲他稟性忠孝，度量宏大是合乎其觀察角度的。同樣，當九歲就繼位的皇帝，在逐漸長大的過程中，面對著一個上億人口的國家時，依靠和信任這樣一個人也是自然而然的。

既然如此，皇帝的權威和他的權威當然不應該有太大的區別，或者說，這種權力的轉移與合二爲一，已經沒有任何不可理解之處。

繼王振之後，到張居正的時代，帝國至少出現了曹吉祥、門達、汪直、李廣、劉瑾、錢寧等大太監，每一個都有其身手不凡之處，個個都有本事足以將滿朝文武百官折騰得死去活來、斯文掃地。

嘉靖一朝四十五年間，少見宦官爲禍。可能與嘉靖皇帝在外省長大、並對宦官心存戒備有關。其朝局情形已經說了太多，不再囉嗦。

而在此時此刻，張居正已經與大太監馮保達成深刻默契。從而，掀開了帝國歷史上極爲奇異的新篇章。

據說，馮保時常焚香沐浴之後，彈奏古琴，水準相當高。且很有儒者風度。（劉若愚《酌中志》‧三朝典禮之臣紀略）他屬於那種一眼看上去知書達禮、頗有文化素養的宦官，琴棋書畫都能來，詩詞文章也不錯。由於學識涵養在宦官們當中確屬出乎其類拔乎其萃，因此，嘉靖年間就已經做到了司禮監秉筆太監的位置。

智化寺王振畫像碑

今天，人們常用的「太監」這個詞，其實是一種高級宦官官職的名稱，出現的時間很晚。

中國令閹割後失去男性能力的人在宮廷中做僕役的歷史，十分悠久，可能在春秋時代以前很久就開始了。對這種人的稱呼極多，包括了統稱、尊稱和蔑稱。宦官是最一般的統稱，其他如：奄人、奄寺、奄宦、奄豎、閹人、閹宦、閹豎、寺者、寺人、宦寺、宦者、宦人、宦豎、中侍、中官、中貴、中豎、內官、內臣、內侍、內監、內豎、貂璫、豎璫、貂豎、豎貂、大璫、小璫等等，看到這些辭彙，全部都可以將其理解爲是宦官。我們知道，「豎」這個字眼，在古代用在人身上時，帶有一種極度蔑視的成分。其含義已經超過了今天「那小子」、「那傢伙」、「那東西」之類，具有罵人「不是個東西」、「不是個玩意兒」的味道，不屑與不齒的意思很重。

太監這個詞在遼代最早出現時，是一種官職稱謂，爲宦官管理機構太府監的最高長官。元帝國因襲之。到了大明帝國，宦官機構大幅度增加，於是，二十四衙門中的十二監便全部設立了掌印太監這個官職，爲各監之最高首長，正四品，大約相當於副省長的級別；其他四司首長爲司正，正五品，相當於司局級；八局各設大使一人，也是正五品。從此，人們就用最高一級的官職名稱，來通稱宦官。拍馬屁的味道很重。因爲，絕大多數宦官可能一輩子都當不上太監。就如今日絕大多數中央部委的主任科員可能一輩子都當不上部領導一樣。即便如此，到地方出差，他們時常會被稱呼爲「部裏來的領導」。

司禮監的最高首長掌印太監，此時，早就被稱之爲「內相」了。在人們的眼中，其地位與內閣首輔是同樣的，二人「對柄機務」，就是內閣首輔與司禮監掌印太監相對掌管國家軍機大事的意思；第二把手，則是秉筆兼提督東廠太監，被看成相當於次輔兼刑部尚書。然後是秉筆太監、隨堂太監，相當於內閣諸成員。這些太監地位崇高，二十四衙門的其他太監見到他們時，是要叩首禮敬，視爲上司的。而且，按照帝國制度，這個級別的太監每人所配備的工作班子加生活侍從，人數在六十人左右。（《弇山堂別集》．中官考十）這只是正式制度規定的人數，實際情況可能會遠遠不只如此。

隆慶元年，即西元一五六七年，馮保晉升爲秉筆兼提督東廠太監，成爲司禮監的第二把手。這使他在帝國官場中的地位，與張居正在內閣中的地位已經差相彷彿。

這時，掌印太監的職位出缺。按道理說，應該由馮保依序遞升，誰知，大學士高拱偏偏向皇帝推薦了御用監太監接任司禮監掌印。

御用監在十二監中的地位並不高，主要負責御前圍屏、床榻諸木器和紫檀、象牙、烏木、螺甸等玩器的造辦。這一舉薦相當失策，頗有點扶粗使丫頭爲正室夫人的意思。其不符合宮中常例也有違情理之處在於，按照宮廷規矩，御用監太監不能接掌司禮監；而且，更糟糕的是，假如這位粗使丫頭國色天香聰明伶俐倒也罷了，偏這位御用監太監是個文化程度很低的人，很有可能接近文盲的水準。而司禮監卻是每天都要和國家典章制度、來自全國官員們的文書報告打交道的。

於是，「保由是疾拱」——馮保由此痛恨高拱。

果然，這位既無姿色又無眼色的粗使丫頭，不久便惹翻了好脾氣的隆慶皇帝，很快便被罷而去。

高拱一不做二不休，第二次推薦了一位尚膳監太監來接掌司禮監。這次雖然破了規矩，但還不太離譜，因爲這位負責皇帝飲食的太監有一手絕活，本來就很受皇帝喜愛。結果，此人順利接掌司禮監掌印。（王世貞《嘉靖以來首輔傳》·高拱傳）史書記載說，「保疾拱彌甚，乃與張居正深相結」——馮保無以復加地切齒痛恨高拱，這才與張居正深入結交。其含義當然是想報這一箭之仇。

從帝國制度的角度看，高拱的作法顯然是不妥當的。作爲大學士，他沒有理由破壞帝國規制，將更有資格、能力更強的馮保愣擠到一邊去。這種強橫的作法不可能不招人討厭，不可能不帶來乖戾之氣，不可能不毒化政治空氣。

但同樣作爲大學士，他的作法又很可以理解。原因是，作爲帝國士大夫的代表，但凡正派一點的帝國官員，沒有人願意看到宦官們的權勢過大，帝國的歷史一再證明，舉凡此種情形出現，都意味著不小的災難。

我們找不到馮保在此之前得罪過高拱的紀錄，表明高拱不是因爲個人原因，而是出於政治目的在刻意打壓馮保。馮保手中的權力已經很大，他的資歷、素養與能力越強，對內閣決策管理許可權的破壞力就可能越大，高拱也就越要抑止他。如果不是因爲隆慶皇帝的個性和對徐階、高拱、張居正的信賴，高拱大約很難做到這一點。但是，他做到了。只是手法過於粗暴，爲後來的不祥結局埋下了伏筆。

此時，徐階尚在朝中，張居正也已經進入內閣。沒有證據表明他們反對高拱的作法。在理論上講，他們應該是支持高拱的。因爲這符合他們的理念與利益。直到徐階離去，張居正又受到高拱頗爲輕率的傷害。

事實上，或許正是高拱自己相當情緒化的個性，才一再化友爲敵，使馮保有機會建立起了強大的統一戰線。這個統一戰線一旦形成，幾乎就注定了高拱的政治潰敗只是時間問題而已。自己犯錯誤，自然給了別人犯更嚴重錯誤的理由與機會。帝國政治制度本身的非理性化，注定了這一切的無可避免。

我們只要把時間這個參數向兩端拉長一點，就會明白無誤地看到，這種政治理性的缺失，使帝國與所有參與者個人，在這場政治遊戲中，必須承擔巨大的成本。即使是那些在各個方面堪稱傑出的人，也沒有其他的道路可以選擇。

馮保的機會，出現在隆慶皇帝重病彌留之際。時在隆慶六年五月二十五日。西元一五七二年，即隆慶六年閏二月，大約與放縱過度的性生活有關，三十五歲的隆慶皇帝已經一副神銷骨立的模樣，面色晦暗且伴有熱瘡。

一次，他面帶慍色，緊抓住高拱的手，說：「我不回宮裏了。」

高拱連忙勸解：「皇上不回宮可怎麼行？望皇上還宮爲是。」

皇帝恨恨地：「有人欺負我。」

高拱：「何人膽敢無禮？有祖宗重法在。請皇上告訴臣，臣依法治他。」

皇帝深深地歎口氣：「唉，什麼事？還不是宮裏的事」。（高拱《病榻遺言》．穆宗顧命。何喬遠《名山藏》卷二十九，典謨紀《穆宗》）

據說，就是在此前後，張居正察言觀色，看到皇帝「色若黃葉」且神已朽矣，知道其人病入膏肓，已是無可救藥。於是，暗中寫了關於皇帝後事處理的十幾條意見，密送司禮監秉筆太監馮保。

此時，馮保至少已經在兩個方面做了深厚的鋪墊。

一方面，那位接手司禮監掌印的前尙膳監太監，一時間頗受皇帝倚信，他肯定想了不少辦法討萬歲爺爺喜歡。中國寫實程度很高的春宮作品的繁榮發展，和皇帝身上的那些熱瘡，可能都與此人關係不小。這樣一來，皇帝是挺快樂，皇后妃嬪們卻不大可能開心。特別是曾經被移居別宮的孝安陳皇后和後來萬曆皇帝的生母李貴妃，肯定不會爲此感謝他，這應該是可以想見的。於是，馮保讓開大路，佔領兩廂，把自己對皇家的滿腔忠愛傾注到了皇后、貴妃和皇帝的小小繼承人身上。

中國古代，對此種作法有一個極貼切的形容詞匯，叫作「燒冷灶」。大凡已經步入帝國政壇或準備進入官場者，這是必須具備的一項基本功。雖然此種作法難以被看成是正派的，最後結局也鮮有善終者，不過，以此種功力一舉拿下高位的，在中國算得上史不絕書。其中，成就最高者當屬戰國後期，陽翟，即今日河南禹縣的珠寶商人呂不韋。與馮保同行的，則至少有宋徽宗時代的童貫和本朝稍後一點的魏忠賢。

另一方面，在外廷，他與內閣次輔張居正建立了密切的關係。

高拱在他那本雖然火氣很大，卻也相當有名的遺著《病榻遺言》中，曾經對此做過相當細緻的描述。張居正與馮保拜爲兄弟，逢迎諂媚無所不至。馮保有一個心腹僕人名叫徐爵，沒有一天不到張居正家中去。只要是他想要的，張居正一定會盡力幫助他促成，使這傢伙特別感激張居正，不遺餘力地爲他與主人馮保奔走。三個人像合穿了一條褲子般，變成了一個人。於是，一有什麼事，張居正就捏咕出一個東西，由徐爵交給馮保；馮保再在宮中以皇帝的名義批出來，張居正則袖手旁觀，假裝不知內情。高拱說：「此事已久，予甚患之，而莫可奈何」。（《病榻遺言》．矛盾緣由）

高拱儘管對此深惡痛絕，但他確實已經沒有什麼更好的辦法了。就以皇帝的遺詔爲例，本來，理所當然是應該由帝國首輔高拱來主持，結果，卻由次輔張居正代勞了。原因是，眼下，皇帝還沒有死，高拱哪裏可能寫一份這樣的東西給皇帝？於是，在張居正的指導點撥下，馮保也不知是怎麼攛掇的皇后、皇貴妃，竟然能夠讓日薄西山、氣息奄奄的皇帝，基本上按照馮保和張居正指示的方向，對後事作了安排。高拱只能眼睜睜地看著，怒火萬丈，卻又全然無從發洩。

結果，值隆慶皇帝龍馭賓天、萬曆皇帝萬象更新之際，得分最多的人，倒成了一個太監。據說，當時就有朝臣認爲，皇帝對後事的安排，特別是對馮保的倚重，是這位太監矯詔即篡改皇帝遺囑所致。後世史家也有持此種看法的。

無奈，眾多史料包括高拱自己撰寫的《病榻遺言》中，都全文照錄了皇帝的兩份遺囑；而且，從當時的情形和各種記載中判斷，遺囑是在隆慶六年五月二十五日這一天，由皇帝身邊的太監——馮保，當著神志清醒的皇帝的面，宣讀給皇后、皇貴妃、皇太子與三位顧命大臣的。第

二天，皇帝死去。就此，三位內閣大學士全部成了顧命大臣，馮保則不但也成了顧命之臣，還掌司禮監兼提督東廠。就此，這位太監創了一項中國紀錄，並掌握了令人畏懼的巨大權力。

所謂創紀錄云云，在高拱的《病榻遺言》「顧命紀事」一章中，是這樣評論的：「自古有國以來，未曾有宦官受顧命之事。」

至於令人畏懼的巨大權力，指的是以司禮監掌印太監兼任東廠提督太監。這兩個職位，由於威權太重，所以極少委任給一個人，歷來都由兩個人擔任，以收平衡與鉗制之效。打個不太恰當的比方，這種授權，就如今天的內閣首相又兼任了公安部部長、最高檢察院總檢察長和最高法院院長一樣嚇人。

而高拱所推薦的那位尚膳監出身、大約是有一手烹調絕技的原司禮監掌印太監，如今已經不知被發往何方高就去了。

高拱心緒之惡劣，可以想見。他力圖振作，挽回頹勢。於是，在老皇帝賓天的半個月，新皇帝登基的六月初十日當天，高拱給十歲的小皇帝上了一份題目爲《特陳緊切事宜以仰裨新政事》的摺子。

這是一篇用心深沉的奏摺，表面上看起來，這篇奏摺完全是按照帝國政治制度理論上的規定，輔導小皇帝如何處理朝政。因此，甚至對帝國政事處理的整個流程細節，都交代得細緻入微。實際上，其中隱含著的重大玄機，是要按照帝國政治傳統中太監必須「按票擬批紅」的理論規制，將馮保手中的批紅大權，在實踐層面上剝奪掉，變成眞正按照內閣票擬批行的程式，由此使決定大政的權力回歸到內閣來。

高拱當然知道，十歲的小皇帝不可能讀懂這篇東西的微言大義。但他只要皇帝按照慣例將此奏疏發回內閣即可。屆時，他就會步步爲營地安排下一步的攻勢。

誰知，馮保也是此中老手。他並不將此奏摺發返內閣，而是直接代皇帝擬旨，曰：「知道了，按老規矩辦。」這種漫不經心的回覆，習慣上表示的含義是不冷不熱、不軟不硬的不以爲然。

高拱立即又上一書，強調了前者的重要，請發回票擬，「免失人心之望」。

四天後，馮保將此奏疏發回內閣票擬。

高拱爲皇帝草擬的批語是：「覽卿等所奏，甚於時政有裨，具見忠藎，俱依議行」——摺子已經看過了，對於時事政治很有幫助，完全可以看出上摺子的人忠心耿耿，都按照上面所說的辦吧。（《明神宗實錄》．隆慶六年六月丁卯）

然後，高拱認爲倒馮之時機已經成熟。於是，指揮一批監察官員接連上書，猛烈彈劾馮保，鋒芒凌厲，直取馮保的性命。

歷經三朝，冷眼旁觀了嘉靖、隆慶時代無數官場直取性命之傾軋的馮保，如今臨到自家頭上，也慌了手腳。據說，他派往張居正府上密議的徐爵，和張居正派去給他面授機宜的姚曠二人，違背皇家制度，連夜開東華門者，三番五次。遂定計，由馮保去面見皇后、貴妃和皇帝，揭發高拱的不臣之心。因爲，高拱在隆慶皇帝去世時，曾經在內閣痛哭著說過一句話，曰：

「十歲太子，如何治天下？」馮保對皇家三位主要人物彙報時說：「高拱指斥太子為十歲孩子，如何作人主？」並且，可能還談到了高拱意圖擁戴一位成年藩王入繼大統之類很難考證的話。

「后妃大驚，太子聞之亦色變」。（《明史》．馮保傳）

第二天，即隆慶六年六月十六日早朝，宮中傳話出來：「有旨，召內閣、五府、六部眾皆至！」另一位顧命大臣高儀告病在家，張居正亦告病，幾經催促，張居正扶病而來。

在大殿前的臺階上，高拱對並肩而行的張居正說：「今天這事兒，肯定是因為監察官們彈劾馮保，才召大家來的。我必定會據理力爭，也會惹惱皇帝，你正好可以留下。我走後就天下太平了。」

張居正回答道：「你總是這麼講話」。（《病榻遺言》．矛盾原由）

結果，高拱一語成讖——

按慣例，皇家頒布的詔誥應該由首席大學士接旨，現在，太監卻劈頭呼喚次輔張居正張老先生接旨。在這篇以皇后、皇貴妃和皇帝三人名義發布的詔書中，開宗明義地痛斥高拱「專權擅政，把朝廷威福都強奪自專」，不知其居心何在？詔書命令高拱「回籍閑住，不許停留」。（《病榻遺言》．矛盾原由）

就此，高拱全線潰敗，直到六年後去世都沒能翻身。

他死後，又過了四年，張居正死後不久，以高拱的名義出版了一本充滿悲憤與激情的回憶錄——《病榻遺言》。該書情節細緻入微，文辭極其富有感染力，從而，可能在打翻張居正的過程中發揮了重大作用。卻也由此被相當多的人們認為，其中許多情節，雖詳盡卻死無對證，且過於情緒化，不無令人疑惑之處。

另一位顧命大臣高儀，則病骨支離，輾轉於病榻之上。聽到高拱被逐的消息後，嘔血三日而死。

僅僅二十天之前，跪伏於先帝病榻之側、痛哭著接受託孤顧命的三位國家重臣，如今，一死一逐，只剩下張居正一人，再加上一個十分可疑的馮保。想起來，實令人百感交集，百味雜陳，不能不為帝國政治的詭譎與殘酷而扼腕歎息。

假如事情能夠到此為止，那麼，張居正和馮保二人可能還不至於受到後來那樣普遍的憎惡。可惜，他們搭乘的是一輛眞正的瘋狂過山車，完全沒有什麼人性化設計，只有純粹嗜血的利害算計或能量耗盡，才能制止住它那可怕的慣性——

半年以後，西元一五七三年，即萬曆元年正月，爆發了著名的「王大臣」事件。平心而論，張居正和馮保在此事件中的表現，很難獲得人們的同情與支持。

這是一個很鬧騰很無聊的事件，然而，唯其如此，它似乎才更加應該喚起人們的關注，喚起人們對於帝國政治的永久懷疑。

關於這次事件，可以見諸幾乎所有涉及此階段歷史的史籍之中，有多種版本，且撲朔迷離之處甚多。取其眾口一詞，其大體經過是：

萬曆元年正月十九日清晨，十歲的小皇帝在一群人簇擁之下前去早朝，出乾清門後，迎頭撞見一個鬼鬼祟祟、形跡可疑的無鬚男子，惶懼躲閃之下，遂被捕獲。審訊後，得知此人本名章龍，化名王大臣，從戚繼光處來。

東廠的最高首長馮保急忙派人將此消息通報張居正。張居正通過來人密囑馮保：「戚繼光手握重兵，處境極度敏感，千萬不要讓這個傢伙再胡亂指認。應該借此機會對付高拱。」隨後，票擬諭旨一道：「命馮保牽頭審問，追究主使之人。」於是，馮保來到東廠，親自審訊。據說，他關閉門窗，摒退左右，終於審出了一個此人與高拱家人合謀，前來刺殺皇帝的結論。隨即，張居正向皇帝正式奏請追究主使之人；馮保則派遣五名東廠警員星夜趕往河南新鄭縣，捉拿高拱家人。

一時間，京城中人心洶湧，莫知所以。在家閉門思過的高拱又遭橫禍，令他痛不欲生，一度準備自殺，以保全家人。而他家中的親友、僕役人等，則捲走了一切可以裹挾的金銀細軟，作鳥獸散。

就此，輿論大嘩。人們反感高拱的粗暴強橫，卻也很難相信他會做這種明顯弱智、且看不出任何好處的事情。於是，一個普遍的希望是，結束東廠的黑箱操作，由司法部門公開審理此案。此時，就連與張居正素來親近的人都來勸告他，不要作這種必然要蒙惡名、遭報應的扯淡事兒。張居正爲表明自己的清白，向來人憤然出示了東廠本來應該提供給皇帝的秘密報告。誰知，情急之下卻忘記了上面還有自己修改的筆跡，被前來勸解的人窺破，致使場面至爲尷尬。

這種情形，可能導致了張居正開始萌生退意。

隨後，在三位帝國重臣參與的公開審理中，馮保則遭遇了更大的尷尬：當時，大約是殺威棒的意思，按照帝國慣例，審案前，先打了那廝十五大板。結果，被打的嫌疑人「哇哇」大叫著質問馮保：「不是說要給我官作，永享富貴嗎？如何上來便打？」

馮保不理，問：「是誰指使你來的？」

王大臣瞪著馮保：「是你指使的。你不知道嗎，卻來問我？」

馮保惱怒不已：「昨天你說是高閣老讓你來行刺，為何今日不說？」

王大臣答道：「是你教我說的，我哪裏認識什麼高閣老？」

邊上一位國家重臣看著不像話，也擔心無法收場，便厲聲喝道：「這廝端的無禮，連問官也敢攀扯，只該打死。馮公公，不必再問。」

遂草草收場。

即便如此，馮保不依不饒。他回到宮中，仍然以「高拱行刺」向皇帝彙報。誰知，一個年過七十的殷姓太監突然跪到皇帝面前，說道：「萬歲爺爺，不要聽他。那高閣老只是個臣子，來行刺，對他有什麼好？」又對馮保說：「馮兄，萬歲爺爺年幼，你當幹些好事，扶助萬歲爺爺。如何卻幹這等事！高鬍子是忠臣，受顧命的，誰不知道？那張蠻子奪他首相，才要殺人滅口。你我內官，又輪不著作首相，幹嘛死乞白咧替他出力？若做下此事，我輩內官必然遭禍，不知要死多少人。使不得呀，使不得。」

此時，皇帝身邊另外一個職位不低的大太監也勸告他，此事斷不可爲。由此，馮保方才悻悻收手。

就此，在群臣畢至的朝堂上，張居正十分正式地出面爲高拱求情。

高拱由此躲過一劫，得以善終。

那個莫名其妙、至今無人能夠弄明白的王大臣，則被人灌了一杯生漆酒，稀裏糊塗地成了啞巴，並很快丟了腦袋。

而那些出頭露面，迫使馮保與張居正不得不這樣作的人們，則在不長的時間裏，分別受到了降級、撤職、開除公職、被迫退休甚至更加嚴厲的處分，理由多種多樣。（以上事見高拱《病榻遺言》．毒害深謀，《名山藏》臣林記．隆慶臣一．高拱傳，《明史紀事本末》．江陵柄政，《萬曆野獲編》．王大臣，《嘉靖以來首輔傳》．高拱傳）

很快，這種情形就顯示出了它應該顯示的後果：人們深切領會了內閣首席大學士與司禮監掌印兼東廠提督太監聯起手來的威力。從此，大凡路過河南新鄭縣高拱家鄉的帝國官員們，很少有人敢於直行；他們寧願繞一個大彎，以避開那個不祥的名字。同樣，並不需要很長時間，張居正和馮保也會知道，不管手中的權力有多大，他們都無法避開那反作用力的打擊。誠如人類歷史所一再顯示的：那些敢於踏破人類價值標準底線的人，一般都意味著走上了不歸之路。

沒有勝出者的博弈

這眞是一個令人沮喪的事實：長達十年，在帝國歷史上璀璨奪目的萬曆初政，竟然是在這種波詭雲譎的重重黑暗中拉開的序幕。這實在算不上是個好的開頭；其詭異乖戾之處，令人無法想像後面的結局會是皆大歡喜。

對於張居正來說，不幸的是：這位「慨然以天下爲己任」、「中外想望其丰采」的傑出政治家，只能以這種陰暗的開端，塗抹著自己的臉譜。彷佛揮舞了一支過於粗暴的墨筆，黑墨淋漓之際，使他後來那些對帝國眞正偉大的貢獻，也變成令人不忍卒睹的花臉。

這還不算，最大的不幸則是——

從張居正一生行狀判斷，他或許眞的不在乎自己的生前身後名。然而，誠如帝國政治所一再展現的那樣，此種作爲，在多數情況下，傷害的常常不僅僅是一個人的名聲，甚至主要不是名聲。與二十五年前投身帝國官場的「儲相」庶吉士相比，今年四十八歲、年屆知命的張居正，已然是帝國首輔。當年那些無限的可能性，如今，已經明確而具體地鋪展在他面前。然而，他卻很有可能沒有意識到——他置身其中的棋局，如今，實際上已經變成了一盤死棋局。

就像沒有人能夠沿著錯誤的道路走到正確的目標一樣，也沒有人能夠下活這一盤已經死透了的棋。從此以後，張居正眞心實意、雄心勃勃地爲帝國所作的一切，可能只是讓這盤大棋死得更快而已。

從後來所發生的一切看，的確很難得出其他的結論。

除了與馮保之間的知音默契，小皇帝朱翊鈞及其母親慈聖李太后的「傾心委倚」，則是張居正能夠大展拳腳的另一個必要條件。

按照《明史》所載，李太后出身於漷縣的一個農民家庭。漷縣治所在今天北京通州東南的漷縣鎮。此地在元代爲漷州，下轄今日河北省的武清、香河兩縣。明初太祖時降州爲縣，到清代併入通州。太后家境貧寒，其父李偉爲避兵禍，逃難來到北京。初進裕王府時，李太后只是一個低級侍女；後來受寵，生下皇長子朱翊鈞也就是我們的萬曆皇帝。隆慶元年晉封爲貴妃。而正宮陳皇后體弱多病，且沒有生育，一度被「移居別宮」。種種跡象表明，她與李貴妃和作皇帝之前的皇太子相處融洽。

按照皇家制度，新天子即位，應尊先帝時的正宮皇后爲皇太后，有親生母親需稱爲太后者，要另外再加徽號作爲區別，就是地位略低於正宮皇太后的意思。這種情形，顯然無法令萬曆皇帝和他的親生母親滿意。另外無法滿意的，則是馮保與張居正。於是，馮保以兩宮太后並尊暗示張居正。最後，張居正想出了一個聰明的主意：尊陳皇后曰仁聖皇太后，尊李貴妃曰慈聖皇太后，從此，兩宮太后並駕齊驅，沒有了區別，遂成帝國定制。（《明史》．后妃）

有一次，小皇帝玩得高興，對自己的首輔大臣說：「昨天，大內百花盛開，我奉陪母后賞花盛宴，開心極了。」他說的母后，指的當然是自己的生母李太后。張居正奏曰：「仁聖陳太后那兒長期寂寞，恭請皇上能夠放在心裏。」小皇帝頗以為然，回宮報告自己的母親後，親自駕往陳太后所居宮殿，將其接到鮮花盛開處，再設盛宴賞花，盡歡而散。（《明史紀事本末》．江陵柄政）

張居正心思細密，應該令兩宮太后深感欣慰。

官修正史《明史》在談到李太后時說：太后性嚴明。萬曆初政，委任張居正綜核名實，治理國家，臻於富強，太后「之力居多」。表明這位皇太后確實曾經給予了張居正相當大的支持。

許多年以後，在給帝國晚期政治帶來重大影響的所謂「國本之爭」中，萬曆皇帝對冊立自己不喜歡的皇長子為太子一事遷延乖張，太后問他是什麼理由？萬曆皇帝回答說：「因為他是都人之子。」太后大怒，曰：「你也是都人之子！」早已年屆中年的萬曆皇帝惶恐萬狀，跪伏在老太太面前不敢起來。「都人」是當時宮廷內對低級宮女的稱呼。後來，幾乎受到皇帝終身寵愛的鄭貴妃，想以為太后祝壽的名義，讓自己親生並備受皇帝喜愛的福王留在北京，太后很不客氣地反問：「我的兒子潞王是不是也要到北京來為我祝壽？」帝國制度，凡成年的皇家親王，必須到各自的封地去，非皇帝宣召，不許在北京逗留。這位不好惹的老太太，可能是那位倒楣的皇長子，最終能夠成為皇太子並登上皇位的重要原因。（《明史》．后妃）

慈聖李太后對兒子的管教之嚴，在歷代帝后中是有名的。長時間罰跪是她懲處萬曆皇帝錯誤的常用手段。經常是小皇帝哭泣著保證改過，才被允許站起來。每次小皇帝讀書下課回宮，太后都會讓他模仿講官，在自己面前複述講習內容，以考查並鞏固其學習成果。每臨早朝，太后則必會在五更時分，大約是早晨四點多鐘，親自去叫醒小皇帝，命宦官們將睡意正濃的皇帝強制扶起來，洗漱裝束，看著他登轎而去。（《明史》．后妃）對於十幾歲的孩子，其痛苦可以想見。

丈夫死後，這位來自平民家庭、如今富貴已極的皇太后，一個最大的心願，可能就是兒子能夠成爲名垂青史的聖賢之君。驅逐高拱之後，她對張居正寄託了無限希望與信任，「大柄悉以委之」，就是將軍國大政全部委託給張居正處理，稱得上全心全意。據說，她訓斥萬曆皇帝時特別喜歡用的一句話是：「要是讓張先生知道了，看你怎麼辦？」（《明史》．張居正傳）這種情形，很像那些拿「狼來了」制止小孩子啼哭的民間婦女。可以看出，其間並無惡意，充滿敬意。

後來，甚至到小皇帝已經長到十八歲，娶妻生子，按照帝國慣例早已到了親政——主持國家大政的年齡，張居正「乞休」、「歸政」，就是請求退休，將大政歸還皇帝時，皇太后仍然命皇帝傳達了自己的斷然回答：「請張先生輔導皇帝到三十歲，那時再商量由後人接班也不遲。」（《明史紀事本末》．江陵柄政）

這位皇太后一口氣活到了萬曆四十二年，僅僅比自己的兒子萬曆皇帝早死六年。假如張居正能夠像嚴嵩或徐階那樣，壽命足夠長的話，後來的情勢發展可能會變得特別有意思。

從人的心理發育規律看，假如眞的用狼嚇唬孩子的話，大概可以在這孩子的心中有效地培養出對狼的終生恐懼；而若不是狼而是人的話，那麼，這種恫嚇一遍遍重複的結果，則可能會在小皇帝心中，既培養起對張居正的敬畏之心，卻也完全有可能爲皇帝未來的逆反心理，埋下意味深長的伏筆。

不幸的是，情形很有可能就是這樣。

以國人細緻入微的敏銳觀察力，沒有證據能夠證明，正值盛年守寡的李太后信任與支持張居正，有著其他方面的微妙考慮，譬如男女之情一類。

西元一五七二年，即隆慶六年六月十九日，驅逐高拱的第四天，小皇帝單獨召見了張居正。這次平臺召見很有名，是張居正位居帝國首輔之後，與皇帝之間的第一次奏對，大體確定了十年萬曆初政的基調——

小皇帝對張居正慰勞備至，說：「先帝活著時多次告訴我，先生您是忠臣。今後，所有的事情都要先生盡心盡力地輔佐。」

張居正淚流滿面，跪俯在地上，頓首泣謝，曰：「臣承蒙先帝厚恩，不敢不竭忠盡力，以圖報效。方今國家大事，唯在遵守祖宗舊制，不必紛紛更改。講學親賢，節用愛民，是爲君之道所最首要的，懇請皇帝聖明留意。」

小皇帝回答到：「善。」（《明神宗實錄》．隆慶六年六月癸酉，《明史紀事本末》．江陵柄政）

第二天，張居正於心潮難平之中，向小皇帝呈獻了十年輔政生涯中的第一份奏疏。其中談到：

「爲臣之道，必須出以公心，不謀私利，才能稱得上一個忠字。臣子我從小受父親和老師的教誨，對這個字爛熟於心；走上官場之後，兢兢業業，沒有做過什麼墮落、從而玷污這個字的事情。」

「如今，承蒙皇上天語諄諄，恩若父子，人非草木，我怎能不激勵自己奮發有爲！」

「我要謹守祖宗舊制，不敢以臆見紛更；爲國家愛養人才，不敢以私心好惡取捨。」

「我要以區區之身，鞠躬盡瘁，死而後已。」

張居正希望皇帝「念念不忘祖宗締造國家的艱難，念念不忘先帝託付的重任，講學勤政，親賢遠奸，使宮府一體，上下一心，以成悠悠之治。」（《張文忠公全集》．謝召見疏）

從中，不難看出張居正心潮激蕩，必欲有大作爲的雄心壯志。以至於四百多年後讀來，仍令人不免感慨萬千。

從紛紜駁雜、汗牛充棟的各種記載中，很難得出張居正與王安石一樣，進行過大規模變法的結論；儘管後來——直到今天的人們時常把這兩個人的作爲，並稱爲「王安石變法」與「張居正變法」，認爲此二人是中國古代歷史上的偉大改革家。甚至在張居正如日中天、大權在握時，就曾經有人將張居正類比爲王安石，而對其進行猛烈抨擊。

這種說法十分可疑。

原因是——

姑且不論成敗，王安石具有豐富的行政管理經驗，其財政、金融等經濟思想與觀念，系統、高明而且超前，並確實曾經在大宋帝國的政治、經濟、文化、軍事等諸多領域裏進行了相當深入的制度變革。

張居正則在帝國官場長期薰陶下，缺少深入系統的思想理念，他更多憑藉的是申不害韓非子古老法家那一套權謀智術。因此，在制度層面上，我們找不到或很少能夠找到張居正進行或試圖進行變法的證據；在理論層面上，也很難看出他有什麼富有創意的貢獻。他所做的一切，大體是在現有制度、體制框架內進行的。誠如張居正自己所說，他要做的，「唯在遵守祖制」，（《明神宗實錄》．隆慶六年六月癸酉）「爲祖宗謹守成憲」。（《張文忠公全集》．謝召見疏）

用今天的語言表述，張居正所追求的目標，可能就是用謀略、強力手段，恢復祖宗——朱元璋時代的帝國制度活力，從而，在現有的體制條件下達到民富國強。舉凡張居正十年施政舉措，譬如：

尊主權——可以理解成尊重君主權力；

課吏職——對官吏職責高標準嚴要求；

信賞罰——賞罰嚴明獎勤罰懶；

一號令——統一思想統一號令統一行動；

以及裁汰冗員、整頓驛站管理、節儉開支、整飭邊防與軍隊、實行一條鞭法、乃至清丈土地等等，無一不可以作如是觀。

張居正著名的《陳六事疏》，被認爲是「系統地提出了改革政治的主張」。實際上，仔細推究起來，這所謂「六大改革綱領」——省議論、振綱紀、重詔令、核名實、固邦本、飭武備，實在沒有一件稱得上是眞正意義上的改革，倒的確眞實反映出了張居正試圖恢復祖宗舊制的努力。

即便如此，仔細檢視當日之情形，應該說，張居正的這種努力，進行得艱苦卓絕，其程度實不亞於一場眞正的改革。

原因是，此時，大明帝國已經走過了二百多年漫長歲月，就像我們在以前的描述中所不斷看到的那樣，當年太祖創立的制度，如今大多演變得面目全非。而困擾中華帝國近兩千年的制度弊端，也在此時一一出現，其交織纏綿的結果，令種種弊害，更加積重難返。譬如，豪強富戶，「多依勢恃強，視佃民爲弱肉」，（《廿二史札記》明鄉官虐民之害）表明新一輪的弱肉強食早已展開；而土地兼併也已經具有了濃厚的大明帝國特色——「有地無立錐而籍田逾頃畝者，有田連阡陌而版籍無擔石者」。（《明書》土畝制）意思是，有的百姓窮得無立錐之地，卻在官府的賦稅名冊上記載著百畝以上的納稅額度；而土地極多的大地主，反而在官府沒有記載，也就是說

不需要納稅。於是，許多農民「拋荒田產，避移四方」。（《萬曆實錄》卷三十二）

在中國歷史上，一般說來，這種情況一旦出現，便大體上意味著社會動盪不安，官吏瀆職自肥，而國家財政狀況則窘迫日深。

這種病態的情形，在張居正執政之初的各種文字中反映極多——「生民之骨血已罄，國用之廣出無徑，臣等日夜憂惶，計無所出。」（《張文忠公全集》．請停取銀兩疏）張居正的憂慮十分眞實，民脂民膏已經被榨乾了，若沒有更好的辦法，則「元末之事可為殷鑒」，（《張文忠公全集》．與操江宋陽山）元朝覆滅的前車之鑒就在眼前。

那麼，怎麼辦？張居正認為：「非得磊落奇偉之士，大破常格，掃除廓清，不足以弭天下之患」。（《張文忠公全集》答耿楚侗）顯然，張居正是以這種「磊落奇偉之士」來自我期許的。

平心而論，在獲取權力的過程中，張居正的作為遠非無可挑剔。但若在一個更大的時間段中考察，譬如觀察其十年釋放權力的過程，又讓人很難懷疑張居正憂國憂民、竭心盡力治理好這個國家的政治善意與眞誠。在他的目的與手段之間，於其同時代人來說，無法容忍的地方恐怕不在少數。而對於今日之讀者，則充滿了難以捉摸的吊詭之處。未來，張居正令人扼腕的命運，可能就是這樣導出的。

為了「大破常格，掃除廓清」，張居正採取的手段很絕，相當獨特而出人意料。他沒有像太祖朱元璋那樣大刀闊斧地清算貪官污吏、豪門富戶，而是在執政不久，力道很強地推出了一個

「考成法」。如果說十年萬曆初政有什麼富有創意的新鮮作法的話，大概這個「考成法」可以算在其中。

西元一五七三年，即萬曆元年，張居正上《請稽查章奏隨事考成以修實政疏》。他認爲：「天下大事，困難之處不在於立法，而在於有法必行。不在於說些什麼，而在於說出來就一定要有效果」。遂制定考成法。

考成法規定：帝國中央六部與都察院將所有應辦之事，按照道路遠近、事情緩急，規定出完成期限，然後分別在三套帳簿上記錄在案。一套留在部、院存底，一套送六科監察部門以備註銷，一套報呈內閣查考。中央六部與都察院對於所有承辦官員，每月檢查一次，完成一件則註銷一件，未能按期完成者，需如實申報，否則以違制罪論處。六科監察部門稽查六部執行情況，每半年上報一次，並對違限者提出處分意見；內閣則稽查六科，並對違限與欺瞞者予以懲處。

粗粗看去，這套官吏考核制度很像今天廣爲人知的「績效考核制度」。

萬曆元年十一月，當張居正集皇帝、內閣與司禮監各種大權於一身，雷厲風行地予以頒行時，所達到的深度與廣度均十分罕見。在其當日，可能是全世界最嚴密、影響最大的一套官吏績效考核體系。

半年後，萬曆二年六月，按照這套制度考核並完成任務的一批兵部——國防部官員，已然受到賞銀、提級與加薪獎勵。（《明世宗實錄》卷二十六）再過半年，萬曆三年正月，五十四個官員則受到停發工資三個月的處分，涉及到未能按期完成的工作事項二百七十三件，其中，包括一批省級行政官員與監察官員。（《明世宗實錄》卷三十四）

此後，在一批批官員受到獎勵的同時，也不斷有人受到扣工資、降級、強迫退休、開除公職等處分。譬如，萬曆五年十一月，有四十八個各級官吏，被一次性勒令致仕閒住，即強迫退休。於是，紀綱不肅，法度不行，上下姑息，百事推諉的狀況大爲改觀，帝國萎靡不振的官場「中外凜凜，毋敢以虛文支塞」（談遷《國榷》卷六十八）——朝野內外兢兢業業，沒有人敢於用虛話、套話應付差事。

對此，張居正的同年和主要批評者、大名士王世貞評論說：「張居正執政時，一道政令發布出去，萬里之外，早晨收到，晚上已經奉行開去，如疾雷迅風，無所不披靡」。（《嘉靖以來首輔傳》．張居正傳）可見其推行力度與成效之大。

這套無所不在的法網編制起來之後，張居正將其功效發揮到了極致。大凡財政、賦稅、軍事、教育、裁汰冗官冗員、清理驛站制度等等涉及全帝國的重大事宜，基本都讓他裝進這個大籃子裏面去了，而且其堅持不懈的勁頭，相當令人爲之動容。大史學家談遷說道：「江陵——張居正志在富強。立考成法，行之十年，太倉之積，足備數載」。（《國榷》卷六十八）可見其評價之高。

不過，這套考成法還有另外的奧妙之處——它將本來有權監察百官包括監察內閣的科道部門，也一攬子變成了內閣的附庸。在文武百官眼中，這與祖宗之制則是背道而馳的。

科道，是對帝國監察部門——都察院與六科給事中的習慣稱呼。按照帝國制度，都察院相當於今天的審計署、監察部與中紀委，下設十三道監察御史，其職責爲監察糾劾文武百官，也有當然的權力監察、彈劾內閣成員包括首輔。六科制度則創立於明太祖朱元璋的洪武六年，指的是相對吏、戶、禮、兵、刑、工六部設立的六科，其官職名稱爲給事中，職責是輔助皇帝處理章奏，並有權力稽查、批駁、糾劾六部的錯誤。六部首長尚書的品級爲正二品，六科首長都給事中的品級則只有正七品，給事中的品級還要再低。以小官制約大官，以低級別的六科監察高級別的六部，這是大明帝國的一項創造，也是堅不可摧的帝國傳統。因此，給事中品級雖低，權責卻特重，其鋒芒所向，常常可以將位極人臣的大學士乃至首輔拉下馬來，打翻在地。

如今，考成法一出，監察御史與給事中們一下子找不著北了。他們本來是皇帝的耳目喉舌，在理論上代表了帝國官場的良心與良知，現在，突然一股腦地變成了內閣首輔張居正鞍前馬後的馬仔與爪牙，「一不小心，便會受到斥責，長官隨即受命對其進行考成」，其鬱悶可想而知。對此，王世貞幸災樂禍地評論道：「御史、給事中們雖然畏懼張居正，然心中大多忿忿不平。」（《嘉靖以來首輔傳》．張居正傳）

在理論上講，科道官員一般是由那些飽讀聖賢之書、品行端莊、性情耿介之士充任的。張居正的作法，理所當然會被他們視爲對祖宗舊制的破壞和對帝國監察事業的凌辱。終於，對張居正的抨擊開始了，炮火並漸趨猛烈。

萬曆二年五月，翰林院飛來一隻白色的燕子，內閣也有碧蓮花早開。百忙之中的張居正將此作爲祥瑞獻報皇帝。結果，受到馮保的當面批評：「萬歲爺年紀小，不要用那些奇異之物開啓他的玩樂之心。」（《明史》．馮保傳）一位南京戶科給事中上書斥責張居正，曰：「地方大旱，大家都憂心忡忡；張居正卻獻什麼祥瑞，實在不是大臣應該作的。」（《明史》．余懋學傳）弄得張居正好生無趣。

轉過年去，萬曆三年二月，第一次年度考成結束不久，這位給事中再次上書，除批評張居正外，矛頭直指考成法，並暗指張居正、馮保爲諛佞之臣。結果，張居正大怒，十三歲的小皇帝也大怒，安了一個顯然胡扯的罪名，將這個楞傢伙「革職爲民，永不敘用」。（《明神宗實錄》．萬曆三年二月庚辰）

當年十二月和第二年正月，又相繼有兩位御史上書，猛烈抨擊張居正。第一位，直截了當地引用王安石「天變不足畏，祖宗不足法，人言不足恤」的三不足故事，抨擊張居正和皇帝誤國且自誤。皇帝下旨，令錦衣衛將其抓進鎮撫司監獄，「好生打著問」。結果，此人雖被打成重傷，卻堅決不肯改口認錯，最後，定罪發配浙江定海充軍。（《明神宗實錄》．萬曆三年十二月丁亥）一個耐人尋味的細節是，在此期間，有數位御史和給事中相繼來到監獄，爲他送藥並慰問之。（《明史》．李禎傳）

而第二位御史的作爲，則對張居正形成了更大的殺傷力。

此人是張居正的門生。不僅於此，張居正還相當看重他，選拔、舉薦他擔任了正七品的巡按御史。中國古代沒有「我愛我師，我更愛眞理」一說，座師與門生的關係，在官場視同師生，講究的是一日爲師，則終身爲父。並成爲帝國官場最重要的人力資源網路之一，其關照、提攜、援引的功效有如同鄉與同年，爲官場中人所不敢輕忽。誰也沒有想到的是，前一位御史被充軍浙江的一個月，即萬曆四年正月二十三日，這位御史便洋洋灑灑上書五千言，痛斥張居正植黨營私、作威作福、貪贓枉法、擅改祖制等等。從而，成爲中國歷史上罕見、大明帝國開國二百年以來第一位彈劾座師的門生。

隨後兩日，張居正連續兩次提交辭呈。史書記載說，張居正向萬曆皇帝辭職時，痛哭流涕，激動得哭倒在地。十四歲的小皇帝走下御座，攙扶起已經年過五十的內閣首輔，並對他說：「先生起來，我要逮捕這個傢伙，讓他死在監獄裏，以慰先生。」（《嘉靖以來首輔傳》卷七，張居正傳，《明史》．劉台傳）

據說，在監獄中，此人受盡嚴刑拷打，卻慷慨自若，言辭更加激烈。最後，對這位御史的處分是「削籍爲民」——被開除公職，遣送回鄉。不久，他又被幾個官員指控爲貪贓枉法，不明不白地死在獄中。當時和後來均有人認爲，這些官員是在張居正的授意下做的這件事情。或者至少是爲了討好張居正。遂成爲一個謎團。

西元一五七七年，即萬曆五年，張居正遭遇了一場眞正的風暴。

事情起因於九月十三日，張居正的父親去世。九月二十五日，消息傳到北京。第二天，張居正在內閣的幾位同僚上書皇帝，希望援引前朝重臣曾經有過的案例，挽留張居正「奪情」，繼續工作。

「丁憂」制度是中國一項相當古老的制度。按照這套制度，凡父母去世，其爲官且承擔主要家庭責任的兒子必須離職，返回家鄉爲父母守孝二十七個月，當時的術語稱之爲「丁憂」，也叫「丁艱」；期滿後再出來繼續做官，叫做「起復」。倘若身爲國家重臣，離職後可能造成重大影響的，作爲特例，需由皇帝下令，可以免去離職丁憂，穿孝服直接起復視事，術語叫做「奪情」。曾經有過一位唐代官員，因爲害怕失去官位與俸祿，不報憂守制。結果，爲人揭發，被同僚們視爲衣冠禽獸，在法司判其流放充軍之後，又由皇帝下令賜其自盡。帝國以孝治天下，忠臣出自孝子，不孝者必然不忠，已經成爲人們普遍的信念。生活在今天的人們，很難理解另一個世界的情形。然而，在當時，這是一件絕對重大的事情。其重大的程度，我們可以在前述嘉靖初年的「大禮議」中，略見一斑。

張居正立即陷入尷尬之中。

一方面，守制丁憂盡孝乃人情之常。不論是爲人子、爲人父、爲人師、爲人友、爲人臣，所有人倫親情，社會利害，在在都要求他如此行事。否則，必將爲自己所不忍，更爲人所不齒，潛藏著無法預料的風險。

另一方面，張居正素以豪傑自許，認爲必有非常之人，方可爲非常之事，才能成非常之功；因此，處在一個非常時期，則不必拘泥於常情常理，不必顧及常人之非議，受常人小節的約束。當時，張居正可能正在準備實施意義重大的清丈田畝和整頓賦稅，他顯然不願意在政局

如此波詭雲譎之際，離開朝廷二十七個月。那意味著前面一切努力都可能付諸東流，且同樣潛藏著不可測之禍。

這時，發生了一件小事，對張居正的刺激可能不小。按照帝國慣例，內閣首輔離位三天，次輔的座位就可以由次要的位置挪到主位，人們也就可以身穿紅袍向次輔道賀，視爲他已經自然升爲首輔。此次，張居正的去留尚在未定之天，已經有一批人著紅袍前去向次輔道賀了。頗爲厚道的次輔雖然沒有挪動自己的座位，卻也實實在在地接受了人們的祝賀。人情惡俗澆薄的官場，著實給張居正上了一課。

從當時的情形判斷，皇帝、皇太后、馮保，張居正身邊的支持者，甚至包括他同朝爲官的兒子，應該都是發自內心地希望他不要離開。張居正遂接受了皇帝三番五次的慰留，奪情視事，在官守制。

誰知，恰在此時，一顆巨大的彗星飛臨到帝國的上空，其大如燈，顏色慘白，拖著長達數丈的不祥的大尾巴，由西南直射東北，出尾箕，越牽牛，逼向織女星座。未幾，紫禁城中竟然又發火災。天象示警，災異橫生，一時間人心大浮動，蜚短流長，謠言漫天，以至於西長安門上居然貼出了張居正謀反的傳單。（以上事見《國榷》卷七十《明神宗實錄》卷六十八）

在此期間，還發生了相當於今天中央組織人事部部長的吏部尚書去職事件。

這位吏部尙書在前一年張居正的門生彈劾張居正時，曾被指爲是張居正植黨營私的私黨之一，人們也普遍認爲他是張居正的親近分子。如今，他竟然在幾十位翰林院官員的要求下，帶領他們一起來到張居正官邸，請求張居正作爲帝王之師、帝國首輔應該以世道人心爲重，給天下蒼生作個好榜樣，回家丁憂去。張居正義正詞嚴地予以批駁，並在激動之中，斥責他們不執行皇帝的指示，逼迫自己，居心叵測。

隨後，有兩位科道官員立即上書彈劾，導致皇帝下旨，這位吏部尙書被勒令致仕——強迫退休。罪名是藐視皇帝，無人臣之禮。（《明史》．張瀚傳）

這種情形，立即使人們躁動的心情激動而且憤怒起來。不少人覺得，這個張居正貪戀權位，又忸怩作態，無非是想堵住天下萬世悠悠之口，實在不是個東西。於是，十月十五日吏部尙書罷官，十六日星變未弭而宮中火起，十七日出現了傳單，十八、十九、二十日便有四位官員相繼上書，反對奪情，彈劾張居正。他們比張居正更加義正詞嚴地質問道：「陛下以江山社稷的緣故慰留張居正。對於江山社稷來說，最重要的是三綱五常。皇帝的老師，國家的元輔大臣，乃綱常之代表，卻置綱常於不顧，難道江山社稷還能夠安寧嗎？」（《明史》．艾穆傳）

就此，推車撞壁，再也沒有迴旋餘地。

憤怒的張居正和與他同樣憤怒的皇帝，不約而同地將此種情形看成了對自己權威的蔑視，也幾乎是不約而同地決心以非常手段——廷杖，對付之。

這時的禮部尙書是一位才幹素著的人物。他曾經多次反對過張居正，張居正表現出了一個大政治家應有的胸襟，並不介意，多次推重，直至使他出任高官要職。此刻，他意識到如此激烈的強硬手段勢必帶來深刻的後果。於是，出面找張居正斡旋。素來冷峭孤傲的張居正竟然一反常態，跪在來人面前叫道：「您饒了我，饒了我吧。」（朱國禎《湧幢小品》．張太岳）禮部尚書歎息而去。

翰林院掌院學士也匯集數十位翰林院官員，前往張居正官邸。張居正拒之門外。這位掌院學士闖入府邸，勸解張居正。張居正淚流滿面，又一次跪下，舉手索刀，做出自刎狀，並嘶聲喊道：「皇上一定要留我，先生們又堅決要驅逐我，這不是要我死嗎？」他叫到：「你殺了我，殺了我吧！」（《明神宗實錄》卷六十八，《湧幢小品》．張太岳）事情已然無可挽回。

廷杖的結果，留下了長久的傷痛。屆時，數萬官員與京師民眾聚集在長安街上，目睹了血肉橫飛的一幕。其中，一位胖大的受刑者被打脫的肉有手掌般大小。他的妻子遵循身體髮膚，受之父母，不敢輕棄的古訓，將丈夫的肉風乾臘製後珍藏起來。（《明史》．趙用賢傳）他們受到了人們廣泛的尊敬與傾慕。一位當朝內閣大學士將一隻玉杯、一隻犀牛角杯贈送給了其中二人，上面分別鐫刻著充滿敬意與感歎的詩詞。（《萬曆邸鈔》．萬曆五年丁丑卷）

張居正則大約很難感受到勝利後的快感。原因是，四位受刑者中，有兩位是他的門生，有一位是他的老鄉。在極爲注重師生之情與同鄉之誼的帝國官場，張居正顏面掃地。他黯然歎道：「嚴嵩尚且沒有受到過同鄉的攻擊，我連嚴嵩都比不上。」（《明史》．艾穆傳、沈思孝傳）其心境之灰惡可以想見。

此時，一個誰都沒有想到的事情發生了：

廷杖剛剛結束，一位剛中進士不久的見習官員便上書皇帝，以更加全面、徹底、激烈、尖刻的語言痛斥張居正。並第一次以假借的口吻，將自許爲非常之人的張居正比喻爲豬狗不如的禽獸。

結果，這位青年官吏也受廷杖八十，被充軍到了貴州都勻地區的萬山叢中，並留下終身殘疾。四十多年後，黨派林立的帝國江河日下、行將分崩離析之際，這位已經成爲國家重臣、名重天下的東林黨領袖，早已不再激烈。他痛定思痛，思緒萬千，發出了重新評價張居正的呼聲，並爲張居正平反昭雪而奔走。（《明史》．鄒元標傳）

可是，來不及了。

此時，一切都來不及了。大明帝國日薄西山，就要沉入黑暗，走向國將不國。

風暴止息了。創傷卻永不會平復如初。棍棒打飛的遠遠不只是血肉。是非善惡，君子小人，一股非理性的陰鬱乖戾之氣凝結進了人心，爲帝國後來的發展埋下了不祥的伏筆。並給張居正帶來了重大影響。

《明史》記載道，從奪情風波之後，張居正變得日益偏頗恣肆，提拔或懲處幹部時，常出自自己的愛憎；圍在左右的親近之人「多通賄賂」；奔走於他和馮保之間的那位徐爵被提拔爲錦衣衛指揮同知，相當於帝國憲兵副司令；張居正的三個兒子先後中進士高第；他府上的一個家奴管家花錢買了一個官職，帝國的勳貴國戚文武大員都與他巴結交往，甚至談婚論嫁。《明史》評論說：「世以此益惡之。」（《明史》．張居正傳）——人們為此更加憎惡他。

事實上，也就是在奪情風波之後，張居正發起、推動了幾項相當令人尊敬的工作，展示了這位大政治家真正的膽識與魄力。其中，迄今最為人稱道的是清丈田畝和一條鞭賦稅制度的推廣。

史書記載顯示，明太祖朱元璋的洪武年間，全國官府登記在冊的土地面積最多時為八億五千萬畝；到萬曆六年時，官方徵收賦稅的在冊土地卻只剩下了五億一千萬畝。兩百年間，為國家納稅的土地蒸發了三億多畝。此中情形只能說明一個基本事實，那就是——全國將近四〇％的土地，已經落入皇親貴戚、豪門富戶和貪贓自肥的官吏手中。這種境況恰好和大戶不納稅或少納稅，小戶反而要多納稅的奇異景象互為表裏。張居正推行的清丈田畝，曾經受到過頑強抵抗，表明上述人等絕不會為此感謝他。實際上，此時的張居正已經站到了全國上層社會——皇親貴戚、官僚士紳的對立面。他最後清丈出來的土地，比官府記錄在冊的，多出一億八千多萬畝。在一定程度上，或許可以說，此類土地的數量和張居正所受到的憎恨，大概呈正相關的關係。而張居正旨在將土地與人口掛鉤推廣的一條鞭賦稅制度，顯然有助於這種仇恨的加深。

從史料中，我們可以知道，萬曆元年以前，帝國財政狀況惡化，多年入不敷出，國庫相當空虛。萬曆十年，張居正死後，帝國國庫裏的存糧可以滿足九年的需要，太倉中的存銀有六百萬兩，太僕寺存銀四百萬兩，帝國留都南京的國庫裏存銀二百五十萬兩，全國各省的省庫存銀均在十五萬兩到八十萬兩之間。

就這樣，用今天的眼光看去，具有傑出才華的政治家張居正，活得七扭八歪。卻也差不多以他一己之力，歷十年努力十年堅持，在沒有改變帝國政治制度與經濟結構的情況下，幾乎實現了帝國的中興。從他所受到的反彈中，似乎可以想見帝國政府組織與各級官吏肯定也承受了空前的壓力。方才使「帝國官僚政治的效率達到了頂點」，「標誌著那個時代在中國社會政治傳統束縛下人力所能做到的極限」（黃仁宇先生語）。由此，形成了與整個大明帝國特別是十六世紀其他年間似乎是不可能的對比。

與王安石比較起來，張居正缺少王安石那樣燦爛的文化成就，也沒有王安石光風霽月般令人感佩的道德品格和潔身自好。假如沒有上面這樣的業績，張居正在歷史上的形象，可能要不堪得多。

當上述種種交織在一起之後，我們便大體可以了解，張居正身後的遭遇何以會如此之悲慘了。當然，到目前爲止，促成這種遭遇的諸多因素中，還缺少最重要的一項。這項因素與張居正一生中最大的失敗有關。那就是張居正所傾心輔佐的學生——萬曆皇帝。

萬曆皇帝在位四十八年，是明朝在位時間最長的一位皇帝。也是中國歷史上叫人最無法理解的一位皇帝。在談到明朝的滅亡時，乾隆皇帝曾經評論說：「明朝的滅亡，不是亡於流寇李自成，而是亡在明神宗即萬曆皇帝朱翊鈞手上。」這個評論可能沒有冤枉萬曆皇帝。他的孫子崇禎皇帝朱由儉吞嚥的那杯陳年苦酒，恐怕就是由他親手釀製的。而這一切的發生，可能和張居正的關係甚重。

少年時代的萬曆皇帝聰明伶俐，很是討人歡喜。

有一次，隆慶皇帝練習騎馬，這個小東西走過來扣馬勸阻說：「父皇乃天下之主，獨騎疾騁，萬一馬驚，卻如何是好？」不管是不是別人教導的，從六、七歲孩子的嘴裏說出這麼一番話，做父親的肯定會驚喜交加。

十歲登基，小皇帝表現出了不凡的天資，他勤奮好學，對經史人物常有自己的獨到見解。當時，已經成爲他的老師的張居正親自主持編寫了一套教材，叫做《帝鑒圖說》，將歷史上值得借鑒的人物事件編成連環畫，圖文並茂。小皇帝愛不釋手，從此置於座右。令人驚異的是，他不喜歡千古名臣魏徵。他的理由是：這個魏徵先是跟著李密跑，後來爲太子李建成效力，最後奔走於李世民身邊，算不上

賢臣。這固然是不人云亦云的獨立見解，但其中透露出的偏頗信息卻顯然令人不安。

有一天，萬曆皇帝興致勃勃地將內閣九卿等重臣召進文華殿，觀看自己的書法表演。只見他筆走龍蛇，咄嗟之間，已經寫出二十張八十個盈尺大字。據說，觀看的人們驚歎不已。除了拍馬屁的成分之外，當時在場的書法高手不少，有的至今還有作品傳世。一個普遍的看法是，小皇帝的功力已經很不錯。就連在書法藝術上自我感覺甚佳的張居正，回家後仔細端詳，也承認小皇帝的字「奇秀天成」。這與後世對萬曆皇帝書法的評價是一致的。當時，小皇帝是十二歲。

從萬曆皇帝一生行事上看，他的性格中具有相當濃厚的藝術氣質，敏感而易受傷害，偏激而容易傷感，感情用事而意志薄弱。顯而易見，這種性格類型的人做起皇帝來，尤其是作大明帝國後期的皇帝，恐怕會相當痛苦。

事實上，萬曆皇帝的一生，除父皇在世時的短暫時日外，他可能的確過得相當鬱悶。藝術家的品格與皇帝需要的品格，即便不是背道而馳，也實在相去甚遠。皇帝所要面對的人與事太具體，太缺少美感，太需要理性、謀略、鋼鐵般的意志和手腕。可惜，如此種種，在這位皇帝身上均告闕如。

毫無疑問，這個時期，張居正在萬曆皇帝心目中的地位應該是相當崇高的。但並不意味著他的所有壓力都是令人愉快的。

當十二歲的萬曆皇帝興致勃勃地將自己的書法作品賞賜給大臣們時，張居正和其他人一樣，不算特別誇大地頌揚了皇帝書法藝術的成就。但是，緊接下來的勸告則是：夠了，到此爲止。宋徽宗書法藝術的偉大成就，並沒有使他和他治理下的國家避免一場糊塗的命運，很有可能還加劇了這種命運。因此，皇帝應該把時間和精力用到研習治理國家的聖賢之道上去。這番說教肯定沒有錯，卻也肯定是兜頭潑來的一盆冷水。

應該說，萬曆皇帝相當懂事。

萬曆元年春節，是他當皇帝後的第一個春節。民間張燈結綵擺酒設宴，皇宮裏的御膳桌上，除了平時的飯菜外，只是加了幾道水果。史書記載說，這是根據張先生的建議做的。這個春節，他們母子節省下的酒飯錢有七百多兩白銀，大約可以折合成十幾萬元人民幣。此後連續幾年都是如此。

皇宮慣例，每年春節到正月十五，都要在鼇山上觀燈。張先生建議他免去此例，以節省開支。十歲的小皇帝相當通情達理地說：「鼇山上的燈我已經看過了，看一遍和看千遍是一樣的。我不看了。」

這十年中，史書上記載了不少小皇帝認眞學習履行皇帝職責的故事。諸如，颳起沙塵暴，當時叫大風霾，他會關心邊防第一線的情形；碰上風霜雨雪，他會操心是否影響農事等等。在朝廷的各項禮儀制度上，他也相當一絲不苟。

很難找到特別強有力的證據，說明皇帝為什麼發生後來那翻天覆地的變化。

萬曆皇帝十五歲時所發生的張居正「奪情」事件，並沒有對他們倆的關係造成什麼重要的影響。這件事情對張居正的聲望與人品形成了巨大殺傷力。但他畢竟是在皇帝與太后的堅持下才這樣做的。從後來皇帝與張居正之間幾次淚流滿面的對話和張居正病重時皇帝的表現來看，君臣二人的感情十分眞摯與深切，相當動人。

或許，張居正與萬曆皇帝悲劇的根源，就是來自這種眞摯與深切的感情。下面發生的這次著名事件則可能是引發悲劇的導火線。

萬曆八年十一月，已經十八歲的萬曆皇帝，在小太監孫海、客用的引導下，來到西苑飲酒作樂。酒酣之際，皇帝命太監爲自己唱曲，太監們不會唱新曲，致使皇帝不能盡興。於是，已經喝醉酒的皇帝拔出寶劍就要殺人，場面極爲混亂。在眾人的勸解下，最後，割去了兩個人的頭髮權充首級。

這件事，被馮保報告給了慈聖李太后，使太后憤怒之餘十分傷心。她命張居正上疏切諫，並代皇帝起草罪己書，一份放在內閣，一份交太監保管。並將皇帝召到慈寧宮罰跪。據說，這次罰跪時間長達三個時辰，也就是六個小時。在暴風雨般的痛斥中，悲慟而憤怒的太后宣稱，準備廢掉這個失德的皇帝，由他的弟弟接位。最後，萬曆皇帝痛哭流涕，表示悔改，事情方才告一段落。

對於十八歲的青年皇帝，這是一個奇恥大辱。也使他對馮保切齒痛恨。

一年半之後，萬曆十年六月，五十八歲的張居正重病後去世。患病期間，皇帝曾經爲之難過得淚流滿面，甚至不願吃飯。在此期間，張居正被晉封太師，這是正一品、眞正位極人臣的文官最高頭銜，成爲有明一代罕見的活著時被封爲太師的大臣。有分析家認爲，如果不是神志昏迷，張居正很有可能不敢接受這個職銜與榮譽。

當年十二月初，一封彈劾馮保十二大該殺的奏疏擺到了萬曆皇帝面前。皇帝情不自禁地說：「我等這篇奏疏，已經等了很久了。」他可能沒有想到，這篇奏疏揭開的卻是清算張居正的序幕。

在後來陸陸續續的揭發材料中，萬曆皇帝了解到，早在自己即位之初，爲了排擠高拱、奪取首輔的地位，張居正就與馮保配合呼應，製造冤案。按照帝國法律，朝廷大臣結交太監是一款大罪，而此二人的結交至少已經十年以上。皇帝恍然大悟：難怪這兩個人的立場經常如此一致。

皇帝吃驚地獲悉，以聖賢之道諄諄教誨、嚴格要求自己，並且屢屢抑制皇宮消費的張先生，原來生活得頗爲豪華奢侈，連他回家奔喪時坐的轎子裏，都可以起居飲食，可以容下兩個僕人伺候，需要三十多人才能抬走。

皇帝發現，幾年前，張居正聲稱，爲了供奉皇帝的書法作品，需要改建家中的住房。皇帝爲此，特別賞賜給他一千兩白銀。現在才知道，當時的花費是一萬兩，按照購買大米的購買力折算，這筆錢大約相當於一百五十萬元人民幣左右。而且同時，在他的老家江陵，也就是今天的湖北省沙市地區，也修建了一座同樣的府第。

皇帝憤恨地知道，幾乎在張居正節制自己對宮中妃嬪宮女們賞賜的同時，他本人納娶了兩位年輕美貌的姬妾。這兩位美女，可能是戚繼光用軍費買來送給張居正的。而且，張先生還在研習房中術。他在五十八歲時死去，大約於此亦有關聯。

張居正結黨營私，收受過一些人的貴重禮品，這有他親筆書寫的書信爲證。怪不得這幫傢伙能夠得到如此重用。

他三個高中進士的兒子，可能都有作弊的嫌疑。

僅就這些已經足夠摧毀張居正的形象了。何況眞眞假假的揭發還有許多。只有看過這種陣勢的人，才會眞正懂得「人走茶涼」、「人心叵測」的眞實含義。

這時候，已經沒有人願意並且能夠公正地對待張居正的功過是非了。人們沉浸在報復和發洩的快感、莫名其妙的嫉恨與期盼之中。他們沒有意識到，這種宣洩，可能使大明帝國悄悄地失去了延長自己壽命的唯一機會。

就心理學一般規律與生活中通常發生的情況判斷，性格單純而感性的青年人，特別容易由於感情上的挫折與欺騙，變得憤世嫉俗，走向極端。

從萬曆皇帝的一生行事看，他顯然不屬於那種深有城府和謀略的人。二十歲上下，正處在沒有什麼生活閱歷，卻又自以爲無所不知無所不能的年齡。上述一切，可能使他不由自主地回想起許多往事，越想越認定這是一個口是心非、言行不一的僞君子，認定他欺騙與玩弄了自己的感情、信任和尊敬。從而，從以往那種眞摯與深切的敬愛，轉變成極度的憤恨與失望。而且，當初的感情有多深，如今反方向的作用力就有多大。

憑心而論，萬曆一朝很少誅戮荼毒大臣。張居正死後的遭遇可能是整個萬曆年間最慘的——當初，張居正在世時，對張家百般奉承的湖北地方官，聽到皇帝準備抄張居正的家時，立即行動起來，將張居正全家人圈禁在一個房子中，並在門上加貼了封條。過了若干天，皇帝的欽差來到，打開門後，全家人中，已經有十幾口人包括孩子被活活餓死。

當時，唯一能夠制止萬曆皇帝胡來的，只有他的母親慈聖李太后。這位出身農家的老太太曾經以「家人禮」親切地對待張居正的母親。此刻，正在爲自己另一個兒子的婚事操心。萬曆皇帝告訴她，有人揭發張居正和馮保都是家財百萬，抄了他們的家，就不用發愁婚事的花銷了。這位曾經高度尊敬張居正的老太太居然同意了。結果，張居正所有財產查抄變賣後加起來，大約是二十幾萬兩白銀，不到嚴嵩的二十分之一，大約也遠遠不夠她操辦兒子婚事所需的花費。至此，張居正全家家破人亡。

這位不知道世事艱難的青年皇帝，還面臨著治國方略的選擇。他徘徊在兩個極端之間。一方面，這麼多的人反對張居正，可見張居正做的確實很壞；另一方面，張居正經營的業績擺在眼前，是無法否認的事實。

萬曆皇帝及其臣僚們的選擇，完全符合中國的傳統：將張居正打翻在地之後，將他曾經做過的一切，全部歸結爲卑鄙的動機。

於是，我們有機會在大明萬曆年間的歷史上，看到一條過於鮮明的轉折分界線。

前十年，在官方的各種檔中，官員的業績與能力是一個熱烈的話題。處於嚴格監督下的官吏們，需要用自己工作的業績，證明自己的能力，證明自己應該得到更好的機會。因此，整個國家顯得相當生氣勃勃。

後三十八年，關於官員道德與人品的爭論則充斥了朝野，國家失去了現實的目標，帝國的官吏隊伍分化成不同的派系。他們越來越頻繁從事的工作，就是想方設法給對手貼上不道德、沒有操守的「小人」標籤，並盡力證明自己屬於品行高潔卓越的「君子」。幾乎所有的派別和人們都在忙著在這件事情上抓住對方的短處。才能與素質是否稱職，再也得不到任何人關心。國家與社會生活中所需要的管理、運轉與經營，變成了「君子」與「小人」的戰場。朝野上下，到處瀰漫著陰謀的氣息。從此，大明帝國再也沒有能夠擺脫這種狀況，且愈演愈烈，直到耗盡元氣，土崩瓦解。

當時，萬曆皇帝很有可能相信，沒有張居正，事情將會作得更好。因此，他雄心勃勃勵精圖治，很有幹一番事業的氣象。他幾乎全盤否定了張居正所做的一切。他將張居正罷黜的大批庸濫官員全部官復原職，將張居正時期事實證明相當能幹的一些文官武將放逐投閒。一代名將戚繼光鎮守薊遼，十餘年間，蒙古騎兵在他面前從不敢輕舉妄動，此時，被放逐到無事可做的廣東，幾年後，鬱鬱寡歡地死去。曠世難得的治河專家潘季馴則因爲替張居正說了一些公道話，而被勒令回家，直到黃河氾濫得不可收拾時，才把這位心灰意冷的老先生又重新請出來。

而帝國的財政狀況也在此期間重新陷入入不敷出的窘境。

幾年之後，身心交瘁的萬曆皇帝才知道，旁觀一代能臣治國是一回事，取代他、自己動手是另一回事。他不會承認自己眼高手低，卻也相當惆悵地詢問臣下：爲什麼我一點都不敢懈怠地工作，可是國家還是沒有中興的氣象呢？

顯然，沒有人能回答得了他的問題。

這種挫折感對皇帝造成了明顯的影響，萬曆十四年以後，他頻繁地以生病爲理由，不願臨朝聽政。大臣們的奏疏報告越來越多地被扣留在宮中。皇帝只把那些他喜歡的奏疏批准下去；他所不喜歡的，或者儘量拖延，或者留中不發，從此沒有了下文。

宮中記載顯示，此時的皇帝，身體大致不錯，只是相當放縱地沉溺在酒色之中。據說，這期間，皇帝每餐必酒，每酒必醉，每醉必怒，每怒必定要責罰打罵周圍侍奉的人。而且不要命了似的，夜夜交歡。清算完張居正不久，皇帝就開始爲自己修建陵墓。彷彿賭氣似的，他在這座墳墓上一口氣花掉了相當於二到三年全國財政收入的七百多萬兩白銀。張居正時代的積蓄所剩無幾矣。

若此時張居正重返人間，他可能完全認不出自己昔日的學生了。

萬曆十七年，一位名叫雒于仁的七品小官，上了一道著名的奏疏，直指萬曆皇帝酗酒、好色、貪財、尚氣。此時，萬曆皇帝很有可能已經認定，自己的大臣和張居正是一路貨色：滿口仁義道德之下，隱藏著爭權奪利男盜女娼。既然大家都是如此，為什麼皇帝不行？因此，他並沒有把這個小官怎麼樣，只是將他貶為庶民。自己則酒、色、財、氣一切如故，很有點兒我行我素的味道。

一般歷史學家傾向於認為，所謂「國本之爭」，最終導致了萬曆皇帝徹底疏遠朝臣，荒怠國政。

萬曆皇帝摯愛鄭貴妃，這種感情持續了一生。為此，他表現出明顯的願望：越過長子朱常洛，立鄭貴妃所生的次子朱常洵為太子。結果，遭到群臣的激烈反對。君臣間的對抗長達十五年。這就是所謂「國本之爭」。圍繞這個爭論，發生了著名的「妖書案」與「梃擊案」，使派系活動和君臣間的離心離德變得無法收拾。在這個過程中，萬曆皇帝的表現就像一個陷入早戀怕被抓住的中學生，敏感、患得患失、欲蓋彌彰、首鼠兩端、毫無機斷權謀。這些表現應該是鄭貴妃將他稱為「老媽媽」的主要原因。最後，萬般無奈的皇帝做出了讓步。這肯定使他感到沮喪並備受傷害。

定陵地宮

爲了表達自己對群臣的蔑視與憤慨，這位皇帝採取了中國歷史上空前的報復措施，那就是長期消極怠工和不管不顧地聚斂財富。

在長達三十年時間裏，他躲進深宮，不見群臣。一位官升內閣大學士的大臣宣稱，在十五年時間裏，只見過三次皇帝。他大量積壓或留中臣子們的奏疏，哪怕是關於戰爭或災難的緊急報告。一位大學士感慨：「一事之請，難於拔山」——請求批准一件事情，比撼動大山還難。

萬曆皇帝做的最絕的事情，則是對空缺官位與官員調動、升遷不聞不問。資料顯示：萬曆中後期，相當長時間裏，皇帝就已經開始無視各級職位的空缺。最嚴重時，整個帝國官員的職位空缺達百分之五十以上。用今天的概念表達：就是有一半以上的省、市、縣及其局、委、辦沒有一把手，所有政府機關工作人員缺額一半以上，而且有些中央各部門的一把手及其官員空缺高達百分之七、八十。其直接後果，顯然是大官無法辦事，小官升遷無望。於是，人們紛紛求去。

定陵地宮

最開始，大家寫了辭職報告，等他批准後才敢離開，後來見他根本不予理睬，便放下官服官印自行離去，沒有人追究過問。

據說，如此一走了之的省部級幹部就有至少十人以上。

而首席大學士李廷機的故事最令人啼笑皆非。萬曆三十八年，從被任命為首相時起，他就自稱有病，不肯料理公務，並且開始了漫長的辭職生涯。直到三年零九個月以後，在他呈遞了第一百二十三封辭職報告，並搬出北京城以示決絕，皇帝才在形式上批准他辭職。據說，皇帝這樣做除了表示對臣僚的蔑視與報復之外，部分原因是缺額官員的俸祿可以收歸皇室使用。

從萬曆二十四年開始，皇帝派出大批太監充任礦監稅使，奔赴全國各地，為他開礦收稅。這些人通常而典型的作法，就是圈佔商人富戶的產業與土地，宣稱此處有礦可開，迫使他們花錢消災。

史書記載顯示：有些城市裏高達百分之五十以上的商人富戶為之破產。

一個最惡名昭著的例子可以顯示其為害之烈：

派往福建的高宷是個從小閹割的太監，他聽說幼童的腦髓可以恢復性能力，於是多方搜求幼兒殺之，吸食其腦髓。在其稅署池塘中，沉積了數百具兒童屍骨。被當地人認為是飛天夜叉的轉世化身。

礦監稅使制度持續了二十四年，荼毒全國，激起了近百次民變與兵變。直到西元一六二〇年，即萬曆四十八年，五十八歲的皇帝臨死時才下詔罷停。

此時，已是全國一片肅殺，風雨滿樓。距離烽火遍地天下大亂，只有幾年時間了。

據說，該詔書發布時，朝野內外許多人痛哭失聲。

而在萬曆皇帝數十年荒怠國事期間，在中國大東北的白山黑水之間，努爾哈赤號稱以十三副兵甲起家，創建了後金國。並在萬曆皇帝死前一年，於今天遼寧撫順一帶，展開了歷史上極其著名的「薩爾滸大戰」，重創明朝大軍。

從此，雙方的戰略態勢發生根本逆轉，大明王朝再也沒有力量對付自己的掘墓人了。

附錄

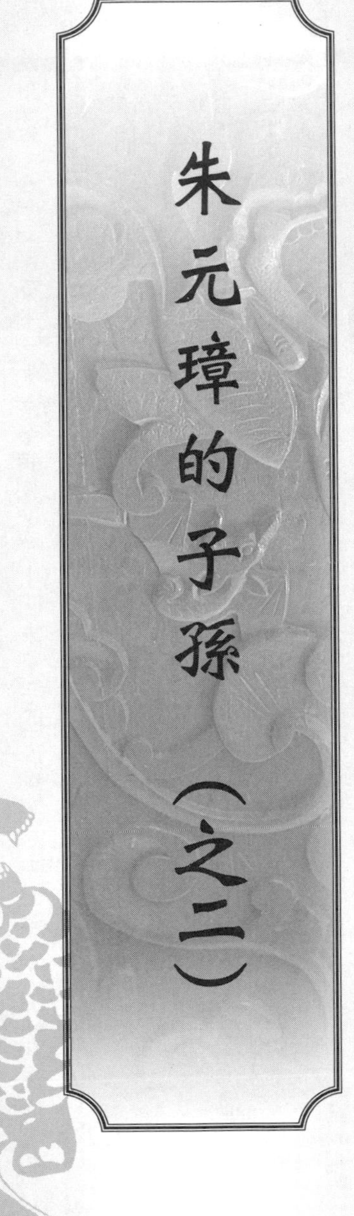

朱元璋的子孫（之二）

天才皇帝不補天——天啟皇帝朱由校

西元一六二〇年，是爲萬曆四十八年。這是一個動盪不安的年份。七月二十一日，萬曆皇帝死去；八月初一，泰昌皇帝朱常洛即位，史稱明光宗；一個月後，九月初一，「一月天子」朱常洛病死，發生明末著名四大疑案的第三案——「紅丸案」；九月初五，發生明末著名四大疑案的第四案——「移宮案」。九月初六，皇長子朱由校即位，爲天啓皇帝，史稱明熹宗，是明朝的第十五位皇帝，時年十六歲。

天啓皇帝可能是中國歷史上少見的心靈手巧的皇帝，精通泥、瓦、木、漆、雕工，他自己蓋房子，做家具，製玩具，據說其作品精美絕倫，巧奪天工。同時，他又是中國歷史上少見的文盲皇帝，對治理國家一竅不通全無興趣，於是，在位六年多一點時間，培養出了一位古今罕見的巨奸——大太監魏忠賢，使天啓一朝成爲相當恐怖的黑暗時代。

天啓皇帝朱由校的天資並不差，如果正常地上學讀書，應該不至於太糟。可惜，他連一天書都沒有正經讀過。

朱由校的父親朱常洛是萬曆皇帝與一位低級宮女生的長子。四年後，皇帝與他所終生寵愛的鄭貴妃又生下次子朱常洵。因此，朱常洛遭受了父親的長期冷落。圍繞他能否立爲太子，萬曆皇帝與群臣進行了長達十五年的對抗，形成對大明晚期影響巨大且深遠的「國本之爭」。大明後期著名的四大疑案：妖書、梃擊、紅丸、移宮全部與此密切相關。直到萬曆二十九年，朱常洛已經十九歲，才被立爲太子。但此後始終沒有擺脫可能被廢黜的恐懼。朱由校也跟著父親一道，在不受人待見中長大。

按照明王朝的制度，皇子皇孫出生後，命名、冊封、讀書、婚姻均由皇帝決定。朱由校作爲皇長孫，除了名字之外，其他全部被擱置一旁。即使父親被立爲皇太子後，他也沒有按照常規被立爲皇太孫。處於一種相當尷尬的地位。而且，萬曆皇帝沒有給他冊封任何名號不算，還不允許他上學讀書。這種情況，一直持續到這位親祖父臨死前一天，才在遺囑中吩咐，皇長孫以盡早上學讀書爲宜。此時，朱由校已經十六歲。距離他當上皇帝，只有一個月零幾天的時間了。

父親朱常洛當上皇帝後，鄭貴妃不知是想討好他，還是別有用心，給他送來了八位絕色美女。據說，與此密切相關的是，僅僅坐上皇位八天，皇帝就開始生病。

據時人記載，這位並不缺少妃嬪的泰昌皇帝朱常洛，和他的祖父隆慶皇帝一樣，在極度鬱悶中渡過了自己的青少年時代，時時面臨著被親生父親廢黜或者拋棄的厄運，因此，循規蹈矩，特別謹小愼微。

如今，自己終於做了皇帝，朱常洛也與祖父一樣，宛如色中餓鬼，不顧病體支離，每天晚上都要與數位美女交歡。不久，病情加重，在吃下一粒可能具有某種滋補壯陽作用的紅藥丸後，感覺良好。於是加大劑量又吃一粒，結果第二天一早就死掉了。這就是紅丸案的大致經過。

朱常洛從當上皇帝到死去，正好一個月時間，由此被稱為「一月天子」。他的性情也頗有乃祖風範，據說，在僅僅一個月時間裏，已經做了幾件為人稱道的好事，顯示出了某種通情達理、仁慈寬厚的好脾氣。

朱常洛死後，侍奉他的寵妃李選侍不肯搬出乾清宮，並將應該繼承皇位的皇長子朱由校扣留在手上，希望以此自重，能夠冊封自己為皇后，因此與群臣發生激烈衝突。最後，東林黨人楊漣、左光斗在大太監王安的支持下，迫使李選侍遷移出乾清宮，奪回朱由校，將這位大明歷史上第一位既不識字，又沒有任何名分的皇長子擁立為皇帝。這就是所謂移宮案的大致過程。

從現有資料上看，朱由校當上皇帝之前的歷史記載很是簡略，這使我們在很大程度上只能依靠推測，去想像一個不需要讀書、備受冷落的男孩子如何成長到十六歲。好在這些並不重要，有上面這些說明和下面將要看到的一切，也就足夠了。重要的是，天啓皇帝朱由校坐到皇帝的位置上之後，很多資料可以告訴我們，在大明晚期，一位不識字的皇帝是如何治理自己國家的。

明朝晚期，皇帝處理國家事務，在很大程度上依靠奏疏與公文來進行。標準的程式，我們在前面關於「票擬」與「批紅」、內閣與司禮監的關係中，已經大體可以知道。其浩大的工作量，日復一日，年復一年。顯然，這項工作，對於任何人的綜合素質、特別是心理素質都是一個不小的考驗。

從上述工作流程中，我們也早就已經發現，一旦皇帝厭倦了或者沒有能力處理這項工作的話，司禮監的太監們就變成了事實上的皇帝。

不幸的是，天啓皇帝朱由校恰好既厭倦又沒有能力面對這些工作。

作了皇帝以後，朱由校曾經很高興地接受大臣們的建議，相當鄭重地開始讀書學習，聆聽他們爲自己講解聖賢們的四書五經。只是，不論從哪個角度看，一個十六歲的半大小夥子，從識字開始研讀那些艱澀的教義，都稍嫌晚了一些。何況，此時的朱由校已經發現了自己眞正的才能和興趣。在那個領域裏，皇帝心醉神迷，游刃有餘，不學自通，表現出驚人的天賦與才華。

我們找不到天啓皇帝曾經師從什麼人學習過這門技藝的任何資料。皇帝成長的青少年時節，正値皇宮裏幾大建築屢遭大火焚毀、從而不停大興土木的時期。很有可能是在目睹能工巧匠們化腐朽爲神奇的過程中，百無聊賴的少年無師自通，心智大開。從此，他不可救藥地迷上了這種富有創造樂趣的勞動。

據說，當時流行一種水面木偶傀儡戲，各種木偶的表演動作基本由人力控制。朱由校對此進行了革命性的改造，他親手製作的木偶，不但雕刻漆畫栩栩如生，而且將人工控制改成了機械化的自動控制。啓動開關後，木偶可以游移轉動，打鬥翻跌，使傀儡戲一下子變得情趣盎然。

朱由校還作過一項具有極高技術含量的發明——

盛夏酷暑時節，他親自動手，將皇宮中那些防火用的碩大銅水缸——今天，我們在故宮博物院的各大宮殿旁邊，還能看到那些巨大的銅水缸——改造成了水景噴泉。他將大銅缸穿鑿成孔，裝上他自行設計、自行施工、自行製造的器械，再盛滿水，按動開關後，水勢逆飛，或瀉如瀑布，或散若飛雪，最後亭亭直立，宛如玉柱。此時，安放在缸底的鎏金木球忽然湧上玉柱頂部，上下盤旋，久久不落。據說，每次開動，都會引來大批宮中人等，一時間歡聲雷動。

宮牆前的銅水缸

要知道，那時可是沒有電，沒有發動機，沒有水泵，也沒有什麼水壓、液壓、油壓機械與裝置的。可惜，此項發明已經失傳，否則，我們可以想見該項發明會爲國家創造多麼巨大的經濟效益。

有一次，天啓皇帝命令幾個小太監，把自己親自雕製的工藝玩意兒，拿到今天我們熟知的北京前門大街上的珠市口市場上去賣。他規定，開價千金，不許討價還價，愛買不買。結果，據說是很快便被人搶購一空。千金，可不是個便宜價錢，怎麼折算也差不多相當於今天的十萬元人民幣以上了。可見其製作之精良。

從歷史記載上看，朱由校精通泥、瓦、木、漆、雕刻等工種，鋳、鑿、斧、鋸、刨、刀樣樣拿得起放得下。他自己作設計，自己蓋房子，自己做家具，自己雕鏤製作各種玩具和擺設，均精巧絕倫，而且每每具有出人意表的新鮮創意。就是說，很有可能式樣、做工、性能、品味均與眾不同，且不流凡俗。對於一個不到二十歲的小夥子，這恐怕的確需要很高的天分和熱愛才行。

據說，從事上述工作時，皇帝極爲投入，每次都光著膀子，經常廢寢忘食。或許他自己也覺得有些跌份，不好意思，因此，除身邊的極少幾個人外，嚴令禁止其他人看到。於是，魏忠賢就每每在這種時候，拿著大臣們的重要奏疏報告去向他請示工作。最開始，皇帝還會聽一聽怎麼回事，到後來，經常的回答是：「我知道了，你們用心去好好辦吧。」倘若在興頭上，則會親暱地罵道：「這點小事還來煩我，我要你幹什麼？」魏忠賢通常的反應則是檢討自己的愚蠢與無能。

一般說來，中國皇帝最喜歡的就是那種既能謙卑地承認自己沒有出息，又能把令人心煩的事情，忠心耿耿地處理得乾乾淨淨的人才或奴僕。在天啓皇帝朱由校的心目中，魏忠賢應該就是這樣的一個幹才。

今天的中國人，可能不會有太多的人知道天啓皇帝朱由校是何許人。但是，知道魏忠賢這個名字的人，應該不在少數。與朱由校比較起來，魏忠賢的知名度可能要大得太多了。儘管魏忠賢只是依附在朱由校身上的一隻寄生蟲，類似我們知道的蝨子之類。但是，我們很快將會看到，由於天啓皇帝朱由校所提供的充足營養與細心呵護，這隻本來微不足道的寄生蟲，在六年多一點時間裏，迅速成長爲一個龐然大物，一隻名副其實的巨獸，一個極爲可怕的人形嗜血動物。

作爲壞蛋，正如一位美國漢學家所說，不管從哪個角度考察，都很難找到爲魏忠賢說好話的理由。儘管正如人們所知，美國人比較習慣於給壞蛋找出一些不那麼壞的理由，由此證明自己的公正，哪怕這個壞蛋已經壞得無以復加。不過，既然魏忠賢能夠成爲具有如此巨大影響的壞蛋，一定不會是沒有原因的。反派英雄也是英雄，沒有出類拔萃的能力，要成爲哪怕是反面的英雄也並不容易。

魏忠賢是河北肅寧人。據說是在賭博輸了之後，還不起賭債，於是，一氣之下，自己把自己給閹了。能對自己下這種黑手，已經顯示出不同凡響的魄力。

從歷史記載上看，此人多才多藝。

他精通琴、瑟、鼓、樂、蹋球、歌、舞，戲曲演唱水準極高。有證據表明，此人的戲曲水準，已經達到可以做專業演員的老師的程度；他還善於騎射，在馳馬如飛、間不容髮之際，可以左右開弓且百發百中；又有膽識，遇事善決斷，有擔當，出手大方，花起錢來相當豪爽；而且，人情練達，世事洞明，爲人機智詼諧，極其善於插科打諢，據說，他講起話來高度機智幽默，常令人笑不可支。

這些本事，恰好是我們的天啓皇帝，除木匠手藝外，所最需要和最喜歡的。偏偏還有一樣短處，也和天啓皇帝一樣——魏忠賢也是個文盲。這很有可能使君臣兩人知音默契，惺惺相惜，更能玩兒到一起。

魏忠賢進宮後，憑著這些本事，先是與地位較高的宦官魏朝結拜爲同姓兄弟，後來，又經魏朝引見，結識了當時名望極高的大太監王安，頗受後者賞識。以至於後來有一次魏忠賢犯罪當死，王安曾經救了他一命。

而在此期間，眞正表現出魏忠賢眼光的，是他在萬曆皇帝活著時，願意去太子東宮，伺候倒楣的朱常洛與朱由校，這是「燒冷灶」，是一次眞正的賭博。萬曆皇帝如果眞的改立太子的話，魏忠賢將輸得永無翻身之日。應該說，終萬曆一朝，這種可能性都相當大。然而，畢竟，魏忠賢贏了。

從自己結拜兄弟手中橫刀奪愛，是魏忠賢一生的轉捩點。

客氏是朱由校的奶媽。朱由校不但是吃她的奶長大的，而且在他備受冷落的青少年時代，這位客氏始終陪伴、呵護著他，因而，成爲朱由校事實上最親近、最信任、最須臾不可或離的人物。

史籍記載，這位客氏身材窈窕，姿容冶豔，相當風流。

朱由校當上皇帝後，大臣們曾經強烈要求，按照慣例將這位奶媽送出皇宮。結果，僅僅一天，皇帝就淚流滿面，不吃不喝，於是，大臣們只好同意又把她請回宮來。從此後，直到朱由校死，他都沒有離開過這位奶媽，並且使她享有了相當顯赫的待遇。據此，曾有不少古人和今人都在懷疑，朱由校與客氏之間，可能不僅僅是乳母與乳兒的關係，大約是這位客氏，使朱由校懂得了人事。或者說白了吧，就是有古今學者懷疑，二人之間可能除了大家所知道的關係外，還有男女之情在。但是，到目前爲止，沒有人能夠找到任何證據足以支持和證明這一點。

從朱由校的一生行事判斷，他似乎不是一個貪戀女色的皇帝，他對女人好像遠遠沒有對木匠手藝那麼著迷。在歷史記載上，我們看不到他像一個正常男人那樣，具有通常健康男子都會具有的那種對女性的渴望。從一般青年男性的心理判斷，這位客氏在他身邊的功能，大約是那種集母親、大姐、妻子、密友、保姆、顧問、助手、監護人和保護者於一體的角色。一般說來，那種從小缺少關愛、缺少親情、缺少玩伴的孤獨少年，對此肯定具有強烈的心理需求和依賴。

當時，客氏的對食是魏朝。明朝初期，太監娶妻是死罪。到中後期，太監與宮女結成夫妻已經普遍而公開了，俗稱「對食」或「菜戶」。北京今天還有的地名菜戶營，不知是否與此有關。

魏朝與客氏就是這樣的一對夫妻。

不料，客氏見到魏忠賢後，兩人竟然一見鍾情，難分難解。於是，在魏朝與魏忠賢這一對結拜兄弟之間，發生了激烈的爭鬥。一天半夜，這兩人終於在爭吵後大打出手，驚動了已經睡下的天啓皇帝朱由校。朱由校並不惱火，問清原由後，笑瞇瞇地問客氏想和誰好，客氏當即回答是魏忠賢。於是，天啓皇帝做主，讓魏忠賢與客氏結爲「對食」夫妻，命魏朝退出三角關係。

要知道，若是論起在宮中的地位來，當時的魏忠賢可是遠遠不如魏朝。

西元一六二〇年一〇月，天啓皇帝登極後半個月，下詔封客氏爲「奉聖夫人」，賜魏忠賢世蔭錦衣衛正千戶，官秩五品，相當於今天的地專級待遇。不久，又下令將並不識字的魏忠賢晉升爲司禮監秉筆太監，魏忠賢一躍成爲帝國權力中樞裏的重要成員。從此，一發而不可收拾，將偌大一個帝國折騰得昏天黑地。

這裏面，客氏起了重大作用，應該是不需要懷疑的。

幾天後，魏忠賢與客氏假傳聖旨貶魏朝，魏朝聞訊出逃避難，被魏忠賢派出的人抓住後，勒死在河北獻縣。

西元一六二一年九月，魏忠賢殺死王安，奠定了在宮廷中無人敢於挑戰的地位。

王安在萬曆時期就是保護與輔佐朱常洛、朱由校父子的主要人物。據說，此人的學問、人品極高，被認爲是中國歷史上好太監的典型人物，在當時的宮廷內外、朝野上下享有相當高的聲望。

朱常洛當皇帝後，王安已經是司禮監秉筆太監。朱由校當皇帝後，又準備晉升他爲掌印太監。我們知道，這已經是後宮中太監的最高職位了。按照當時帝國官場的慣例，任何官員接到晉升的通知時，必須上疏表示推辭，顯示自己的謙虛與沒有野心。王安也照慣例作了。不想，這一推辭卻辭出了大禍。

王安體弱多病，長時間在家裏養病，只是間或到宮中值值班。在此期間，朱由校第一次表現出了自己的沒心沒肺──他稀裏糊塗地把遼東經略熊廷弼，和在自己登極時立過大功的顧命大臣楊漣撤職，並趕出了北京。這使王安很氣憤，因爲，此二人既忠心耿耿，又有大功勞於朝廷，且很有才能。因此，王安就在表示謙虛的推辭奏疏上說了句氣話，說是「臣願領罪，不領官」。誰知，朱由校卻極不高興，認爲這是王安在蔑視自己，把奏疏抓起來就扔到了一邊。

於是，魏忠賢不顧王安曾經救過自己命的大恩，與客氏等人一起，在朱由校面前進了不少讒言。顯然，他們的工作起了作用。朱由校再一次表現出了自己的沒心沒肺，他下詔將王安貶到北京南苑的一處皇家遊獵場做苦力。隨後，魏忠賢將該遊獵場的一把手換成自己的心腹。在他的折磨下，王安沒吃沒喝，最後被裹在被子裏悶死了。王安對魏忠賢有大恩，魏忠賢何以會下此毒手，歷史記載上有幾種不同說法。但是，不管怎樣，肯定與宮廷中的權力鬥爭有著密切關係。

王安死後，天啓皇帝任命的司禮監掌印太監是王體乾，他渴望得到這個職位已經很久了。據說，此人文化素養很高，在太監中素有才名，是王安的好朋友。但是，爲了得到這個位置，他自始至終參與了魏忠賢整治王安的全過程。而魏忠賢之所以讓他坐到了那個位子上，有一個無法克服的障礙，就是因爲自己不識字；另外一個原因，是因爲王體乾其人對他必恭必敬，唯命是從。是故，雖然在表面上看，他現在已經是魏忠賢的領導，但在未來的歲月裏，他從來沒有敢於違抗過魏忠賢的意志。

西元一六二三年，即天啓三年，是魏忠賢發展得最好的一年。這一年開年就很吉利，正月十八日，天啓皇帝按照魏忠賢的設計，改組了內閣，新上來的四位內閣大學士，基本是按照魏忠賢的希望任命的。這一年的結尾也結得不錯：十二月，皇帝任命魏忠賢提督東廠，將一把極爲鋒利的殺人的刀交到他手裏。

東廠，設於永樂十八年，地點在北京東安門北。與洪武年間朱元璋所設立的錦衣衛並稱「廠衛」。是明代最大的負責偵緝與刑獄的特務機關。東廠的權力與地位均在錦衣衛之上。它受皇帝直接指揮，只對皇帝一個人負責，除皇帝外，任何人都在它的監控之中。主持這個機關的宦官一定是皇帝最信任的人，他的報告，不需要任何手續，可以直接交到皇帝手中。他要抓要殺任何人，也只憑皇帝一句話。其可怕程度可想而知。

到了天啓四年，即西元一六二四年，情況就很不好。

開年第一天，長興縣發生暴動，知縣被殺；

一進入二月，日赤無光，薊州、永平、山海關、北京連續發生地震，宮殿搖動，皇帝住的乾清宮晃得最厲害，晃得朱由校害起病來；

三月，杭州發生兵變；

五月，福州發生兵變；

五月底，誰也不知道爲了一件什麼小事，皇帝發起火來，立命魏忠賢出宮，回自己家去閉門思過；

六月初一，認爲彈劾魏忠賢時機已經成熟的著名東林黨人楊漣，上疏天啓皇帝，列舉了魏忠賢二十四款大罪，並且提醒皇帝：眼下，魏忠賢的勢力已經大到了全國上下、朝廷內外只知道魏忠賢，而不知道有皇帝的地步。

按照國家規定，大臣的奏疏必須先由皇帝過目後才分發處理。由於皇帝識字不多，很少親自批閱奏章，大多由宦官念給他聽，於是形成了新的規矩，一切奏疏都由魏忠賢與諸太監商量完畢，再報告皇帝。據歷史記載顯示，不識字的魏忠賢聽手下人讀完奏疏後，放聲大哭，極爲恐懼。

最後，大家商量決定：由客氏守在皇帝身邊，司禮監掌印太監王體乾親自爲皇帝朗讀楊漣的奏疏。經過避重就輕、刪除要害情節與詞句的處理後，皇帝聽完後一頭霧水，基本不知所云。就在皇帝大不以爲然，認爲楊漣小題大做之際，滿腹悲憤的魏忠賢來到皇帝面前，痛哭失聲，述說自己的委屈，並請求辭職。於是，皇帝扣發楊漣的奏疏，不許魏忠賢辭職，並親切勉勵他不必爲自己辯護，小心當差做事就是了。同時，發布聖旨，斥責楊漣捕風捉影，撈取名聲。

當時，帝國政治舞臺上，派系林立，鬥爭激烈。大臣之間各懷鬼胎，爾虞我詐。極其講究道德學問，並且在此方面的確相當高超的東林黨人及其同情者，在政治才能與動手能力方面卻表現低劣。結果，這場得到廣泛同情與聲援、東林黨人對魏忠賢閹黨最猛烈的一次進攻，居然很快就煙消雲散了。

天啓四年七月份以後，在皇帝的支持或者至少是默許下，魏忠賢開始由全面防守轉入全線進攻。

到這一年的年底，至少在朝堂上，東林黨人及其同情者已經土崩瓦解。從皇宮內到朝廷上，已經沒有什麼人能夠向魏忠賢發起挑戰了。就連曾經做過皇帝的老師，且威望相當高的孫承宗也束手無策，毫無辦法。

在此前後，據說，只有一位張皇后敢於在任何場合都不買魏忠賢與客氏的賬。她力圖勸阻皇帝過分寵信魏忠賢的行爲，並且有意在皇帝面前閱讀《趙高傳》。然而，正如我們在前面說過的那樣，天啓皇帝似乎是一位在女色方面相當疏淡的皇帝，這使皇后的勸諫看不出任何效果。

西元一六二五年，即天啓五年，從正月開始，魏忠賢就向東林黨人及其同情者，發起了更加猛烈的攻擊。

四月，楊漣等「六君子」被捕，罪名是接受熊廷弼的賄賂，貪贓枉法。天啓皇帝朱由校下令嚴刑追贓。

九月，六人全部被拷打致死。據說死後認屍時，六人已被拷打得完全無法辨認。

楊漣是朱由校的父親臨死時的托孤之臣，在朱由校登基前後立過大功。天啓皇帝何以對他下此毒手，人們一般只能歸因於魏忠賢的陷害。還有一種說法，乾脆認爲魏忠賢已經可以肆無忌憚地僞造聖旨了。

熊廷弼其實與東林黨人是敵對的。他的被捕入獄，是東林黨人在政治上自命清高，不識大體，只顧黨同伐異，從而損害國家利益的典型例證。魏忠賢之所以要把他扯進來，據說是因爲他剛入獄時，曾經想託人送四萬兩白銀給魏忠賢，後來不知道爲什麼沒有送。而魏忠賢已經聽說這回事，卻沒拿到銀子，於是自然恨上了熊廷弼。這次就手把敵對的雙方硬扯在一起殺掉了。

西元一六二六年，即天啓六年，朱由校下令再興大獄，將周順昌、黃尊素等七人逮捕入獄。這也是歷史上著名的一大冤獄。天啓六年歲在丙寅，故史稱「丙寅詔獄」。這次被捕的七個人，與前面的六君子一樣，相當有人望，因此，抓捕行動在他們的家鄉激出民變，前往蘇州的錦衣衛官員甚至被當地憤怒的群眾活活打死了兩人。最後，這七個人無一倖免，全被迫害致死。成爲名副其實的政治謀殺。

在此期間，朱由校頒布詔書，正式將東林黨人定爲「奸黨」，並大張旗鼓地修撰《三朝要典》，試圖對萬曆晚期以來的各大疑案作出結論，蓋棺論定。結果，這些一時間傳布全國的堂皇文字，只過了不到兩年，隨著朱由校的死去，而被推翻，並且長久地成爲了後代的反面教材。

從西元一六二〇年一〇月到一六二七年九月，天啓皇帝朱由校當了七年皇帝。期間，遼東局勢日益糜爛而不可收拾。

先是熊廷弼，這位富有戰略眼光和才幹的遼東經略，被支持東林黨人的內閣首輔、兵部尚書及其聯合支持下的遼東巡撫聯起手來，弄得一籌莫展，最後作爲東林黨政治才能低劣的替罪羊，被捕入獄。

然後是袁崇煥，這是眞正名副其實的一代名臣、名將。

天啓六年正月，袁崇煥獲得寧遠大捷。寧遠就是今天的遼寧興城縣。這次大捷，是明朝與努爾哈赤開戰以來的第一次戰役性勝利。這裏面，除了袁崇煥卓越的軍事指揮才能之外，憑心而論，朱由校也起了相當大的作用。他對寧遠戰略地位的認識，顯然比朝廷中的絕大多數文武百官還要高明；因此，他對袁崇煥的支持也相當大。這次戰役重挫清軍，努爾哈赤負傷。據說，這也是努爾哈赤有生以來打的第一個大敗仗。因此，努爾哈赤鬱鬱寡歡。不久竟然死掉了。

第二年，天啓七年，即西元一六二七年五、六月間，袁崇煥又在朱由校的支持下，重創皇太極，取得了寧錦大捷，即在今天遼寧省的興城、錦州一帶，取得了第二次對滿清軍隊作戰的勝利。

然而，不知道爲什麼，在爲這些空前的勝利論功行賞時，朱由校連續表現出他的沒心沒肺，魏忠賢獲得了大明帝國歷史上空前的表彰——由於他是宦官，所以用封賞他的家人來表達對他功勞的獎勵：他的一個侄子被連升九級，加封太師，位列三公之首，也是文臣之首。這是大明一代除了張居正之外，很少有人活著時能夠得到的崇高官職與榮譽。魏忠賢的兩個分別爲三歲和四歲的侄孫，則被封爲侯爵與伯爵。而在前線浴血奮戰的袁崇煥等將領，則只是按照普通戰功，升一級以資鼓勵。而且，不久後，朱由校莫名其妙地開始批評、責備袁崇煥的一些部署與作法；袁崇煥亦聽說魏忠賢對自己耿耿於懷，於是，灰心之下，這位唯一可能挽救遼東危局的人辭職求去。

而朱由校居然就批准了他的辭呈。

魏忠賢銅鐘

從此，遼東局勢，日益糜爛，再也沒有人能夠力挽狂瀾了。

從天啓六年下半年開始，由浙江省的地方政府首長，即浙江巡撫牽頭，全國各地掀起了一股爲魏忠賢建生祠的狂潮。建這種生祠的意思，翻譯成現代語言就是：在他還活著的時候，感念他的功德兼爲他祈禱祝福兼表達自己崇敬之情的意思。從此時開始，魏忠賢被人們稱呼爲九千歲。

這些，表現了天啓皇帝對他寵愛的程度，表現了中國官場某種傳統的無恥，也表現了這個帝國腐爛的程度。

除此之外，談論起來相當乏味。

但其中確實可以得到反證的一個信息就是，天啓時代的那些壞事，很有可能確實是魏忠賢幹的；可是，越是如此，越證明了這位天啓皇帝的糟糕。

據說，天啓皇帝朱由校臨死時，由於自己沒有兒子，確定由他的弟弟朱由檢繼位。這位皇帝叮囑了弟弟兩件事：

第一件是請他善待他的嫂子，即自己的張皇后；

第二件則是告訴即將繼承皇位的弟弟，魏忠賢忠誠賢能，可以繼續重用。

西元一六二七年即天啓七年八月二十二日，天啓皇帝朱由校病死，時年二十三歲，在位七年。死後葬在北京明十三陵中的德陵。

第二年，各地開始出現農民暴動。距大明王朝土崩瓦解還有不到十七年。

德陵外景

拿什麼奉獻給你——崇禎皇帝朱由檢

西元一六二七年，即大明天啓七年八月二十二日，天啓皇帝朱由校病死，時年二十三歲；兩天後，農曆八月二十四日，信王朱由檢繼皇帝位。是爲崇禎皇帝，時年十七歲，是明王朝的第十六位，也是最後一位皇帝。

在中國所有亡國之君裏，崇禎皇帝大約是得到人們同情最多的一位。從當上皇帝那一天起，十七年間，沒有一天不是在內憂外患中度過。這位皇帝不貪財，不好色，不懶惰，天資不算低，身體也不差，日夜辛勞，廢寢忘食。可是，終究回天無力。二百七十六年的大明朝畢竟亡在了他的手裏。

天啓皇帝朱由校不是個好皇帝，但肯定是個好哥哥。據說，魏忠賢曾經慫著壞，想修理甚至滅掉張皇后和朱由檢，他的一個死黨警告他說，皇帝雖然凡事迷迷糊糊，但卻唯獨極重夫妻與兄弟親情。一句話點醒了魏忠賢，他悚然而驚，沒敢下手。

朱由校有六個弟弟，只活了一個五弟朱由檢，因此，兄弟間的情意相當親密。曾經有一次，朱由檢問他哥哥：「你這個官兒我能不能做？」

哥哥回答說：「可以，可以。等我做幾年就給你做。」我們知道，在帝王之家，這種玩笑尋常是開不得的。

誰知道，這話竟然一語成讖。

朱由校本來應該有三個兒子，這三個兒子中的任何一個如果能活下來的話，大明王朝的第十六任皇帝便無論如何也輪不到朱由檢來作。很有可能因爲天啓皇帝的懵懵懂懂、糊裏糊塗，導致三個兒子一個也沒有活下來。據眾多史家所言，這三個兒子都是葬送在了朱由校寵信的魏忠賢與客氏手中。

天啓三年，也就是西元一六二三年，朱由校的正宮皇后張嫣懷孕。當此時，明王朝已經走過了二百五十多年磕磕絆絆的歷史，皇家的龍子龍孫遍布全國，但由正宗的正宮皇后誕育元子的還很少見，除了弘治皇帝的嫡長子朱厚照之外，這是第二例。因此，天啓皇帝與整個皇宮上下一派喜氣洋洋。

當時，魏忠賢與客氏勢焰薰天，整個皇宮中，唯有這位張皇后不買他們的賬，並曾經一度將客氏召來準備懲治，由於他人說情方才作罷。

有一天，天啓皇帝到皇后宮中，見張皇后正在讀書，便問所讀何書？

張皇后答曰：「趙高傳。」

天啓皇帝聽了沉默良久。

從後來的情形看，皇帝顯然沒有把皇后再明顯不過的勸告放在心上，一如既往地信任魏忠賢。而魏忠賢知道了這些情形後，則既驚且怒。他不動聲色地將皇后宮中全部換成了自己的人馬。於是，一位宮女在服侍皇后時，用一種特殊的手法，在皇后腰上的某個部位點了一下，導致皇后很快流產。史家傾向於相信，天啓皇帝的另外兩個兒子也都是在魏忠賢與客氏的暗算下夭折的。

有史料記載說，天啓皇帝臨死前，魏忠賢曾經密謀，謊稱宮女懷孕，然後將他的一個侄孫弄進宮來接位。

按照大明帝國的皇家制度，宮女懷孕，必須由皇后確認方可。當時，魏忠賢號稱九千歲，其黨羽遍布宮廷內外朝野上下，甚至在一定程度上對張皇后的生死都構成了威脅。即便如此，張皇后仍不買賬。爲此，魏忠賢曾經叫人委婉地試探過，看看是否有這種可能性，即確認這位宮女懷孕。

張皇后的回答相當乾脆：「從命是死，不從命也是死，同樣都是死，唯有一死而已。不從命死了，還可以安心去見祖宗。」

弄得魏忠賢毫無辦法。

從中可以看出，這位皇后的識見膽略相當出色，堪稱不讓鬚眉。

事實上，這種情形已經構成了明代特別是晚明社會一道耀眼的風景線。這道風景線靚麗特殊到了如此程度，以至於我們必須通過譬如三娘子、紅娘子、王翠翹、錢謙益與柳如是、侯朝宗與李香君的故事方才可以窺見一二。

從這些故事中，我們大致可以知道，那些號稱滿腹詩書，從而聲名顯赫、衣冠楚楚的袞袞諸公，堂堂皇皇地奔走於帝國官場上下。然，其心靈猥瑣墮落的地步，其實已經不如稍微好一點的妓女了。

朱由檢比朱由校小五歲，張皇后特別喜愛這個小叔子，並很有可能在這位小皇叔順利繼承皇位上發揮了相當大的作用。爲此，朱由檢投桃報李，在後來的十多年歲月裏，給予了自己這位皇寡嫂足夠的尊敬與愛戴，直到十七年後皇朝崩潰時，李自成部下的制將軍李岩率部接收皇宮。

從一種非正式的歷史記載中，我們知道，李岩素來景仰張皇后的賢德，他帶兵一走進宮門，便大聲喝令部下尋找並保護這位懿安張太后。見到張太后，這位將軍相當恭敬地行了三拜九叩首的大禮。當天夜半時分，張太后從容自盡，時年大約在四十歲上下。這些已經是後話。

而當初確定由朱由檢繼位後，朱由校第二天就死掉了。朱由檢奉皇嫂張皇后之命進宮爲哥哥守靈。行前，張皇后秘密派人告訴他，不要吃喝皇宮中的任何食品與飲料。因此，朱由檢是帶著自己家裏的烙餅進宮的。

朱由檢可能永遠都忘不了進宮第一個晚上的淒涼與恐怖。燈光搖曳昏暗，那些穿著孝服的太監宮女們悄無聲息地出沒，中秋過後時節的夜風起處，輓聯孝幛起伏不定，彷彿處處都隱藏著陰謀與殺機。

有兩個太監在遠處指指點點交頭接耳，朱由檢心驚肉跳，以為他們是在商量著如何對付自己。

又有一個巡夜的小太監仗劍走來，朱由檢嚇壞了，直到看出他沒有惡意，才鬆了一口氣。他叫住那個小太監，從他手裏將那把劍要來，反反覆覆看來看去，最後還是將這把並沒有什麼特別出色之處的劍，留在了自己面前的桌子上。並且對那個小太監保證，他一定能得到幾倍於那支劍的補償。

朱由校死後，魏忠賢在一個較長時間內秘不發喪。並與他的乾兒子、相當於今天國防部長的兵部尚書崔呈秀密談了一個多時辰，相當於今天的兩個多小時。據說，他們討論的議題就是魏忠賢是否要取皇位而代之。平日對魏忠賢忠心耿耿的崔呈秀期期艾艾、首鼠兩端，說來說去的中心意思是：只怕外面有義兵。據說，最後，正是這一點促使魏忠賢放棄了這個念頭。

就這樣，兩天後，也就是農曆八月二十四日清晨，十七歲的朱由檢按照帝國禮制，告天、祭奠祖先後，於中午時分在皇極殿正式登基繼位。

據說，朱由檢下達的第一道聖旨是：鑒於皇兄初逝，令百官免朝賀，只來朝見。誰知恰在群臣朝見之時，已是陽曆九月底的天空中，突然天雷轟鳴。十七年後，大明覆滅，有人曾經想起過這一不祥之兆。

從朱由檢一生行事判斷，這位崇禎皇帝勤奮的確是夠得上勤奮，但實在應該稱不上是一位具有心胸、眼光、謀略、氣魄和政治手腕的合格君主。在這些方面，他可能連中等水準都達不到。

大明帝國覆滅後的三百多年間，很多人認爲，朱由檢登極之初，深謀遠慮，謀定後動，在兩個多月時間裏，不動聲色地一步一步按計劃剪除了魏忠賢一黨，表現了這位青年帝王傑出的政治智慧與謀略。

這種不論在當時還是在今天史學界都相當普遍的看法，顯然忽略了一個根本就是明擺著的事實——如果他眞有這麼出色的才略，爲什麼在後來的十七年中，卻再也見不到任何如此上佳的表現？

相反，從後來的所有事實發展與歷史記載中，我們都可以發現，這位亡國之君，敏感多疑，心浮氣躁，目光短淺，剛愎自用，虛榮淺薄，少謀寡斷。沒有大智慧，淨是小聰明，且完全沒有任何謀定後動的戰略眼光和頭腦。

因此，儘管這位崇禎皇帝做得特別勤勞特別辛苦，但我們必須記住的一點是，他不是販夫走卒者流，辛苦一點或許就可以安身立命。他是一個泱泱大國的國家元首，這個國家現在處在風雨飄搖的危機之中。他所具有的這些素質與挽狂瀾於既倒毫不相干。其反作用倒是時時可見，與剪除魏忠賢時的表現實在相去太遠。

從當時的情形看，一個相對合理的解釋是：即位之初，十七歲的崇禎皇帝朱由檢，實際上是陷入了一種很深的惶惑與恐懼之中，他根本就不知道應該怎樣當作皇帝，不知道應該怎樣對付魏忠賢。

因爲，根據帝國的傳統，被冊封爲信王的朱由檢，根本就不可能接受過任何關於如何當皇帝的訓練。我們知道那意味著一項極其可怕的罪名。

正是因爲這個原因，所以他才會對魏忠賢長時間表現得那麼客氣，那麼謙抑。出於躲避傷害、解除恐懼的本能，他把信王府中的老人調進皇宮，環衛在自己身邊，這才使他心裏踏實了許多。並且在這一過程中逐漸地、越來越驚喜地發現，皇帝的權威原來這麼大，幾乎是無限的。

此時，他應該對自己的祖先充滿感激之情，爲了屁股底下的這把龍椅，他們作了太多精心而周到的制度安排——就是我們在前面所談到的一切。

因此，一般說來，只要皇帝受過常規的教育，並且生理心理正常、智商不算太低，又不像天啓皇帝那樣有其他興趣遠遠壓倒對國家事務的興趣的話，內外臣子們但凡要想聯起手來蒙蔽皇帝、竊弄權柄，應該說不是一件很容易的事情。而任何一方，如果想要在沒有獲得皇帝認可的情況下，單獨採取哪怕稍微大一點的行動，都會發現其中的極度困難，或者說根本沒有可能。

同時，我們還需要了解的是，大明帝國在軍事制度上基本沿襲並發展了宋朝的制度，實行了相當徹底的各部分互相鉗制平衡的制度。不管多麼能征慣戰的將軍，平時根本就沒有機會接觸士兵。只有需要時，將軍才能憑藉皇帝的命令，統帥一支臨時組織起來的軍隊去執行任務。任務執行完畢，將軍就要交出兵權，立即離開部隊。而且，只有皇帝當著親自下令時，各個相互獨立、各自只對皇帝負責的機構才會配發給這位將軍人員、馬匹、武器、糧草、甲仗和一切後勤保障等等。這使名義上的最高軍事領導機關兵部或五軍都督府，想要獨立調動一支建制與裝備完整的部隊，不是相當困難，而是同樣幾乎沒有可能。這種顯然出自皇家安全上的考慮，是崇禎皇帝的最大王牌。。

這種情況，只有在戚繼光抗倭之後有過時間上極其短暫、範圍上相當有限的變化，此後便一如既往。

而錦衣衛和東廠，是分別只對皇帝本人負責、完全掌控在皇帝一人手中的秘密員警與特務組織，具有各自獨立、相互制約的偵緝、法庭與監獄系統。這是一套完全獨立於三法司即國家行政司法體系之外的司法力量。他們有權力對皇帝之外的任何人進行花樣繁多、令人防不勝防的偵察，並可以將偵察結果直接報告給皇帝本人。然後，根據皇帝的意志，或抓，或殺，或放，沒有任何其他政府組織和任何其他人可以阻隔在中間。從歷史資料中判斷，落進他們手中的人們，除運氣極好者外，相當多的人很難完整地脫身出來，除非有人能夠改變皇帝的心思。

這一整套制度，實行了兩百多年，已經變成了帝國政治生活中堅不可摧的習慣，就像餓了要吃飯，渴了要喝水，睏了要睡覺一樣天經地義。手槍加上子彈能夠打死人這個眞理絕對到什麼程度，這種帝國傳統便絕對到了什麼程度。是故，兩百多年間，除了永樂皇帝朱棣與英宗復辟的特例之外，從來沒有任何軍事政變、宮廷政變的企圖能夠成功，甚至使人想都不必去想。原因恐怕蓋出於此。

這就是魏忠賢不論多麼勢焰薰天，也不敢貿然行事的根本原因。也是當年不管玩得多麼離譜、多麼荒唐的正德皇帝朱厚照，一句話就可以將權勢一點也不亞於魏忠賢的「立地皇帝」——大太監劉瑾一網打盡的根本原因。

因此，綜合上述種種，實際情況應該是：朱由檢沒有坐上這張龍椅便罷，一旦他坐上去了，在帝國龐大的國家機器中，他就成了必然的刀俎，相形之下的魏忠賢也就變成了絕對的魚肉。

魏忠賢之流生存的根基是皇帝，他只是皇帝身上的一個寄生物而已。根基沒有了，這個寄生的龐然大物看起來嚇人，實際上已經成了泡在水裏的泥足巨人，一捅就倒，根本就不堪一擊。

兩個多月時間，朱由檢應該足夠認識到上述的一切了。因此，當他修理魏忠賢時，後者毫無還手之力是理所當然的。對於這個過程，一個合乎邏輯的解釋是，朱由檢經歷了一個從開始很無知，非常惶惑、恐懼，到逐漸知道了皇權的威力而安定下來，到心裏相對有底、建立自信，直到最後敢於大膽處置的整個過程。

把這個過程形容成一個不到十七歲的青年皇帝深謀遠慮、富有謀略的結果，很有可能是當時朝臣與士大夫們面對魏忠賢的龐大勢力很快土崩瓦解時的自然感受，其中，肯定還有大量面對至高無上生殺予奪之皇權的習慣性媚態的自然流露。

今天，我們若仍然持這種判斷則會顯得特別猥瑣無聊。

因爲，誠如我們所知，按照我們古老的計算方法，當時所說的十七歲即便指的是十足年齡，這種對崇禎皇帝的熱烈讚頌也完全無法解釋——這位當年十七周歲的青年天子，既然如此深謀遠慮，在後來的歲月中，經驗和閱歷增加了許多，爲什麼反倒完全看不到這種謀略與智慧了。

現代心理學研究中，有一個被普遍接受的心理規律，叫定向期待反應。說的是一種行爲被多次、反覆正強化也就是正面激勵之後，這種正強化接受者會形成一種行爲定式，使之持久地繼續按照被鼓勵的方向行事。

這種定向期待反應有一種變形。其表現是：一個行爲本來並不具備某種品質，但是在許多人反覆、多次正強化之後，會使行爲人自己都眞的以爲這個行爲具備了那種性質，從而，在此基礎上形成相應的心理上的定向期待反應和行爲定式。這種規律有點類似當年第二次世界大戰時，德國國家社會主義工人黨即納粹黨的宣傳部長戈培爾所闡釋並實踐的：謊言重覆一千遍就會成爲眞理。

事實上，並不需要花費多少功夫，只要隨便翻檢一下史料，我們就會很容易發現，崇禎皇帝除去魏忠賢之後，在當時帝國臣民中充滿了對皇帝天縱英明、深謀遠慮的熱烈讚揚。這些讚揚眞的太多了，充斥在當時和後來的各種記載、奏摺、上書、奏對、對話、筆記、書籍、民間傳說、戲曲文學、甚至今天歷史學家的各種著作之中。平心而論，置身於如此眾多的熱烈頌揚聲中而能夠不飄飄然，是需要極強定力的。從崇禎皇帝的一生行事判斷，他顯然並不具備此種定力。

由此，得出這樣一個結論或許不算冒昧：正是由於來自帝國官場與民間這種對皇帝習慣性的反覆阿諛、奉承、拍馬屁，實在太多太濫了，才使得崇禎皇帝朱由檢自己都不由自主地相信，除掉魏忠賢確實是自己天縱英明、富有謀略、雄才大略、深謀遠慮的結果。因此，在他後來的帝王生涯中，我們才會一而再、再而三地有機會看到，這位皇帝是如此地自以爲是：把過敏多疑當成英明睿智，把剛愎自用當成當機立斷，把輕率酷苛當成了乾綱獨斷，把反覆無常當成了隨機應變，把輕舉妄動當成機謀敏捷等等。

從一三六八年到一六四四年，經歷了二百七十六年風風雨雨的大明王朝，在其當時，絕對是當之無愧的世界大國。用今天人們習慣的術語表達，是一個名副其實的巨系統。這樣一個巨系統，在朱由檢手中轟然崩潰。對此，他認爲責任不在自己，朕非亡國之君，臣皆亡國之臣是他的名言。意思是：國家不是皇帝我弄亡的，都怪大臣們不好。因此，他曾經在龍案上面反覆書寫道：滿朝文武皆可殺！

作爲皇帝，把國家弄亡了，本來已經糟不可言，再說出這樣蠻不講理的話來，不由人不心生厭惡，覺得這廝眞夠可以的，他活該亡國。

不過，平心而論，縱觀朱由檢十七年皇帝生涯，令人稱道或者值得同情的舉措確實也有一些，這就難怪會有那麼多人同情他了。

幹掉魏忠賢一夥，無疑是他的一生中最值得驕傲的事蹟了。

崇禎皇帝於天啓七年八月底登基，九月，有人上書彈劾魏忠賢的同黨。

十月開始有人將矛頭直接指向魏忠賢。

十月二十七日，浙江貢生錢嘉徵上疏，彈劾魏忠賢十大罪。

二十八日，魏忠賢請求辭去各種爵封。

二十九日，崇禎皇帝將魏忠賢召至殿上，命一個宦官當眾宣讀錢嘉徵奏疏，指斥魏忠賢十大罪。魏忠賢面色如土，回去後立即以重金託崇禎皇帝的一位老侍從求情。崇禎皇帝知道後，馬上將此人驅逐出宮。

天啓七年十一月一日，崇禎皇帝降嚴旨，歷數魏忠賢之罪惡，將其發往鳳陽守陵，親屬充軍，家產罰沒。誰知，魏忠賢這廝雖然被貶出京，卻極爲威風。史書上說，當時有四十多輛大車爲他運送珍寶細軟，馬有千匹，壯士八百人各懷利器，沿途拱衛。

崇禎皇帝得知後，立即下令，派人前往捉拿，將其扭送押解至鳳陽，所有跟隨者全部捉拿歸案。當天晚上，魏忠賢住宿在阜縣縣城，得知消息後，極爲苦悶。當夜，與死黨李朝欽飲酒至大醉，隨即二人相對懸樑自盡。

至此，勢焰薰天的魏忠賢閹黨煙消雲散。

崇禎皇帝的生活相當儉樸，不事鋪張。中國歷史上的皇帝，僅僅吃飯一項，最多的每餐飯要有三百三十三道餐前小菜、開胃食品、正菜、麵食、點心、粥品等等。崇禎皇帝很長一段時間不吃肉，經常只用幾道蔬菜下飯，有時只是清粥小菜而已。作為皇帝，這已經是太不容易了。要知道，皇宮中的御膳房養了上百號人，是專門為他作飯燒菜的。

有一次，在接見群臣時，崇禎皇帝的內衣袖子露出來，袖口已經破爛了。皇帝發現有大臣盯著自己的袖口在看，自覺挺不好意思，於是悄悄將那破爛的衣袖往裏面掖。據說，這位大臣非常感動，流著淚對皇帝說：「自古以來，皇帝瘦而天下肥乃千古美談，您一點兒都不需要不好意思。您這是在為天下人做表率呵，我們學習還來不及，那裏敢恥笑您呢。」這和他的一位祖先，一件新衣只穿一次就扔掉比起來，的確好出太多了。

據說，有個皇親國戚想拍他馬屁，用以鞏固自家的地位。於是，花重金把號稱「聲甲天下之聲，色甲天下之色」的江南名妓陳圓圓買下，送進宮來獻給他。誰知，這位為國事日夜操勞的皇帝居然不為所動，下令將這傾國傾城的美貌女子送出宮，退了回去。採用這種說法的史家相當多。假如這是事實，再假如皇帝若是把這小女子留在了宮中，吳三桂將軍可能也就不會有機會「沖冠一怒為紅顏」了。

不過，平心而論，就像我們很快將會看到的那樣，即便如此，中國歷史也很難說就會重寫。

有一件事情說起來相當感人。

朱由檢對他的一位奶奶很好。一天他去看望這位奶奶，祖孫兩人坐在那裏聊天。聊著聊著，奶奶發現孫子居然睡著了。於是，給他蓋了床被子，下令大家不許驚動他。過了一會兒，皇帝醒來，感到很不好意思，道歉說：「爺爺在時，沒那麼多事。現在天下多災多難，我又沒本事，才兩天兩夜沒合眼就撐不住了。」

據說，當時在場的所有人都痛哭失聲，淚流滿面。

於是，就發生了一個故事——

後來，李自成進京後，接收皇宮，把一個美貌宮女賞給手下的一員心腹愛將作妻子。新婚之夜，妻子拔出丈夫的寶劍，殺死了爛醉如泥的丈夫，然後自殺身亡。據說，這位宮女就是在那位奶奶宮裏淚流滿面中的一員。又據說，當時就是她親手給皇帝蓋的被子。她被這位夙興夜寐、憂勞國事的皇帝所深深感動，因此，立誓要憑藉自己的美貌，接近並殺掉李自成，為皇帝報仇。

翻遍史書，在中國的皇帝裏面，能夠作到這一點的的確是太少，而昏庸殘暴、非酒即色的壞蛋坯子又實在太多。因此說，崇禎皇帝的確有令人同情的一面。

可惜，作為這麼一個大國的領袖，僅僅能夠作到這些可實在是太不夠了。

我們知道，按照系統理論，像大明王朝這種巨系統的健康運轉，是依靠各級、各個子系統之間的正確連接、正常交互作用才得以實現的。個別子系統的異變與錯誤如果得不到制止，就會發生連鎖反應，導致更大範圍、更多級別的子系統發生紊亂。最終，當紊亂的破壞性能量積累到足夠巨大的當量時，整個巨系統的紊亂與崩潰便轟然而至。

大明王朝的土崩瓦解就是這麼發生的——

朱由檢的爺爺萬曆皇帝荒疏國政近三十年。

朱由檢的哥哥天啓皇帝又嬉戲怠惰了七年。

到朱由檢當皇帝，「一代巨禍」努爾哈赤已經養成，導致帝國國防子系統中的長城殘破不堪。一位相當於今天省軍區司令員的將軍，在與努爾哈赤對陣時，穿戴的盔甲居然是銹蝕透了的，被敵人一箭穿透頭盔，當場斃命。

張獻忠、李自成也開始磨刀霍霍，致使社會安全子系統一觸即潰，這兩位流賊式的人物，縱橫全國十幾省，居然十幾年就將諾大一個國家拿下。

而作爲整個巨系統控制部分的子系統——帝國官場卻由於黨派之爭而分崩離析，官僚之間不求才幹人品，不看於國於民利弊，只問是否自家一派。而且，經過以前幾代的發展，到了崇禎皇帝時期，黨派之爭早就到了這種地步：同事之間相互傾軋時，出手就力求將對方置於死地，或下獄或殺頭在所不惜。

一個巨系統的崩潰，並不需要所有的子系統都崩潰後才會發生，一個，或者幾個基礎性、主導性子系統的紊亂，就可能導致整個系統的崩潰。

作為帝國巨系統中，集心臟、中樞神經、大腦於一體的最重要的指揮子系統——崇禎皇帝的缺陷是致命的，這些缺陷加劇了其他子系統的紊亂與崩潰，使大明帝國巨系統的崩潰變成了無法避免的宿命。

一般說來，作為帝國的心臟、中樞神經與大腦的皇帝，他所需要從事的工作大體上主要是三項：

其一是總攬全局，制訂正確的戰略；

其二是發現人才，使用這些人才實現自己的戰略；

其三是賞罰嚴明，淘汰笨蛋與壞蛋，讓壞人不能過多地幹壞事，讓好人幹得更起勁，從而，實現自己的戰略。

令人遺憾的是，崇禎皇帝朱由檢在這三個方面全部一塌糊塗，沒有任何一個方面能夠說是合格的。

朱由檢的施政綱領相當平庸老套，了無新意，完全談不上有什麼戰略思想。基本上是頭痛醫頭，腳痛醫腳，看不出有什麼謀略、眼光和統籌全局的能力。表現出一派急功近利的慌裏慌張粗鄙淺陋。

當時，內憂外患已經在四個方面形成：

——遼東「巨禍」努爾哈赤；

——和並非不重要的自然災害。

——官場上的腐敗墮落，黨派之爭；

——陝西山西的農民暴動；

有一派觀點根據現代自然科學研究成果認爲：崇禎皇帝登基前後，即十六世紀後期到十七世紀前期，正值世界範圍內的氣候進入小冰河期。其特點是：全球氣候大面積、長時間、高頻率、超強度地發生災害性反常。從萬曆皇帝中後期到崇禎皇帝一朝的歷史記載上看，情形似乎確實如此。

這種自然災害的後果極爲可怕，持續發生自然災害的南北方地區，人吃人的現象已經公開出現，全國許多地方出現「人市」，即販賣自己的妻子兒女的市場。而食品市場上的人肉則以「兩腳羊肉」的名義出售，價格低於其他肉類產品。

有位舉人在進京趕考的路上，親眼看到一個女人邊哭邊煮食自己的孩子，這位母親說：反正孩子也活不了，與其別人拿去殺著吃了，還不如自己吃掉算了，孩子還能少受點罪。強烈的刺激導致這位舉人得了病，長時間吃不下睡不著，眼前時常出現那位母親的樣子。從症狀上判斷，很可能是嚴重的神經衰弱。

據說，這種小冰河期每隔四、五百年就會出現一次。這派觀點進一步認爲，這種氣候反常與中國歷史上朝代更迭的治亂週期頗爲吻合。因此，不要說崇禎皇帝，就是李世民再世也沒戲。姑且存疑。

從歷史資料中我們知道，崇禎皇帝朱由檢極其推崇唐太宗李世民，極其尊崇自己的祖先朱元璋，將他們作爲自己的榜樣，希望效仿之。

然而，我們知道：同樣面臨內外交困，李世民是當機立斷，一個人單槍匹馬，親自出面與大兵壓境的突厥騎兵講和，不惜賠款、和親甚至稱臣，爭取到了時間，用以解決國內的休養生息、自強發展。一旦國內問題基本解決，兵強馬壯時，便集中優勢兵力，一戰便將與突厥間的戰略態勢基本扭轉過來。

不要說與這樣的偉大戰略戰術家相比，就是與他的祖先朱元璋的戰略頭腦比較，朱由檢簡直連小學生的水準都不如。他基本上不知道謀定後動爲何物，完全不懂得運用戰略眼光審時度勢，把握局面，抓住重點，爭取主動。而是聲嘶力竭，四面出擊。結果，有限的力量更加分散，按倒葫蘆起來瓢，戰則無力，和則無方，攻則不克，守則不勝。導致四處冒煙，天下大亂。

因此，儘管我們可以在這位皇帝身上找出許多優點，也可以找出不少缺點包括性格上的缺陷。但是，誠如我們所知，不管在任何時代、任何國家、任何組織之中，戰略思想的錯誤或者實現戰略思想的能力的缺失，永遠都是領袖人物第一位的最致命缺陷。不幸的事實是：崇禎皇帝恰好就是這樣的一位皇帝。

情形就如一艘海輪的船長。我們這位船長不知羅盤爲何物，對於暗礁、潛流、風信、氣象、潮汐、天文、航道諸方面的知識全部暫告闕如。他只是知道自己想要到什麼地方去，又完全不知道怎樣才能到達。同時，將具有上述知識的人全部踢到海裏去，只讓那些同樣缺少這種能力、但專門會哄他喜歡的人留在身邊，幫助自己指揮航程。這時，茫茫大海上，風狂雨驟，人們除了趕快給自己找一件救生衣之外，還能期待什麼呢？船越大，載的人和寶貝越多，後果就越慘重而已。

由於皇帝這裏沒有一個正確的戰略，整個國家自然失去了方向。於是全國的官僚們都被皇帝驅趕著上竄下跳，去醫治「頭痛」或「腳痛」。而由於官場上的黨派之爭與腐敗墮落，又使這些「治病」的「醫生們」互相醜化、互相攻擊，對疾病作出千奇百怪的診斷，開出百怪千奇的處方。

在此期間，有人甚至建議皇帝，命令全國登記在冊的和尚尼姑全部還俗，或者編入部隊開赴前線，或者擇偶配對趕快生育，爲帝國增加預備兵源。皇帝一度竟然覺得這是個不錯的想法。

在帝國官場上無休止的相互攻擊——防禦——反攻擊之中，帝國消除內憂外患的努力被這種「內鬥內戰」抵消殆盡，疥癬之疾逐漸發展成了心腹大患，而密集發生的自然災害，又雪上加霜，使疾患支離沉重，終至於病入膏肓而不可救藥。

隨著國事的日壞一日，皇帝也變得越來越暴躁易怒。一次次失敗與挫折，肯定使他極爲屈辱和惱怒，令他一再感受著被臣子辜負、甚至被臣子欺騙、愚弄了的切膚之痛。這種感受所激發出來的憤恨，使他日益以荼毒大臣爲能事，對那些犯了過錯，哪怕是微小過錯，或者沒有過錯，只是他懷疑有過錯的官員進行極爲冷酷的懲罰。有時，這種懲罰已經稱得上是喪心病狂。

這種不正當懲罰的反覆進行，直接後果，就是使大明帝國巨系統的糾錯機制與能力也發生了紊亂與蛻變。

這種機制的功能，本來是爲了發現和糾正系統內的錯誤，從而恢復系統的秩序。如今，這一能力強大的糾錯機制，該糾正的得不到糾正，不該糾正的反倒被「糾錯」；這使很多時候，糾錯機制本身反而轉變成了錯誤發生的根源，使錯誤越糾越多，越糾越大。大明帝國巨系統內發生異變與錯誤的速度遠遠超過了糾正的速度。根據系統理論，這個巨系統的崩潰將不可避免。

崇禎皇帝朱由檢在位十七年，共任命過五十位相當於今天首相副首相的內閣大學士，以至於被後世譏諷爲「崇禎五十相」。

被他殺死的相當於今天首相的首席內閣大學士有兩人。

他直接下令殺死的相當於今天大軍區司令的總督有七人，相當於今天省長省委書記的巡撫有十一人，被迫自殺的有一人。

被他抓進監獄裏關押、毆打、間接逼死、戰死、自殺、判刑、流放的省部級幹部可能會達到幾十人。

西元一六四一年，即崇禎十四年，被關押在監獄裏的具有大臣資格的人，有一百四十五人。這個數字不算少，相當駭人聽聞。因爲當時全國文職官員大約有一萬多人，其中具有大臣資格的文官遠遠不到百分之十。想想看，比例如此之高的資深官員們被關在監獄裏，其景象稱得上是情何以堪！

在上述人等中，貪贓、枉法、瀆職，從而罪有應得者不在少數，但也有相當數量不但無罪而且有功的人，也被他十分情緒化地、糊裏糊塗地幹掉了。

西元一六三九年，即崇禎十二年，因爲上年清軍內犯，朱由檢一次就殺掉文武官員三十六人，其中有驍勇善戰、屢立戰功的相當於今天省軍區司令員的總兵祖寬，有無罪有功、精明強幹的相當於今天省長的山東巡撫顏繼祖等人。

朱由檢不由分說，將本來屬於朝廷指揮失誤所應承擔的責任一股腦加到他們頭上。致使其中受到極度冤屈的人，在刑場上對朱由檢破口大罵。

一般說來，中國人受到冤屈時習慣於罵奸臣，敢於直接罵皇帝的情形極其罕見。之所以如此，部分原因是君君臣臣父父子子的忠君觀念在起作用，部分原因則是擔心引起大規模的屠殺報復。因爲咒罵皇帝屬於大逆不道之罪。按照中國歷朝歷代的法律，大逆不道之罪屬於人們常說的十大惡，即十惡不赦之屬，犯者可能被滅族甚或株連更廣。這種在中國漫長歷史上相當罕見的、對當朝皇帝的破口大罵，應該能夠幫助我們理解這位崇禎皇帝，庸劣而又殘暴到了什麼程度。

同樣，對比一下當年所謂「靖難之役」以後，爲了皇帝的叔叔奪了自家侄子的皇位，就有那麼多文臣武將，寧願一個家族一個家族地去死，也不願意侍奉新皇帝。如今，面對著的是帝國眞正的敵人，卻沒有幾個人願意陪伴這位皇帝。

了解了這些，可能在一定程度上有助於我們理解——何以大明王朝崩潰前後，會有那麼多崇禎皇帝倚爲腹心、委之重任的近臣甘心事敵，他們將皇帝託付的身家性命棄之不顧，打開城門，迎接本來的敵人；爲什麼會有那麼多大明王朝的重臣大僚在處理軍國大事時形同兒戲，並在投奔了李自成之後再投奔多爾袞。

僅僅將這一切歸結於他們的個人操守和品行，可能說明不了太多問題，並會離當時實際發生的情況相去甚遠。

從歷史事件的發展與記載來看，崇禎皇帝所最寵信和依賴的內閣大學士們，除人數有限、時間又短暫的幾位之外，其餘幾乎全部是奸佞或庸貪之臣。而內閣大學士、巡撫、總督、總兵、五府六部的長官、皇親國戚、世襲勳貴等等，以及長期主管遼東軍事的大太監高起潛、主管東廠特務組織的大太監曹化淳，主管錦衣衛的駱養性等等一大批深受這位皇帝寵信的權臣巨閹，到最後大部份投靠了農民軍或滿清政權。

崇禎皇帝寵信宦官的故事很多，有的簡直荒唐得就像下流的黃色段子：

有一次，朱由檢下令將河北任丘縣令白慧元等六個縣令逮捕查辦。後來人們才知道，原因僅僅因爲白慧元一人得罪了一個宦官。

當時，這位出身河北任丘的宦官請家鄉的父母官喝酒，喝著喝著喝昏了頭，就開始向這位縣令炫耀自己搜刮來的各種金銀珠寶，還流露出輕蔑縣官的意思。結果，把這位官聲還算不錯的縣長惹急了，就對很有點得意忘形的宦官說：「我也有一樣極好的寶貝，和你這些玩意兒大不相同。」說完後，這傢伙不停地嘿嘿壞笑。宦官的好奇心被逗起來了，一個勁兒地追著問他是什麼？不依不饒地想要鑒賞一番。最後，這傢伙大笑著說：「這可不能給你鑒賞，因為那寶貝長在我的褲襠裏。」

事後，這位宦官極為惱恨，他立即行動起來，搜集一些材料把白慧元告到皇帝那兒。為了防止被說成是報復，他一口氣攀扯上了六位縣官；而這六位縣官居然全部被皇帝下令撤職查辦。

諸如此類的故事還可以舉出一些。

如果有人告訴我們說：我們面對的是一位奮發有為、一心一意想把事情辦好，因而值得同情和理解的皇帝，同時歷史資料又顯示，這位皇帝如此長時間地豢養與依靠著一大幫壞蛋和惡奴在治理這個國家。那麼，我們應該相信誰呢？這些話聽上去，怎麼聽怎麼讓人從心裏覺得彆扭，很難令人信服。

事實上，從西元一六三〇年，也就是崇禎三年殺袁崇

煥開始，就預示了這位亡國之君不配有更好的命運。

袁崇煥是大明帝國唯一一位連續兩次重創清軍的明朝將領。崇禎皇帝但凡具有一點點領袖素質，袁崇煥都有可能成爲中流砥柱般的人物，幫助他支撐起大明帝國那搖搖欲墜的江山。

可惜，崇禎皇帝既不識人，也不會用人，還完全沒有戰略策略頭腦，偏偏又特別自以爲是，以爲自己天縱英明。於是，皇太極在《三國演義》裏學來的一招，就讓這位皇帝沒頭沒腦地誅殺了敵人最害怕的將領。他根本不分析一下：袁崇煥差不多與皇太極有殺父之仇，皇太極自己也慘敗在袁崇煥之手，口吐鮮血，憂憤成疾。這樣的一個人，除了效忠大明帝國之外，還有什麼其他出路？

事實上，除了皇太極的反間計之外，袁崇煥之死很有可能與其他幾件事情有關。其中，最重要的應該是誅殺毛文龍和與皇太極之間的來往。

誅殺毛文龍一事，至今眾說紛紜。應該說，毛文龍率部所駐守的地方，的確具有戰略意義。其核心作用，是對後金國的側後翼形成威脅，使皇太極不敢對關內輕舉妄動。因此，有歷史學家對於袁崇煥殺死毛文龍頗不以爲然。認爲袁崇煥有誅除異己、逞一時之快之嫌。這個出身廣東東莞的「袁蠻子」，敢想敢幹，既有頭腦，又有擔當。但他痛恨毛文龍的自說自話、不聽招呼，於是痛下殺手。結果，造成一系列嚴重後果。其一，替皇太極解除了後顧之憂，從此可以放心騷擾關內地區；其二，導致毛文龍的幾個重要部下爲禍未來，並成爲滿清鐵騎後來橫掃天下的急先鋒；其三，令崇禎皇帝相當疑慮。這最後一點恰是最要命的所在。從此，袁崇煥將自己放在了進退失據的地位上——他若不立大功，誅殺一支大軍統帥這一條便勢必成爲他的大罪。他若立下大功，皇帝將可能以驕橫跋扈、尾大不掉忌之，袁崇煥大約同樣難逃岳飛岳武穆的下場。

而袁崇煥與皇太極之間的來往，則是具有高明戰略頭腦的一種謀略。他試圖利用各種時機拖住皇太極，以便爭取時間，積蓄力量。他的作法，可能是當時唯一正確的戰略選擇。可惜，他的對手皇太極不是一個平庸之輩，其政治、軍事才能絲毫不在乃父努爾哈赤之下，可能還在其上。他基本沒給袁崇煥留出太多時間，便打破甚至是利用了袁崇煥的部署，從而，客觀上將袁崇煥置於一種百口莫辯的境地。偏偏崇禎皇帝彷彿在呼應皇太極一般，全無戰略頭腦與智慧，又裝了一肚子的小聰明，加上帝制傳統下皇家對性格強悍之能臣的百般猜忌。這些因素聚合在一起，便注定了袁崇煥的命運。

袁崇煥死得極其慘烈。

他是被凌遲處死的。

按照當時的慣例，如果有人買通了劊子手，或者被處死者是冤枉的，是忠臣，能夠得到市民和劊子手的同情的話，那麼，劊子手會在一、兩刀之間就殺死他，然後再慢慢剮，免得他受罪。

殺袁崇煥時則不同。當時，可能是因爲敵人大兵壓境，並近在咫尺地燒殺搶掠，那種恐怖的戰爭氣氛，失去家園和親人的痛苦回憶，漫天飛舞的蜚短流長，終於匯合成了人們的恐慌、憤怒、焦慮、無助等混合的激情。

此時，是西元一六三〇年，即崇禎三年八月，距離袁崇煥被捕下獄過去了八個月，距離崇禎皇帝誅殺魏忠賢過去了兩年多。可能，皇帝的英明謀略在人們的腦海裏恍如昨日，記憶猶新，畢竟，他曾經把那麼可怕的魏忠賢都幹掉了。因此，人們相當眞誠地願意相信皇帝的判斷，就是這個袁崇煥，裏應外合，出賣自己的國家，勾引異族鐵騎來屠殺本來應該由他保護的同胞。

於是，失去理性的人們，願意用一錢銀子，買袁崇煥小手指大小的一塊肉，吃掉，以表達自己的憤怒。

按當時的市場價格，一錢銀子大約可以購買二十斤大米。據說，袁崇煥的肉就是這樣被人們可能是排著隊搶購一空的。

那位技藝高超的主刀劊子手事後回憶，為了多賣點錢，所以剮得很慢、很仔細，致使袁崇煥受的罪恐怖之極：他是被活活剮死的，當時共用了半天時間，剮了三千七百多刀，他的皮肉已經刮盡，人還沒死。而且，這位劊子手回憶說，他分明聽見袁崇煥的心肺之間發出了一種聲音，久久不絕……

這位職業劊子手承認，自己一生中殺人無數，但從來沒有聽過這種聲音。他自己也不知道該如何解釋這種現象。

後來，就出現了我們已經知道的那位義士一家。他們世世代代守護著袁督師的忠魂與忠骨。讓我們在痛苦的思索之後，知道在這個民族的心靈最深處，有純淨高貴的血液在緩緩流淌。從而保持著信心。

崇禎十七年三月十八日，即西元一六四四年四月二十四日，李自成大軍攻破北京城的前夜。崇禎皇帝朱由檢在皇宮中親手砍殺宮中的妃嬪女兒等，他左手掩面，右手揮劍，一邊砍殺自己的親生女兒，一邊喊出了那句著名的話：「你們爲什麼要生在我帝王家。」

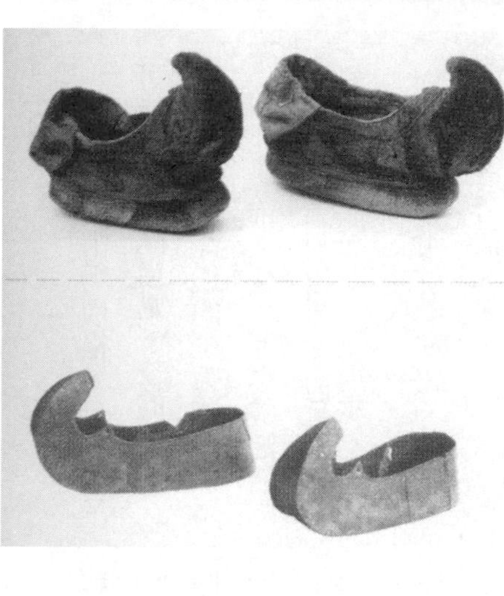

當晚午夜過後一點，即十九日凌晨，朱由檢在景山壽皇亭旁的一棵槐樹上上吊自殺。司禮太監王承恩陪伴著吊死在他的對面。大約朱由檢確實覺得不太好意思去見列祖列宗，因此留下遺言，希望人們去掉他的皇冠，用頭髮蓋住他的臉。

崇禎十七年，歲在甲申。三月十九日，即西元一六四四年四月二十五日，李自成從德勝門打進北京。歷時二百七十六年的大明帝國就此滅亡。

崇禎皇帝在位十七年，時年三十四歲。死後被稱爲明思宗，葬於北京明十三陵中的思陵之中。

他成爲了中國歷史上最爲眾說紛紜的皇帝之一。

尾聲

有一次，就明史中的一個問題請教吳思。他做著很像是在切西瓜的手勢，給我講解。看著我所呈現的愚鈍狀，他停止，略帶驚異地問：「你沒讀過《儒林外史》嗎？那上面說得很清楚。」

我鬱悶，悶悶不樂地離開他家。那是從大學時起，就幾次下決心要讀、最後全部中途而廢的一本書，一本描寫明代儒林與士大夫的書。如今躺在書架角落裏，落滿灰土。拍打乾淨，洗過手，百感交集地再一次開始閱讀。孰料，竟然一發而不可收拾。

有智慧的人，常常會在一句話、推薦一本書之間，令人茅塞頓開。

《儒林外史》五十五回本的結尾處，講了最後一個明代的小故事，大意如下：

一位名叫荊元的裁縫，工作之餘，喜歡彈琴寫字，也極喜歡作詩。

有人問他：你既然要做雅人，為何還要做貴行？幹嘛不混到文化人堆裏去？

荊元回答：我也不是要做雅人，不過是性情相近，學學而已。賤行是先祖傳下來的，當裁縫莫非就玷污了讀書寫字不成？況且文化圈中人另有一番見識，哪肯結交我這樣的人。如今，每日掙來幾分銀子，吃飽了飯，彈琴寫字都由我，又不貪圖富貴，又不伺候臉色，天不收，地不管，倒不快活？

聽到的人便不再與他親熱。

荊元有個姓于的老者朋友，在山裏種著二、三十畝地。空隙之處，遍植花卉；花叢中，堆著幾塊石頭。于老者時常沏一壺茶，邊吃茶，邊看那園中的新綠。

這一日，荊元走來訪他。吃著茶，發現那茶的色、香、味都好，便問老爹，哪裏取來的這樣好水？

老爹答道：我這山裏，到處都是這般井泉之水。

荊元不禁發起感慨，道：古人動不動就說桃花源，我看，要什麼桃花源，如老爹這樣清靜，不就是如今的活神仙？

于老者說：我呀，就是有點笨。要是能像你那樣彈一曲琴，就好了。什麼時候請教一曲如何？

荊元道：這還不容易。老爹要是不厭汙耳，明天我就來。

次日，荊元抱著琴來了。于老者已燃起一爐好香。荊元席地而坐，「慢慢地和了弦，彈起來，鏗鏗鏘鏘，聲振林木。那些鳥雀聞之，都棲息枝間竊聽。彈了一會，忽作變徵之音，淒清婉轉。」

于老者聽到深微之處，不覺淒然淚下。

由此知道，世上活著的東西很多。若有一種空靈，還能撥動我們的心弦，能夠產生一種想哭的感覺，那大約就是生活，而不只是活著罷。

後記

恰在本書修改完成之際，我聽到了一次關於《時間簡史》的精采演講，隨後，閱讀了該書的姐妹篇《果核中的宇宙》。

霍金說：「如果我們已經抵達終點，則人類精神將枯萎死亡。」因此，「我們將永遠不會停止」。他說：「我們如果不能更加深邃，我們就必定會更加複雜。」

給我的感覺，這位深度殘疾的自然科學家，彷彿是在描述我們自朱元璋成為天子之後的歷史。今天，我們知道：類似地球在其中轉來轉去的太陽系，僅僅在銀河系裏就有一千億個以上，而在茫茫宇宙中究竟有多少個銀河系，是哪怕用最新科技都無法確切知道的。於是，霍金認為：以往，「人類智慧行為的紀錄並不非常光彩」。這讓人很容易聯想起中國皇帝與上天的關係。為了論證天子——上天的兒子的眞實性與神聖性，我們的政治家及其學者們已經付出了數千年的艱苦努力。其間，伴同血雨腥風無數。如本書所描述的，肯定只是其中太少的一部分而已

在這位被輪椅禁錮了幾近四十年的智者、思想者面前，我願說出自己無地自容的羞愧，我願自己的工作能夠救贖自己的靈魂。

思想純粹而徹底，在我看來，是值得尊敬且難以企及的境界；與博學與否無關，與才華之類關係也不大，那是一種人生境界。很多年前的一部電影裏，有一句對白，曰：「與質樸的人

在一起，可以純潔靈魂」，說的大約是類似一種境界。在具有這種境界的人們面前，我常常感到自慚形穢。把他們的名字排列在這裏，本身就是一件可笑的事情，足以證明排列者的不純粹與不徹底。我想說的是：能夠結識他們，是我的光榮；對於在他們那裏所領受到的教益與快樂，我私心裏深懷感恩之心。

感謝讀者朋友。

《帝國政界往事——西元一一二七年大宋實錄》出版後，大約有近千位讀者朋友給我發來電子信件，喜歡、討厭、商榷者都有。你們的關注本身就是一種鼓勵，我很感謝。也曾經給不少朋友回了信，請沒有收到回信的朋友，務必不要以為是我有意怠慢，下列原因造成了你們沒有收到回信。

其一，不知是網路公司的原因還是我的機器系統的毛病，有時，凡發出去的信件，全部沒頭沒腦地退回來，有方框彈出，裏面的說明我根本看不懂。且此種情形每次常常持續十數天以上，令人極度焦躁。

其二，不久，家裏一台專門用來上網的電腦不幸染上病毒，所有發出去的郵件均被退回，這回彈出的方框我能看懂，意思是，不能發送攜帶病毒的郵件。此時，除詛咒病毒製造者下地獄之外，我已經無能為力。

其三，春節過後，出版社的朋友便開始一再催逼，於是，我只能保住已經成為專用文字處理機的一台電腦，遂埋頭於本讀書報告的寫作，以後確實有一些信件沒有回覆。

假如曾經給我寫過E-mail，又沒有收到回覆的朋友能夠讀到此處的話，則請接受我的歉意和謝意。

董三白先生是我必須表達敬意與謝意的前輩。當時，收到三白老的E-mail之後，我誤以爲是出自同輩人之手，於是，大大咧咧、稱兄道弟回了一封信。後來才知道，三白老年屆八十，退休前是安徽某高校的教授，所執教者恰與中國古代典籍密切相關。我大窘，請求與我父親一輩的三白老原諒。老人家寬容慈愛，以我輩望塵難及的深厚學養，給予了鼓勵與鞭策。其間，滲透了對於人情世事的洞察，令我深受教益。按時間推算，三白老今年應該是八十高齡了。古人說：書生的人情一張紙。我願以此書作爲給三白老賀壽的禮物，獻給老人家。並借此，敬祝三白老健康長壽。

需要感謝的人很多，包括我的妻子與女兒，恕不一一道來。出版界的朋友爲此書付出了許多心血，如朱明德、尚紅科先生，但據說他們的責任就是培植新人與新書，是故，不再單表謝意。

最後，還是那句話，我想對讀者朋友說：你們若是喜歡這本書，我會極其開心；要是不喜歡的話，我仍然站在這兒，等著你扔來的磚頭。

要是願意，就發個郵件給我。電子信箱位址是：yapingli1216@sohu.com

二〇〇五年六月二十五日於北京

國家圖書館出版品預行編目資料

帝國政界往事：大明王朝紀事／李亞平著
—一版—臺北市 ： 大地出版社 2006〔民95〕
面 ； 公分. --（History ； 18）
ISBN 986-7480-48-1（平裝）
1.中國 - 歷史 - 明（1368-1644）

626 95004043

帝國政界往事大明王朝紀事

HISTORY18

作　　者	李亞平
發 行 人	吳錫清
主　　編	陳玟玟
出 版 者	大地出版社
社　　址	114台北市內湖區內湖路2段103巷104號
劃撥帳號	0019252-9（戶名：大地出版社）
電　　話	02-26277749
傳　　眞	02-26270895
E-mail	vastplai@ms45.hinet.net
美術設計	洸譜創意設計股份有限公司
封面設計	洸譜創意設計股份有限公司
印 刷 者	普林特斯資訊有限公司
一版一刷	2006年5月

大地

定　價：280元